"十四五"时期国家重点出版物出版专项规划项目

第二次青藏高原综合科学考察研究丛书

西藏农牧耦合绿色发展
考察研究

张宪洲 等 著

科学出版社

北 京

内 容 简 介

本书是"第二次青藏高原综合科学考察研究"之西藏农牧耦合绿色发展资源基础科学考察的成果总结。本书结合科考的背景、意义、目标及内容，简述了藏北羌塘地区牧民家庭的畜牧经济特征；评估了藏北高寒草地产草量的时空格局，对比了不同县域产草量的现状及变化差异；简述了"一江两河"流域农区社会经济状况，描绘了居民食物消费结构与演变特征；评估了西藏"一江两河"流域农区粮食生产和消费结构及特征；以拉萨市为典型案例，提出了适合的乡村振兴发展模式。本书通过科考获得了可分析的第一手观测资料，为理解西藏农牧业现状提供观测基础，为西藏农牧业耦合绿色可持续发展提供数据支撑。

本书可供生态学、气候学、地理学等专业的科研、教学等相关人员参考使用。

审图号：藏S（2023）009号

图书在版编目（CIP）数据

西藏农牧耦合绿色发展考察研究 / 张宪洲等著. — 北京：科学出版社，2024.6. — （第二次青藏高原综合科学考察研究丛书）. — ISBN 978-7-03-078696-8

Ⅰ. F327.75；F326.377.5

中国国家版本馆CIP数据核字第2024CU8628号

责任编辑：郭允允　李嘉佳 / 责任校对：郝甜甜
责任印制：徐晓晨 / 封面设计：吴霞暖

科 学 出 版 社 出版
北京东黄城根北街 16 号
邮政编码：100717
http://www.sciencep.com
北京建宏印刷有限公司印刷

科学出版社发行　各地新华书店经销

*

2024年6月第 一 版　　开本：787×1092　1/16
2024年6月第一次印刷　　印张：18 3/4
字数：442 000

定价：298.00元
（如有印装质量问题，我社负责调换）

"第二次青藏高原综合科学考察研究丛书"
指导委员会

《西藏农牧耦合绿色发展考察研究》
编写委员会

第二次青藏高原综合科学考察队

西藏农牧耦合绿色发展科考分队

队员名单

姓名	职务	工作单位
张宪洲	分队长	中国科学院地理科学与资源研究所
余成群	队员	中国科学院地理科学与资源研究所
石培礼	队员	中国科学院地理科学与资源研究所
成升魁	队员	中国科学院地理科学与资源研究所
何永涛	队员	中国科学院地理科学与资源研究所
王灵恩	队员	中国科学院地理科学与资源研究所
范玉枝	队员	中国科学院地理科学与资源研究所
戴尔阜	队员	中国科学院地理科学与资源研究所
钟志明	队员	中国科学院地理科学与资源研究所
李云云	队员	中国科学院地理科学与资源研究所
倪笑雯	队员	中国科学院地理科学与资源研究所
张燕杰	队员	大理大学
段呈	队员	中国科学院地理科学与资源研究所
刘芳	队员	中国科学院地理科学与资源研究所
王芳	队员	中国科学院地理科学与资源研究所
向明学	队员	中国科学院地理科学与资源研究所
沈振西	队员	中国科学院地理科学与资源研究所

王景升	队　员	中国科学院地理科学与资源研究所
武俊喜	队　员	中国科学院地理科学与资源研究所
孙　维	队　员	中国科学院地理科学与资源研究所
吴春生	队　员	中国科学院地理科学与资源研究所
武建双	队　员	中国农业科学院农业环境与可持续发展研究所
牛　犇	队　员	中国科学院地理科学与资源研究所
王向涛	队　员	西藏农牧学院
冯云飞	队　员	唐山师范学院
王志鹏	队　员	河北工程大学
李　猛	队　员	南通大学
张　雨	队　员	中国科学院地理科学与资源研究所
王艳琳	队　员	西藏农牧学院
曹亚楠	队　员	河北工程大学
邢　硕	队　员	中国科学院地理科学与资源研究所
格桑扎西	队　员	西藏职业技术学院
嘎玛西热	队　员	西藏职业技术学院
侯慧新	队　员	中国农业科学院农业环境与可持续发展研究所
牛伟玲	队　员	中国农业科学院农业环境与可持续发展研究所
郭晨睿	队　员	中国农业科学院农业环境与可持续发展研究所
陈　犇	队　员	中国农业科学院农业环境与可持续发展研究所
白玛曲硬	队　员	江苏工程职业技术学院
格桑旦增	队　员	石家庄职业技术学院
扎西多吉	队　员	永州职业技术学院
多吉顿珠	队　员	石家庄职业技术学院
尼　玛	队　员	西藏大学

次仁琼达　　队　员　　　西藏大学

米玛普赤　　队　员　　　西藏大学

洛桑扎西　　队　员　　　西藏大学

普　穷　　队　员　　　西藏大学

丛书序一

　　青藏高原是地球上最年轻、海拔最高、面积最大的高原，西起帕米尔高原和兴都库什、东到横断山脉，北起昆仑山和祁连山、南至喜马拉雅山区，高原面海拔 4500 米上下，是地球上最独特的地质－地理单元，是开展地球演化、圈层相互作用及人地关系研究的天然实验室。

　　鉴于青藏高原区位的特殊性和重要性，新中国成立以来，在我国重大科技规划中，青藏高原持续被列为重点关注区域。《1956—1967 年科学技术发展远景规划》《1963—1972 年科学技术发展规划》《1978—1985 年全国科学技术发展规划纲要》等规划中都列入针对青藏高原的相关任务。1971 年，周恩来总理主持召开全国科学技术工作会议，制订了基础研究八年科技发展规划（1972—1980 年），青藏高原科学考察是五个核心内容之一，从而拉开了第一次大规模青藏高原综合科学考察研究的序幕。经过近 20 年的不懈努力，第一次青藏综合科考全面完成了 250 多万平方千米的考察，产出了近 100 部专著和论文集，成果荣获了 1987 年国家自然科学奖一等奖，在推动区域经济建设和社会发展、巩固国防边防和国家西部大开发战略的实施中发挥了不可替代的作用。

　　自第一次青藏综合科考开展以来的近 50 年，青藏高原自然与社会环境发生了重大变化，气候变暖幅度是同期全球平均值的两倍，青藏高原生态环境和水循环格局发生了显著变化，如冰川退缩、冻土退化、冰湖溃决、冰崩、草地退化、泥石流频发，严重影响了人类生存环境和经济社会的发展。青藏高原还是"一带一路"环境变化的核心驱动区，将对"一带一路"20 多个国家和 30 多亿人口的生存与发展带来影响。

　　2017 年 8 月 19 日，第二次青藏高原综合科学考察研究启动，习近平总书记发来贺信，指出"青藏高原是世界屋脊、亚洲水塔，是地球第三极，是我国重要的生态安全屏障、战略资源储备基地，是中华民族特色文化的重要保护地",要求第二次青藏高原综合科学考察研究要"聚焦水、生态、人类活动,着力解决青藏高原资源环境承载力、灾害风险、绿色发展途径等方面的问题,为守护好世界上最后一方净土、建设美丽的青藏高原作出新贡献,让青藏高原各族群众生活更加幸福安康"。习近平总书记的贺信传达了党中央对青藏高原可持续发展和建设国家生态保护屏障的战略方针。

第二次青藏综合科考将围绕青藏高原地球系统变化及其影响这一关键科学问题,开展西风–季风协同作用及其影响、亚洲水塔动态变化与影响、生态系统与生态安全、生态安全屏障功能与优化体系、生物多样性保护与可持续利用、人类活动与生存环境安全、高原生长与演化、资源能源现状与远景评估、地质环境与灾害、区域绿色发展途径等 10 大科学问题的研究,以服务国家战略需求和区域可持续发展。

"第二次青藏高原综合科学考察研究丛书"将系统展示科考成果,从多角度综合反映过去 50 年来青藏高原环境变化的过程、机制及其对人类社会的影响。相信第二次青藏综合科考将继续发扬老一辈科学家艰苦奋斗、团结奋进、勇攀高峰的精神,不忘初心,砥砺前行,为守护好世界上最后一方净土、建设美丽的青藏高原作出新的更大贡献!

孙鸿烈
第一次青藏科考队队长

丛书序二

　　青藏高原及其周边山地作为地球第三极矗立在北半球，同南极和北极一样既是全球变化的发动机，又是全球变化的放大器。2000年前人们就认识到青藏高原北缘昆仑山的重要性，公元18世纪人们就发现珠穆朗玛峰的存在，19世纪以来，人们对青藏高原的科考水平不断从一个高度推向另一个高度。随着人类远足能力的不断加强，逐梦三极的科考日益频繁。虽然青藏高原科考长期以来一直在通过不同的方式在不同的地区进行着，但对于整个青藏高原的综合科考迄今只有两次。第一次是20世纪70年代开始的第一次青藏科考。这次科考在地学与生物学等科学领域取得了一系列重大成果，奠定了青藏高原科学研究的基础，为推动社会发展、国防安全和西部大开发提供了重要科学依据。第二次是刚刚开始的第二次青藏科考。第二次青藏科考最初是从区域发展和国家需求层面提出来的，后来成为科学家的共同行动。中国科学院的A类先导专项率先支持启动了第二次青藏科考。刚刚启动的国家专项支持，使得第二次青藏科考有了广度和深度的提升。

　　习近平总书记高度关怀第二次青藏科考，在2017年8月19日第二次青藏科考启动之际，专门给科考队发来贺信，作出重要指示，以高屋建瓴的战略胸怀和俯瞰全球的国际视野，深刻阐述了青藏高原环境变化研究的重要性，希望第二次青藏科考队聚焦水、生态、人类活动，揭示青藏高原环境变化机理，为生态屏障优化和亚洲水塔安全、美丽青藏高原建设作出贡献。殷切期望广大科考人员发扬老一辈科学家艰苦奋斗、团结奋进、勇攀高峰的精神，为守护好世界上最后一方净土顽强拼搏。这充分体现了习近平总书记的生态文明建设理念和绿色发展思想，是第二次青藏科考的基本遵循。

　　第二次青藏科考的目标是阐明过去环境变化规律，预估未来变化与影响，服务区域经济社会高质量发展，引领国际青藏高原研究，促进全球生态环境保护。为此，第二次青藏科考组织了10大任务和 60 多个专题，在亚洲水塔区、喜马拉雅区、横断山高山峡谷区、祁连山-阿尔金区、天山-帕米尔区等 5 大综合考察研究区的 19 个关键区，开展综合科学考察研究，强化野外观测研究体系布局、科考数据集成、新技术融合和灾害预警体系建设，产出科学考察研究报告、国际科学前沿文章、服务国家需求评估和咨询报告、科学传播产品四大体系的科考成果。

两次青藏综合科考有其相同的地方。表现在两次科考都具有学科齐全的特点，两次科考都有全国不同部门科学家广泛参与，两次科考都是国家专项支持。两次青藏综合科考也有其不同的地方。第一，两次科考的目标不一样：第一次科考是以科学发现为目标；第二次科考是以摸清变化和影响为目标。第二，两次科考的基础不一样：第一次青藏科考时青藏高原交通整体落后、技术手段普遍缺乏；第二次青藏科考时青藏高原交通四通八达，新技术、新手段、新方法日新月异。第三，两次科考的理念不一样：第一次科考的理念是不同学科考察研究的平行推进；第二次科考的理念是实现多学科交叉与融合和地球系统多圈层作用考察研究新突破。

"第二次青藏高原综合科学考察研究丛书"是第二次青藏科考成果四大产出体系的重要组成部分，是系统阐述青藏高原环境变化过程与机理、评估环境变化影响、提出科学应对方案的综合文库。希望丛书的出版能全方位展示青藏高原科学考察研究的新成果和地球系统科学研究的新进展，能为推动青藏高原环境保护和可持续发展、推进国家生态文明建设、促进全球生态环境保护做出应有的贡献。

姚檀栋

第二次青藏科考队队长

前　言

西藏是我国安全屏障和生态安全屏障，也是高原特色农产品基地。青藏高原是世界上气候变暖最为强烈的地区之一。强烈的气候变暖带来气候变率增加，雪灾等自然灾害发生频率加大，农牧区生产、生态、生活问题突出，绿色发展面临挑战。党中央历来高度重视青藏高原的保护与发展，习近平总书记在致中国科学院青藏高原综合科学考察研究队的贺信中明确指示要"着力解决青藏高原资源环境承载力、灾害风险、绿色发展途径等方面的问题"。

西藏高寒草地是我国五大牧区之一，由于气候条件的限制，高原牧区冷季漫长，牧草生长期短，而枯草期则长达 7～9 个月，在枯草期往往都会形成牲畜无草可吃的局面，季节性的草畜矛盾突出，尤其在干旱、雪灾年份强化了饲草供需矛盾，天然草地载畜压力加大，进一步加剧草地退化。作为青藏高原的支柱产业，农牧业仍呈现出"过山车"式的发展特点，稳定性差，自然经济色彩浓重，农牧业发展水平仍在低水平徘徊，牧民收入难以得到有效提高。传统的天然草地管理模式既不能解决草地退化问题，也不能解决农牧民增收问题，这种模式已不可持续，必须另辟蹊径，寻找兼顾遏制草地退化和农牧民增收双赢的绿色发展模式。

藏北羌塘地区和"一江两河"流域农区分别是西藏最重要的畜牧业基地和粮食主产区。这两个地区的资源基础共同决定了未来西藏农牧业耦合绿色发展的模式以及乡村振兴的路径。因此，通过对藏北羌塘地区和"一江两河"流域农区进行综合科学考察，详尽掌握当地草地和耕地等资源保护与利用现状，剖析农牧民食物消费结构及其演变规律，引导构建绿色健康食物消费模式，对保障西藏粮食安全、助力乡村振兴、探索农牧业绿色发展路径具有重要意义。本书分 7 章，主要内容如下：

第 1 章为绪论，主要介绍西藏农牧耦合绿色发展考察研究的背景与意义、总体目标、科考重点内容、重点区域以及具体的时间安排。

由张宪洲、牛犇共同撰写。

第 2 章主要介绍藏北羌塘地区牧民家庭的畜牧经济特征，包括地理位置和自然条件、草地退化与保护政策，以及畜牧业发展水平等，着重分析不同草地类型区牧民家庭人口结构、劳动力数量、受教育水平，以及家畜畜群存栏和出栏结构方面的差异。由武建双、侯慧新、李猛等共同撰写。

第 3 章是关于藏北羌塘地区草地生产力的研究，基于高寒草地样带长期野外观测数据的区域尺度模拟，利用现实和潜在生产力模型反演 2000～2019 年藏北羌塘地区各县区草地产草量的时空格局，分析气候变化和人类活动对高寒草地的影响，评估高寒草地草畜平衡的动态格局。由张宪洲、牛犇、李猛、曹亚楠、冯云飞、王向涛、王志鹏、向明学、张雨、张燕杰等共同撰写。

第 4 章介绍西藏"一江两河"流域农区居民家庭基本情况，调查居民食物消费量和消费结构，分析食物消费量和消费结构在空间县域上的差异，研究西藏地区农村居民食物消费结构在近 20 年的演变特征。由王灵恩、李云云、倪笑雯、成升魁、郭嘉欣等共同撰写。

第 5 章以西藏"一江两河"流域农区的粮食生产与消费为主，重点分析粮食生产和消费情况的演变，评估高原人口对青稞等粮食作物的基本需求，测算高原耕地的盈余情况及未来发展趋势。由张宪洲、范玉枝、何永涛、牛犇、王芳等共同撰写。

第 6 章以高原农区和藏北牧区的资源分异特征为总体布局，在考察西藏"一江两河"流域农区宜草地分布适宜区、藏北牧区草畜关系及其时间动态的基础上，开展人工草地适宜区及边际土地适宜区区划研究，评估农区饲草种植潜力，分析西藏农牧系统耦合发展的资源基础。由牛犇、石培礼、段呈等共同撰写。

第 7 章以拉萨市为典型案例，通过科考调研，构建高原特色城市乡村振兴战略研究理论框架，建立高原特色城市乡村振兴发展评估体系，探索拉萨市乡村振兴发展路径，最后提出适合拉萨市的乡村振兴发展模式。由余成群、段呈、邹荟霞等共同撰写。

本书是第二次青藏高原综合科学考察研究西藏农牧耦合绿色发展科考分队全体科研人员长期不畏艰险、辛勤劳动的成果。特别感谢第二次青藏高原综合科学考察研究任务十"区域绿色发展途径"专题二"农牧耦合绿色发展的资源基础考察研究"所有科考队员及科考工作者付出的艰辛努力，感谢在资料收集、实地调查、座谈访谈与问卷调查中给予大力支持的各个部门、诸位领导和同仁！感谢本书各位执笔人认真负责、同甘共苦的无私奉献！希望本书可以为从事高原农牧业绿色发展相关研究的学者提供相关参考，遗漏和不妥之处敬请读者批评指正。

《西藏农牧耦合绿色发展考察研究》编写委员会

2022 年 4 月

摘　　要

秉承绿色发展理念，针对高寒牧区草地退化和农牧民增收等问题，本次科学考察的主要目的是摸清西藏农牧区域耦合的资源基础，寻找和构建西藏农牧区域耦合绿色发展的途径和模式；基于高原农区和牧区的资源分异特征，利用西藏农区水热条件好、牧草产量高的优势，以农区草产品为调控手段，采取区域间流动和互补的方式，对高海拔牧区的牲畜进行季节性补饲，建立农牧系统耦合发展模式，减轻天然草地放牧压力，发展现代畜牧业，增加牧区畜牧业生产的稳定性，抵御气候变化带来的风险，减压增效，遏制草地退化，改善生态环境。通过农牧系统耦合生态治理模式实施，可以使高原农区和牧区两大经济体系的叠加效应得到充分开发利用，从而实现高原农牧区生产、生态和生活的多赢，助力西藏高原的绿色发展。

本研究以西藏主要牧区藏北高寒草地和西藏主要粮食产地"一江两河"流域农区为研究对象，结合已有监测数据，在样带调查调研的基础上，考察藏北高寒草地生态系统类型、分布、生产力、产草量的变化特征，以及草畜平衡状况；通过入户调查的方式获得"一江两河"流域农区农牧民家庭基本情况、食物消费量和消费结构，以深入剖析西藏农牧民的食物消费特征和不同家庭之间的消费差异；通过深入考察西藏"一江两河"流域农区宜草地分布适宜区，构建饲草种植适宜区区划指标体系，评估饲草种植潜力；通过区域间主体功能的协同优化，评估西藏开展农牧系统耦合发展的资源基础现状；通过现有草牧业技术体系集成，梳理关键技术过程，探寻特色城市（拉萨市）乡村振兴模式。本次科考的主要结论概括如下：

(1) 藏北羌塘地区牧民家庭人口特征总体上呈现家庭户规模大，劳动力不足，抚养比例高、老龄化程度低，但存在劳动力受教育程度偏低的特征，且高寒草甸、高寒草原和荒漠草原之间有所差异。

藏北羌塘地区牧民家庭存栏牲畜的种类和数量存在明显差异，主要受家庭承包的草地类型和产草量影响。出栏牲畜的种类存在明显差异，但数量差异不明显，主要受牲畜存栏情况和家庭自食需求决定。

（2）藏北高寒草地单位面积的平均产草量为 57g/m² 左右，近 20 年藏北高寒草地单位面积产草量呈增加趋势，而且潜在产草量（AGB$_p$）比牧草现存量（AGB$_a$）增加更加明显。藏北高寒草地 AGB$_p$ 在 21 世纪初的前 10 年有下降趋势，而在后 10 年间又开始回升，但年际变异也变得更大。从县域尺度来看，整个藏北 19 个县区均产 150 万 t/a 左右，但各县区之间差异很大。从年际变异来看，藏北高寒草地西部地区的普兰县、札达县、噶尔县和革吉县的年际变异较大，超过了 35%，而东部地区如索县、巴青县和比如县的年际变异较小，仅为 10% 左右。

（3）从"一江两河"流域农区食物总体消费特征来看，植物性食物的消费量高于动物性食物的消费量，就食物消费总量而言，植物性食物消费量是动物性食物的 3.28 倍；粮食消费则以青稞和面粉为主，但也体现了奶类和肉类消费并重的藏族传统饮食特色。过去 20 年，西藏农区农村居民的食物消费结构发生了明显变化，植物性食物和动物性食物占比差距逐渐缩小，出现以植物性食物为主向植物性食物和动物性食物并重的结构转变。总体来看，西藏"一江两河"流域农区饮食消费仅蔬菜一项符合合理膳食标准，食用油、畜禽肉两项高于推荐标准，奶及奶制品、蛋类、水果三项低于推荐标准。

（4）20 世纪 80 年代以来，从统计资料来看西藏地区农村居民口粮消费结构趋向多元化，青稞消费量逐渐减少，小麦和大米消费量相对增加。"一江两河"流域农区的粮食消费特征，从入户调研数据分析结果来看小麦的人均消费结构中口粮、饲料、囤粮和销售分别占 22.38%、35.77%、35.42% 和 6.43%，青稞的人均消费结构中糌粑用粮、饲料、酿酒、囤粮和销售分别占 17.66%、24.99%、12.01%、35.53% 和 9.81%，粮食消费中的饲料用粮和囤粮比例较高。根据调研资料统计分析表明，西藏典型农区小麦和青稞的年人均粮食产量约为 1300 斤[①]，高于国际粮食安全标准线，更高于中国粮食安全标准线，确保了西藏典型农区粮食和青稞安全。

（5）近 20 年来，整个藏北地区的理论载畜量为 2368.16 万羊单位[②]，而实际载畜量为 2003.36 万羊单位，因此，藏北高原草地整体上并不超载，略有盈余（18.2%）。但是，从不同地区来看，局部地区超载情况依然存在，超载地区主要集中在东部部分草原和草甸地区。从超载率的年际变异来看，2000 年初期（2000 ~ 2006 年）超载程度趋于严重，2006 年以后，随着气候暖湿化和退牧还草等生态补偿政策的不断落实，超载趋势逐渐减缓。以现有羊单位 1 日食量（1.6kg）为准，20 年来藏北地区东部超载县域整体的

① 1 斤 =500g，下同。

② 羊单位（sheep unit, SHU）指草食家畜饲养量当量单位。1 个羊单位相当于 1 只体重 50kg、1 年内哺育 1 只断乳前羔羊的健康成年绵羊。

年均牧草缺口大约为 132.55 万 t。根据粮食生产和消费结构考察和研究结果，发现在不改变现有粮食种植红线和基本农田的基础上，还有 180 多万亩①耕地发展饲草经济。据核算，通过农区的种植结构调整和宜草边际土地的合理开发，至少可以生产 149 万 t 优质牧草,这完全可以填补藏北地区的牧草短缺,西藏完全具备资源空间优化配置的基础。

　　由于青藏高原环境受限制，观测数据不足一直是研究中难以突破的瓶颈问题，尤其是西部地区气候、植被和土壤等实际观测数据的严重受限，加之不同模型结构之间的差异，产草量估算及气候响应分析、牧民生计水平、粮食结构及营养状况、农牧业协调发展等基础研究依然相对薄弱，在未来的科考工作中，将进一步针对青藏高原不同典型农牧区人居环境、牧民生计、自然植被状况等关键要素，根据区域的特点，把地面调查、仪器监测、历史记录资料和遥感、模型模拟等方法相互结合，以期为西藏农牧民放牧政策调整、消费结构的改善、膳食营养的提升以及农业生产结构的调整提供科学基础和指导建议，为西藏农牧耦合绿色发展和乡村振兴提供科学支撑。

---

①　1 亩 ≈ 666.67m², 下同。

目 录

第 1 章

绪　论

1.1 科考的背景与意义

青藏高原草地植被覆盖面积为 1.18 亿 hm^2，占高原植被总覆盖面积的 63.9%，约占全国草原总面积的 32% 以上，主要包括高寒草甸、高寒草原和荒漠草原三种植被类型。青藏高原 70% 左右的草地分布在西藏地区，约有草地总面积 0.82 亿 hm^2。由于高、寒、旱的特点，高寒生态系统极为脆弱，在自然和人为因素影响下极易发生退化，治理难度大，草地退化和土地沙化的治理一直是青藏高原生态保护与建设的难点和重点问题。造成高寒草地退化的关键是草地生态功能和生产功能失调，草畜供需失衡。近几十年来，随着气候变暖和人类活动的加剧，青藏高原草地植被生产力发生了显著变化。自 20 世纪 80 年代以来，青藏高原高寒草地净初级生产力（net primary productivity，NPP）得到了显著提高，尤其是 20 世纪 80～90 年代，青藏高原变暖变湿，草地植被净初级生产力整体增加明显；2009 年以来，青藏高原草地植被净初级生产力亦呈增加态势，草地植被净初级生产力增加了 8.1%。

青藏高原是我国地域分异最为显著的地区。农牧业是青藏高原的基础产业，约 80% 的当地人口从事农牧业生产活动。但受高原严酷自然条件的限制，高原农牧业目前普遍存在着农牧民增收困难和生态系统退化的突出问题。虽然 2009 年以来青藏高原草地净初级生产力增加，但存在区域性不平衡，青藏高原的西部地区变暖、相对变干，草地生产力呈减少态势，东部地区变暖变湿，草地生产力呈增加态势。1982～2009 年，青藏高原高寒草地植被年均净初级生产力呈波动上升趋势，平均净初级生产力增加区域的面积是减少区域的面积的 5 倍以上。总体上，近几十年来的气候变化对青藏高原草地生产力的影响是正面的，气候变化主导了青藏高原大部分地区的草地生产力的变化，放牧等人类活动对青藏高原草地并未构成根本性威胁。

为了降低人类活动对草地生态系统的干扰，2009 年国务院常务会议审议并通过《西藏生态安全屏障保护与建设规划（2008—2030 年）》，旨在加强建设国家生态安全屏障，其核心与重点是草地生态保护与建设。此外，2009 年国家开始在部分地区试点草原生态保护补偿奖励政策，并于 2011 年开始在我国主要的草原牧区全面实施。随着各项生态建设工程的实施，藏北高原载畜压力降低明显、草畜矛盾得到了极大的缓解。2009～2017 年，藏北高原放牧强度呈显著降低趋势，和 2009 年相比，2017 年的放牧强度降低了近 14%。从空间分布来看，2009～2017 年西部地区的天然草地放牧强度要显著小于东部的各乡镇。2010 年以来人类活动对中部与西部区域的草地生态系统干扰正在减弱，相反，在东部区域的人类活动对草地生态系统的干扰有进一步加剧的趋势。

2000 年以来，人类活动对青藏高原草地生态系统的影响程度正在逐渐变弱，尤其是对于青藏高原北部草地，人类活动影响减弱最为明显。从空间上看，人类活动对青藏高原北部草地生态系统的影响程度要小于南部草地。具体来说，在干扰程度方面，2004 年强人类活动影响零星分布在青藏高原南部的草地，仅占总草地面积的 1.31%；中部大部分草地处于中等人类活动影响状态，占总草地面积的 75.41%；微弱人类活动影响的草地仅占总草地面积的 23.28%。2013 年强人类活动影响的草地面积减少至

0.70%，中度人类活动影响的草地面积减少至 58.27%，而微弱人类活动影响的草地面积则增加到 41.03%。和 2004 年相比，2013 年人类影响程度弱的草地面积增加了 17.75%。总之，研究证实 2000 年以来，得益于退牧还草、草畜平衡等生态建设工程，青藏高原家畜数量显著减少，草地利用率下降了 16.1%，受人类活动影响弱的草地面积增加了 41.0%。

解决高寒草地退化问题的关键是建立生产和生态功能相协调的草牧业技术体系，协调生态－草－牧关系，实现遏制草地退化和转变畜牧业发展方式的双赢目标。针对草地退化治理问题，藏北牧区牧草产量低，载畜能力差，冬春草场饲草严重短缺，草畜平衡调控能力差，因此以生态为主生产为辅。藏南农牧交错区水热条件较好，人工草地产量高，草畜平衡调控能力强，因此生产生态并重。治理草地退化重点是建立以生态和生产功能协调优化为目标的退化草地恢复技术和模式，实现区域内部和跨区域的草地生产生态的协调发展。因此，西藏农牧耦合绿色发展是农牧业协调发展的根本出路，从而在考虑西藏粮食安全的基础上，系统考察农牧业基础资源，厘清牧区草畜关系与农区饲草种植潜力，科学评估西藏农牧业系统耦合发展的基础资源尤为重要。

1.2 总体目标

本专题将从绿色生产、绿色流通和绿色消费等环节，对西藏农牧业开展基础资源科学考察，总体目标为：首先聚焦粮食、畜产品等主要的农牧业产品，系统梳理高原主要农畜产品的供需格局演变过程及未来发展趋势；然后针对目前天然草地退化以及现有人工草地边际效益低、布局和种植模式不合理等问题，通过辨析高原区域天然草地质量的时空变化以及现阶段草畜平衡状况，确定天然草地的放牧适宜性；结合不同区域人工草地合理的建设布局和种植区划，以弃耕地、劣等地和农田复种套作为基础建设青藏高原人工牧草生产基地，估算县域内潜在人工草地的产草潜力；并从经济角度分析区域农牧结合的可行性，构建以县域为基础的草畜平衡区划、草地生态与生产功能匹配的空间优化配置模式。最后在以上科考的基础上，将向国家提出实施青藏高原农牧耦合绿色发展工程的建议，以此工程带动高原乡村振兴。

1.3 科考重点内容

本专题科考的重点内容是以粮食和畜产品为主要对象，聚焦其绿色生产、绿色流通和绿色消费环节，同时针对高原牧区和农区面临的突出生态和发展问题，厘清其资源基础，构建农牧耦合绿色发展途径和模式，包括粮食供需格局演变与种植业转型发展、畜产品供需格局演变与畜牧业转型发展、人工牧草种植与发展潜力、天然草地牧草供给与补饲需求、农牧耦合绿色发展途径与模式构建。具体分为如下 5 个部分：

（1）粮食供需格局演变与种植业转型发展。其主要内容是厘清高原粮食生产和消费情况的演变情况及未来发展趋势，评估高原人口对青稞等主要粮食作物的基本需求，估算高原耕地的盈余情况。重点是基于对城乡居民、餐饮业、大规模系统抽样调查数据，并且结合粮食市场调研、粮食加工企业调研以及政府部门调研数据，全面分析青藏高原地区主要粮食（青稞、小麦和水稻）供应和需求格局变化趋势、互动机理及其资源环境效应，并提出青藏高原地区粮食产业转型发展的路径和居民食物绿色消费的对策建议。

（2）畜产品供需格局演变与畜牧业转型发展。其主要内容是厘清高原畜产品生产和消费的演变情况，评估高原未来畜牧业发展需求及其规模，量化高原畜牧业发展的饲草需求。重点开展青藏高原草地畜牧业绿色发展的相关调查，包括当地牧民膳食营养结构的变化、对牛羊肉的基本需求。高原畜牧业关键参数的率定，包括养殖规模需求、主要家畜的日食量、牧草转化率，解析牛羊对牧草需求的基本特征。

（3）人工牧草种植与发展潜力。其主要内容是在保障高原粮食生产安全的基础上，通过盈余土地利用以及粮饲复种、边际土地利用的方式，结合高原牧草生产的特征，规划高原人工牧草的生产模式，评估饲草供给潜力，是农牧耦合发展的基础。重点开展青藏高原"一江两河"流域农区农牧产业体系发展变化、区域布局及耕地资源配置调研与考察。针对青藏高原农区边际土地利用水平低、人工草地建植不合理，且潜力尚未得到充分发挥的现实，通过科学考察研究，在识别县域宜草地潜在分布的基础上，充分利用可灌溉的边际土地进行人工草地发展空间布局，提高牧草产品供给能力，估算出县域人工草地产草量，明确人工草地的空间分布及饲草供给能力。

（4）天然草地牧草供给与补饲需求。其主要内容是通过调查天然草地的牧草供给能力，结合畜牧业发展的饲草需求，以畜牧业的稳定发展为基础，刻画高原畜牧业发展对饲草供给需求的时空特征。重点考察藏北重点牧区不同类型草地的物种组成、牧草生产能力、空间分布、面积等特征，依此对高原草地的质量状况进行划分，构建青藏高原天然草地基本区划数据库。在天然草地等级划分的基础上，以县域为单位，采取实地调研观测、遥感、模型计算等手段和技术相结合的方法，考察不同类型天然草地的利用方式和时间，夏冬放牧场的空间分布、面积、利用时间等特征，调查载畜量以及出栏率，计算不同县域草畜平衡的空间分布特征等，识别各县域草地承载的盈余和超载状况，确立各县域的生态与生产功能合理配置比例与模式。

（5）农牧耦合绿色发展途径与模式构建。以牧草的生产和供给为核心，通过农区和牧区的耦合，构建高原农牧业耦合发展的绿色模式，助力高原乡村产业振兴。重点是针对草畜矛盾突出的生态脆弱区，一方面，优化季节性放牧场的时空配置方案，对夏场、冬春场的时间分配和空间布局进行改进调整；另一方面，在考察牧区草畜平衡和人工草地的产草潜力的基础之上，综合利用农区和半农半牧区人工草地建设布局和生产潜力，在保障农区和半农半牧区现有牲畜载畜量的基础上，估算农区能够给外面牧区提供的潜在饲草产量，提出不同区域的农牧耦合发展模式。同时结合乡村振兴战略，针对农牧户、合作社、企业三个经营尺度，开展村、乡、县和市区三个行政尺度，调查高原农区人工种草和牧区补饲的各项成本、劳动力等投入，构建耦合经济、生态、社会效益的投入产出分析评估框架，评估人工种草和牧区补饲的经济、生态和社会等综合效益，构建高原农牧业的绿色发展模式，以此带动产业兴旺、生态宜居、乡风文明、治理有效、生活富裕的高原乡村振兴。

1.4 科考重点区域

青藏高原面积广阔，大体可分为农区和牧区两个部分，其中农业区域又可分为南北两片。北片包括青海境内的"两谷一盆"地区，即青海北半部柴达木盆地及青海东部黄河、湟水谷地（简称"河湟谷地"）；南片以西藏中部的"一江两河"流域农区为主，包括西藏中南部的雅鲁藏布江中游河谷（雅鲁藏布江中部流域及拉萨河、年楚河流域的 18 个县级行政区）生态农业区。牧区则可以大致上分为东区和西区，青藏畜牧东区主要包括西藏东部、青海东南部、四川西北部、甘肃南部及祁连山东段的半湿润地区。该区以高山草甸草场为主，约占草场总面积的 40%，是高原上最重要的牧场。青藏畜牧西区主要包括藏北高原中南部及藏南高原湖盆地区，海拔一般在 4500m 以上。该区以高原宽谷草原草场为主，约占草场总面积的 37%。

本次考察区域以重点区域为主，同时覆盖整个青藏高原区域。其中重点区域拟包括西藏的"一江两河"和青海的"河湟谷地"两个农业区域，藏北高原和三江源两个牧业区域（图 1.1）。

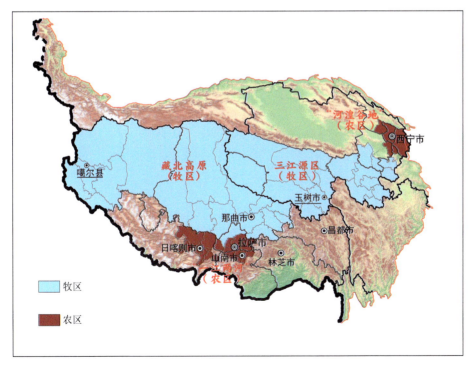

图 1.1　农牧耦合绿色发展的资源基础考察研究重点区域

1.5 科考时间安排

　　本次科考的重点区域为青海的"河湟谷地"、三江源区域和西藏的"一江两河"、藏北区域，以县域为单元，按计划每年在青海和西藏同时开展农区和牧区考察。其中2019～2020年，完成西藏自治区的那曲、阿里牧区和"一江两河"的拉萨、日喀则农区考察；2020～2021年，完成西藏农牧系统耦合发展的资源基础调查与评估工作，完成青海的"河湟谷地"农业区和三江源牧区科学考察；2022～2023年，对重点区域以外的其他区域进行科学考察，逐步实现对青藏高原农牧业重点区域的全面覆盖。

　　本书所包含的都是关于作者团队在西藏自治区进行科考调查、研究和分析的内容，青海部分及青藏高原整体的研究分析报告会在后期相继整理出版。

第 2 章

藏北羌塘地区牧民家庭畜牧经济特征

2.1 藏北羌塘地区基本情况

2.1.1 藏北羌塘地区的地理位置

藏北高原（29°53′～36°32′N，78°41′～92°16′E，图2.1），藏语全称为"羌东门梅龙东"，简称"羌塘"，意为"北方的平坦高地"，平均海拔4500m左右（李明森，2000）。从藏族传统认知上讲，羌塘地区具体指南起冈底斯山、北至昆仑山—可可西里山—唐古拉山，西至喀喇昆仑山山结、东抵念青唐古拉山，东北部以91°E附近内外流域分水岭为界的广大地区，总面积大约$5.97 \times 10^5 km^2$，占西藏自治区总面积的48.9%（中国科学院青藏高原综合科学考察队，1984a）。从行政管辖范围来看，羌塘地区主要包括西藏那曲市11个县区、阿里地区7个县和拉萨市当雄县，共19个县区（图1.1）。截至2019年末，藏北羌塘地区总人口68.79万人，乡村从业人口30.72万人，分别占西藏全区总人口的20%和乡村从业人口的21.6%（西藏自治区统计局和国家统计局西藏调查总队，2020）。

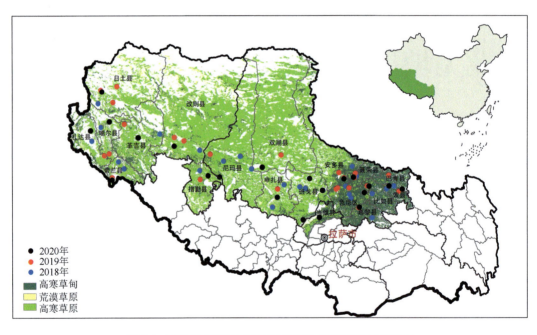

图 2.1　藏北羌塘地区高寒草地类型分布及考察研究选点

2.1.2 藏北羌塘地区畜牧业发展概况

藏北羌塘地区是西藏自治区最重要的畜牧业基地。高寒草地是藏北羌塘地区主要植被类型，也是当地畜牧业发展的基础性生产资料。在羌塘地区，自东南向西北依次分布着高山嵩草（*Kobresia pygmaea*）高寒草甸、紫花针茅（*Stipa purpurea*）高寒草原、驼绒藜（*Krascheninnikovia ceratoides*）荒漠草原等地带性草地类型（中国科学院青藏高原综合科学考察队，1988，1992）。据行业部门统计，西藏全区各类天然草原面积约 12.3 亿亩。其中，可利用草原面积约 11.57 亿亩，全年理论载畜量 3213.72 万羊单位（西藏自治区农牧厅，2019）。其中，在藏北羌塘地区，各类天然草原总面积约 9.36 亿亩，可利用草原面积约 7.94 亿亩（表 2.1）（西藏自治区农牧厅，2019），全年核定的理论载畜量 1457.24 万羊单位[①]，分别占西藏全区的 70.7%、68.6% 和 45.3%。2020 年末，藏北羌塘地区的牲畜存栏量约 725.08 万头（只、匹），占西藏全区牲畜存栏量的 44.07%；折合约 1712 万羊单位，占西藏全区年末存栏量的 42.06%；牲畜出栏 222.8 万头（只、匹），折合 882.51 万羊单位，占西藏全区牲畜出栏量的 50.40%[②]（西藏自治区统计局和国家统计局西藏调查总队，2021）。2020 年末，藏北羌塘地区肉类总产量约 11.02 万 t，占西藏全区 41.7%；农牧业总产值约 52.32 亿元，占西藏全区的农牧业总产值的 22.2%（表 2.1）（西藏自治区统计局和国家统计局西藏调查总队，2021）。

2.1.3　藏北羌塘地区高寒草地退化情况

藏北羌塘地区气候以寒旱为主要特征，气候区划包括那曲 - 果洛半湿润区、羌塘高原半干旱区、阿里干旱区和昆仑干旱区（中国科学院青藏高原综合科学考察队，1984a）。过去几十年，青藏高原气候变暖速率高达 0.3℃/10a，远高于全国变暖速率，大约是全球平均变暖速率的 3 倍（Yao et al.，2012）。2009 年末，西藏全区牲畜存栏量约 2278.93 万头（只、匹）（西藏自治区统计局和国家统计局西藏调查总队，2010），折合 4337.32 万羊单位，是全区可利用草地理论载畜量的 1.35 倍（西藏自治区农牧厅，2019）。2009 年末，藏北羌塘地区各县区牲畜存栏合计 956.6 万头（只、匹），折合 1655.4 万羊单位，与其可利用草地的全年理论载畜量相比，超载率约为 13.6%。在气候变化和过度放牧的双重影响下，藏北羌塘地区的高寒草地大面积退化（表 2.1），退化草地面积达 2.33 亿亩，占西藏全区退化草地总面积的 66%。其中，中度和重度退化草地面积分别为 6984.68 万亩和 2005.31 万亩，分别占羌塘地区可利用草地面积的 8.8% 和 2.5%。

2.1.4　藏北羌塘地区的生态安全屏障意义

保护藏北高寒草地对维护国家生态安全具有重大意义。青藏高原是我国乃至周边国家和地区重要的生态安全屏障，其生态环境保护一直受到社会各界的热切关注（孙鸿烈等，2012；姚檀栋等，2019）。青藏高原下垫面植被变化会直接影响大气环流形势，进而影响东亚季风气候。因此，青藏高原被认为是响应全球气候变化的"敏感区"和"启动区"（冯松和汤懋苍，1998；中国科学院青藏高原综合科学考察队，1984a）。作为青

[①]　数据来源于 2020 年西藏自治区草原生态保护补助奖励统计数据。

[②]　数据来源于西藏自治区农业农村厅行业统计数据。

表 2.1　2020 年末藏北羌塘地区草地畜牧业发展概况

地区	乡村人口/万人	牧业产值/万元	存栏量/万（头、只）		肉产量/t		畜产品产量/t		天然草地/万亩	可利用草地/万亩	退化草地面积/万亩		
			牛	羊	牛肉	羊肉	奶类	羊毛			重度	中度	轻度
当雄县	2.22	83242	27.84	14.87	11626.5	1919.9	13842.5	71.3	1036.39	1008.55	8.86	108.86	147.70
巴青县	2.54	35167	20.85	0.35	3040.3	24.2	3698.8	2.9	1671.81	1630.62	8.45	52.70	221.91
安多县	1.93	19487	26.91	35.72	15216.9	4194	20428.3	491.9	12194.83	10836.01	269.39	933.49	1944.93
班戈县	2.14	23347	15	60.01	4474.8	3367.1	6380.5	997.4	3630.93	3434.97	194.36	1023.24	886.09
比如县	3.31	65917	18.08	0.75	5248.7	92.1	5413.2	19.3	1551.58	1515.15	0.81	10.46	98.89
措勤县	0.77	14356	4.54	34.23	529	1529.1	1423.6	213.4	2591.59	2182.12	23.50	229.52	587.24
色尼区	4.58	48638	41.97	18.63	11035	2152	10490	154	2086.50	2019.29	29.51	111.18	591.88
申扎县	1.28	19481	9.04	52.1	2829.5	2221	3992.4	308.5	3181.41	2872.98	65.59	660.97	740.09
双湖县	0.74	12249	2.42	38.62	436	3146.3	2548.2	581.8	16200.96	13162.86	508.78	1161.56	2381.89
索县	2.14	29708	10.25	0.24	2918.4	9.8	3768.3	6.3	738.08	721.92	4.66	22.40	35.17
嘉黎县	1.72	33302	17.14	0.13	8834.7	3.5	8440.3	3.9	1462.81	1427.09	15.23	65.62	191.68
尼玛县	1.73	23238	8.3	84.48	2976.1	6233.6	5657.3	874.8	10028.23	8663.71	310.07	917.99	1368.15
嘎尔县	0.47	8326	1.86	13.55	232	577.3	1125.7	68.8	2062.65	1692.77	45.65	136.76	347.72
改则县	1.22	32864	7.38	45.13	692.2	1633.5	3600	367.4	17300.97	13332.97	311.59	768.29	2254.89
革吉县	0.89	24721	1.7	42.69	411.4	2223.2	2251.1	440.1	5679.95	4794.11	19.40	315.22	1036.42
聂荣县	1.82	19601	22.83	2.46	7303.9	464.2	3911.6	53.5	1913.91	1822.13	23.84	41.78	255.16
普兰县	0.44	8976	1.26	7.62	453.6	260.8	580.3	45.6	1278.18	1063.40	7.28	113.67	226.44
日土县	0.55	13934	0.81	27.73	204.2	1179.6	363.8	202.9	6504.98	5352.38	155.70	251.53	788.92
札达县	0.23	6623	2.58	5.01	368	201.9	331.9	28.3	2467.13	1820.19	2.64	59.44	178.41

藏高原的主体，藏北羌塘地区是长江、怒江、澜沧江等亚洲主要河流的发源地（中国科学院青藏高原综合科学考察队，1984b）。在《全国主体功能区规划》中，藏北羌塘地区被列为国家禁止开发和国家生态安全战略重点建设区域。因此，保护并维持高原内部各类生态系统结构和功能的稳定性是科学应对全球气候变化的必然途径（张宪洲等，2015；朴世龙等，2019）。

2.1.5　藏北羌塘地区现行生态保护政策

藏北羌塘地区是实施国家生态保护工程和草原生态保护补助奖励政策的重要区域。为促进退化高寒草地生态功能的恢复，2004～2012 年，在中央财政支持下西藏自治区在 34 个纯牧业和半农半牧业县累计组织实施了 8641 万亩"退牧还草"工程。其中，藏北羌塘地区累积实施"退牧还草"工程 5266 万亩，占西藏全区的 60.94%（西藏自治区农牧厅，2019）。2009 年，在财政部和农业部的大力支持下，西藏率先启动天然草原生态保护补助奖励机制试点工作。自 2011 年起，为保护天然健康草地、促进草畜平衡，在中央财政支持下西藏全面实施草原生态保护补助奖励政策（简称"草奖"）[①]。"十三五"期间，西藏自治区针对 1.29 亿亩退化草地实施禁牧管理，并在 8.96 亿亩草地推行"草畜平衡"放牧管理制度。其中，藏北羌塘地区的禁牧和草畜平衡草地面积分别达到 1.02 亿亩和 5.68 亿亩，分别占西藏全区禁牧草地面积的 79.17% 和"草畜平衡"放牧草地面积的 63.42%。在藏北羌塘地区牧民家庭总收入中，"草奖"政策性收入占比高达 39%，对维持牧民生计和精准扶贫具有重要意义（崔亚楠等，2017）。

综上所述，在藏北羌塘地区开展天然草地牧草供给与补饲需求调研，对优化国家生态保护工程布局、完善草地生态保护补偿政策、支撑"十四五"期间羌塘地区草牧业高质量发展、推进高寒牧区脱贫攻坚成果与乡村振兴战略有效衔接具有重大现实意义。因此，藏北羌塘地区的科学考察重点是：

（1）明辨 2000～2019 年藏北高寒草地潜在和现实生产力动态、趋势和格局及其驱动机制，评价羌塘地区不同类型天然草地的牧草供给能力和空间格局。

（2）评价藏北羌塘地区牧民生计脆弱性及其对草地畜牧业和国家生态补偿政策的依赖程度，为当地草地生态保护和畜牧业发展提供决策依据。

2.2　藏北羌塘地区科学考察方案

鉴于藏北羌塘地区在西藏乃至整个青藏高原生态安全、经济发展和社会稳定方面的重要地位，2018～2021 年专题组采取"点、线、面"相结合的方式，以牧户为基本单元，通过定位监测、小型访谈、入户调查相结合的方法，从牧民家庭结构、草地承包与管理、牲畜存栏与出栏、家庭收入结构等角度，全面、系统地剖析了藏北羌塘地区 19 个县区范

[①]　西藏自治区建立草原生态保护补助奖励政策实施方案（2016—2020 年）。

围内高寒草甸、高寒草原、荒漠草原等草地类型区畜牧业发展的现状和特征（图 2.2）。

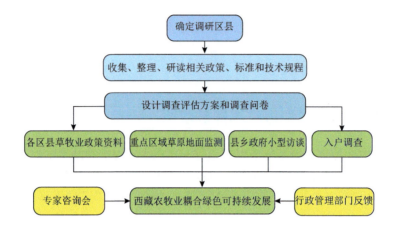

图 2.2　藏北羌塘地区科学考察工作方案

　　考察期间，调研组首先与政府相关部门组织召开座谈会，了解当地草地保护和畜牧业发展概况。其次，在每个县选取 1 ~ 2 个乡镇，每个乡镇随机入户走访 10 户牧民，进行农牧民生计调查。2018 ~ 2021 年，在藏北羌塘地区 19 个县区累计调研 56 个乡镇、1000 户牧民，经过数据清洗后获得有效问卷 982 份，涉及牧户 982 户、群众 5298 人（表 2.2）。调研内容涵盖：牧民家庭人口特征、家庭收入构成、草场承包与管理及牲畜存栏与出栏四个方面。

表 2.2　2018 ~ 2021 年藏北羌塘地区科学考察基本情况统计

年份	县区 / 个	乡镇 / 个	涉及牧户 / 户	涉及人数 / 人
2018	18	35	222	1112
2019	17	24	270	1435
2020	19	21	204	1082
2021	19	33	286	1669

2.2.1　藏北羌塘地区牧民家庭人口特征

　　从家庭户规模、人口性别比、人口年龄构成、人口老龄化指数、总抚养比、劳动力受教育程度、文盲人口等角度，按县域对受访牧民家庭人口特征进行统计描述，并比较各指标在高寒草甸、高寒草原和荒漠草原区之间的差异。具体指标内涵如下。

　　（1）家庭户规模是指"具有血缘、婚姻或收养关系"、在一起居住、共同生活的家庭户的人口数量。在少数民族地区，家庭户规模在一定程度上可以反映当地生产、生活的组织形式。

（2）人口性别比是人口学上关于社会或国家男女人口数量比率的表征，以每 100 位女性所对应的男性数目为计算标准。

（3）人口年龄构成是指各年龄组人口数量在总人口中的比例关系，通常以百分数表示，可以利用人口金字塔来形象并直观地表征人口年龄构成。

（4）人口老龄化指数，也称老少比，是指在人口总体中老年人口数（65 岁及以上）与少年儿童人口数（0～14 岁）的相对比值，是一个能够反映人口老龄化程度及人口年龄结构的综合性指标。

（5）总抚养比，也称总负担系数，是指人口总体中非劳动年龄人口数与劳动年龄人口数之比，通常用百分数表示。即每 100 名劳动年龄人口大致要负担非劳动年龄人口数量。在本次科学考察研究中，按照抚养对象的不同，细分为老年人口抚养比和少年儿童人口抚养比，分别指人口总体中老年人口数（65 岁及以上）和少年儿童人口数（0～14 岁）与劳动年龄人口数（15～64 岁）之比。

（6）劳动力受教育程度，是反映劳动力智能素质的指标。在本次科学考察研究中，用劳动力累计接受不同层次教育的年数来表征。受教育水平和年限分别按照小学 6 年、初中 3 年、高中（中专）3 年、大专（职业教育）3 年、本科 4 年进行量化。

（7）文盲人口是指 15 岁以上不识字以及识字很少的人口。藏北羌塘地区是西藏最传统牧区，在本次综合科学考察中，"不识藏文"和"识藏文但未上学"的人口按文盲人口统计。

2.2.2　藏北羌塘地区牧民家庭收入构成

受访牧民家庭收入特征从工资性收入、经营性收入、转移性（政策性）收入和财产性收入[①] 等角度按县域进行统计描述，并比较牧民家庭收入构成在高寒草甸、高寒草原和荒漠草原区之间的差异。具体指标内涵如下。

（1）工资性收入，包括工资、实物福利等收入，主要包括调查对象稳定的工资收入和临时性劳务收入，不包括政策性生态岗位津贴。

（2）经营性收入，主要指畜牧业牛羊肉、奶制品、皮、毛、牛羊粪（燃料）等畜（副）产品销售收入，以及建筑业、交通运输业、批发零售业、住宅、餐饮业、租赁、商务服务等净收入。在本次综合科学考察中，西藏特色菌类和虫草的销售收入计入牧民家庭经营性收入。

（3）转移性（政策性）收入，主要包括养老金、退休金、农村及城镇居民养老保险、社会救济和补助、政策性生活补贴、赡养收入等净收入。在藏北羌塘地区，转移性收入主要包括草原禁牧补助、"草畜平衡"奖励和生态扶贫岗位津贴等政策性收入（以下简称为政策性收入）。

---

① 受访牧民文化水平差异较大，部分牧民对家庭自食自用的牛羊肉、奶制品、燃料等畜（副）产品表述不清。因此，本书未包括牧民用于自食自用的牛羊肉、奶制品、燃料等畜（副）产品的收入折算。

(4) 财产性收入，主要包括红利收入、储蓄性保险净收益、转让承包土地经营权、出租房屋、出租机械、专利、版权等净收入。

此外，在各类收入比重基础上，我们计算了牧民家庭收入的多样性指数（H）：

$$H = -\sum_{i=1}^{n} P_i \ln P_i \qquad (2.1)$$

式中，P_i 为第 i 种收入在家庭总收入中的比重；n 为家庭收入种类（最大值为 4）。H 值越大，牧民家庭收入的构成越均衡。

综上，通过比较不同草地类型区牧民家庭收入构成及其多样性，评价藏北羌塘地区牧民家庭收入对草地畜牧业和生态补偿政策的依赖程度，从而为当地草地生态保护和畜牧业可持续发展提供决策依据。

2.2.3 藏北羌塘地区的草场承包与管理

在牧民家庭和人均水平上，我们分析牧民家庭草场承包总面积、禁牧草场面积、草畜平衡（即放牧草场）面积。通过野外实地监测，对比分析不同草地类型区围栏内外草地产草量的差异。通过提取调研乡镇周边模型模拟的平均产草量，在牧民家庭水平上计算了其承包、禁牧和放牧草地相应的牧草供给。

2.2.4 藏北羌塘地区的牲畜存栏与出栏

按照西藏"草奖"政策实施方案规定，对每个受访牧户存栏和出栏的牲畜种类和数量换算为羊单位进行统计。

另外，在各类牲畜存／出栏比重基础上，我们计算了牧民家庭牲畜存／出栏多样性指数：

$$R = -\sum_{i=1}^{m} E_i \ln E_i \qquad (2.2)$$

式中，E_i 为第 i 种牲畜（羊单位）在家庭总牲畜存／出栏比重；m 为牧民家庭牲畜存／出栏牲畜种类（包括牛、绵羊、山羊和马，共 4 类）。R 值越大，说明牧民家庭的牲畜存／出栏牲畜种类越均衡。

通过比较不同草地类型区牧民家庭牲畜存出栏构成及其多样性，我们评价了藏北羌塘地区牧民家庭层面草地畜牧业发展策略，从而为当地畜群结构调整提供决策依据。

2.3　数据分析与统计

2.3.1　基本统计描述

本次调研的 1000 份问卷数据经整理、核算和异常值检查,最后得到有效问卷 982 份。针对有效问卷进行调研指标统计描述。具体而言,我们分别在县域和草地类型上计算了相应指标的户均和人均数值,并与西藏统计年鉴或行业统计资料进行对比分析。其中,人口性别比,人口年龄构成,总抚养比,人口老龄化指数,收入来源(工资性收入、经营性收入、政策性收入、财产性收入)比重,牲畜存/出栏比重及多样性指数,牲畜存栏率、出栏率等指标均是先以家庭为单位进行统计,再在县域水平、草原类型上进行统计描述。

2.3.2　草地类型之间的比较

上述相关统计指标在高寒草甸、高寒草原和荒漠草原 3 个类型区之间进行多重比较,采用 R 语言程序包 rstatix 中的 K-W 均秩检验。数据统计分析和可视化均使用 R4.1.1 完成。

2.4　结果分析

2.4.1　藏北羌塘地区牧民家庭人口特征

从家庭户规模来看,据统计,2020 年全国和西藏家庭人口分别为 2.62 人 / 户和 3.19人 / 户(中华人民共和国国家统计局,2021)。藏北羌塘地区受访牧民家庭的人口为 5.40人 / 户,分别是全国和西藏家庭人口的 2.06 倍和 1.69 倍。其中,索县家庭人口最大(9.19人 / 户)、噶尔县家庭人口最小(4.25 人 / 户),两者相差 4.94 人 / 户。在高寒草甸区、高寒草原区、荒漠草原区受访牧民家庭人口平均值分别为 6.02 人 / 户、4.97 人 / 户和 5.00人 / 户,高寒草甸区明显高于高寒草原区和荒漠草原区($P<0.001$),高寒草原区与荒漠草原区无显著差异 [$P>0.05$,图 2.3(a)]。

从人口性别比来看,2020 年全国和西藏人口性别比分别为 104.80 和 110.32(中华人民共和国国家统计局,2021)。藏北羌塘地区受访牧民家庭人口性别比为 100.20,比全国人口性别比低 4.60,比西藏人口性别比低 10.12。其中,当雄县人口性别比最高(130.30)、聂荣县人口性别比最低(79.57,表 2.3)。受访牧民家庭的人口性别比在高寒草甸区、高寒草原区、荒漠草原区依次为 100.60、96.70 和 107.10,在草地类型之间差异不显著 [$P>0.05$,图 2.3(b)]。

表 2.3 藏北羌塘地区各县区受访牧民家庭人口特征

| 草地类型 | 地区 | 户数/户 | 人数/人 | 家庭户规模/（人/户） | 人口性别比（女=100） | 户均/人 | | | 人口老龄化指数/% | 总抚养比/% | 少年儿童人口抚养比/% | 老年人口抚养比/% |
						少年儿童人口	劳动力人口	老年人口				
高寒草甸	当雄县	20	147	7.35	130.30	1.8	5.9	0.6	33.33	60.69	49.66	11.03
高寒草甸	安多县	88	431	4.90	105.79	1.6	4.6	0.3	16.55	67.03	62.68	4.35
高寒草甸	巴青县	48	326	6.79	103.83	3.6	9.5	0.2	5.20	45.42	36.25	9.17
高寒草原	班戈县	86	392	4.56	97.47	1.0	3.1	0.2	17.24	132.73	110.00	22.73
高寒草甸	比如县	40	286	7.15	88.16	3.0	6.9	0.6	20.66	69.17	62.41	6.77
高寒草原	措勤县	49	243	4.96	105.04	1.7	4.2	0.2	10.71	64.94	46.75	18.18
荒漠草原	噶尔县	40	170	4.25	104.71	1.2	3.1	0.1	6.52	57.29	47.92	9.38
荒漠草原	改则县	80	410	5.12	119.25	1.4	4.1	0.2	14.29	72.00	56.00	16.00
荒漠草原	革吉县	43	246	5.72	108.47	1.7	5.1	0.1	8.00	56.38	50.34	6.04
高寒草甸	嘉黎县	34	216	6.35	107.62	2.4	5.9	0.3	12.35	87.62	77.14	10.48
高寒草原	尼玛县	66	318	4.82	92.90	1.2	3.4	0.1	11.84	46.50	38.00	8.50
高寒草甸	聂荣县	35	167	4.77	79.57	1.1	3.2	0.1	10.81	44.55	36.63	7.92
高寒草原	普兰县	44	222	5.05	92.37	1.1	3.8	0.4	33.33	53.13	37.50	15.63
高寒草原	日土县	58	277	4.78	107.35	0.9	3.2	0.1	14.55	40.24	33.54	6.71
高寒草甸	色尼区	89	459	5.16	100.00	1.5	4.1	0.2	10.95	62.40	54.80	7.60
高寒草原	申扎县	54	314	5.81	90.36	1.4	5.2	0.4	26.32	54.75	42.46	12.29
高寒草甸	双湖县	31	152	4.90	111.76	1.3	3.5	0.1	10.00	53.66	48.78	4.88
高寒草甸	索县	32	294	9.19	95.21	2.7	8.3	0.6	20.93	72.22	59.72	12.50
荒漠草原	札达县	45	228	5.07	88.80	1.6	4.7	0.3	20.83	70.97	58.06	12.90
	西藏			110.32					23.13	43.27	35.14	8.13
	全国			104.80					75.23	45.98	26.24	19.74

注：本表中年鉴统计数据抽样比为 0.78%，来源于《中国统计年鉴 2020》及《西藏统计年鉴 2020》。少年儿童人口数指≤14 岁人口数；劳动力人口数指 15～64 岁人口数上学的人口数；老年人口数指 65 岁及以上人口数。由于数值修约导致误差。

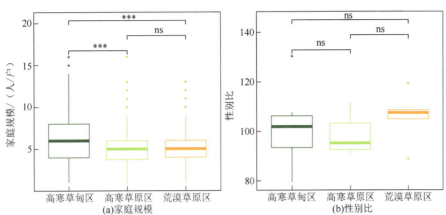

图 2.3　藏北羌塘地区不同草地类型区之间受访牧民家庭规模和性别比之间的比较

ns 表示组间差异不显著 ($P>0.05$，下同)；*** 表示组间在 $P<0.001$ 水平下差异显著，下同

从人口年龄构成来看，2020 年全国和西藏 0～14 岁少年儿童人口比例分别为 17.97% 和 24.50%（中华人民共和国国家统计局，2021）。据调查，在藏北羌塘地区少年儿童人口比例为 35.21%，比全国水平高 17.24 个百分点，比西藏全区少年儿童人口比例高 10.71 个百分点。其中，比如县少年儿童人口比例最高（44%）、申扎县最低（27.2%），两者相差 16.8 个百分点。高寒草甸区、高寒草原区、荒漠草原区受访牧民家庭的少年儿童人口数量分别为 816 人、411 人和 360 人，相应地，占所在草地类型受访牧民总数的 37.18%、32.93% 和 33.83%。受访牧民家庭的少年儿童人口比例在高寒草甸区明显高于高寒草原区和荒漠草原区（$P<0.05$），且高寒草原区和荒漠草原区之间则无显著差异 [$P>0.05$，图 2.4（a）]。

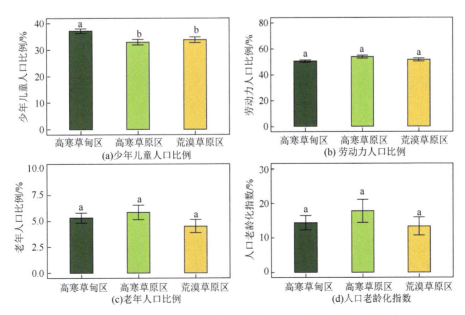

图 2.4　藏北羌塘地区不同草地类型区之间受访牧民家庭人口结构特征

不同字母表示不同草地类型之间差异显著（$P<0.05$，下同）

从劳动力人口来看，2020 年全国和西藏劳动力比例分别为 68.50% 和 69.80%（中华人民共和国国家统计局，2021）。在藏北羌塘地区，受访牧民家庭的劳动力人口比例为 51.61%，分别比全国和西藏平均值低 16.89 个百分点和 18.19 个百分点。其中，班戈县受访牧民家庭的户均劳动力比例最高（58.18%）、比如县最低（38.54%），两者相差 19.64 个百分点；受访牧民家庭的劳动力比例在高寒草甸区、高寒草原区、荒漠草原区依次为 50.43%、53.77% 和 51.50%，且在三个草地类型区之间无显著差异 [$P>0.05$，图 2.4（b）]。

从老年人口比例来看，2020 年全国和西藏 65 岁及以上老年人口比例分别为 13.52% 和 5.67%（中华人民共和国国家统计局，2021）。在藏北羌塘地区，受访牧民家庭的老年人比例为 5.28%，分别比全国老年人比例低 8.24 个百分点，比西藏老年人比例低 0.39 个百分点。其中，当雄县 65 岁及以上老年人口比例最高（10.17%）、双湖县最低（1.98%），两者相差 8.19 个百分点；受访牧民家庭中 65 岁及以上老年人口比例在高寒草甸区、高寒草原区、荒漠草原区依次为 5.33%、5.85% 和 4.51%，在三个草地类型区之间无显著差异 [$P>0.05$，图 2.4（c）]。

从人口老龄化指数来看，2020 年全国和西藏人口老龄化指数分别为 75.23% 和 23.13%（中华人民共和国国家统计局，2021）。根据受访牧民家庭人口数据测算，藏北羌塘地区的人口老龄化指数约为 14.90%，分别比全国和西藏低 60.34 个百分点和 8.23 个百分点。人口老龄化指数在高寒草甸区、高寒草原区、荒漠草原区依次为 14.33%、17.76% 和 13.33%，不同草地类型区之间也无显著差异 [$P>0.05$，图 2.4（d）]。从人口年龄分布的金字塔来看（图 2.5），当前藏北羌塘地区人口仍呈"扩张型"。

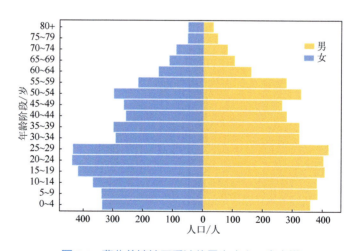

图 2.5　藏北羌塘地区受访牧民家庭人口金字塔

从家庭负担系数来看，2020 年全国和西藏的家庭人口总抚养比分别为 45.98% 和 43.27%（中华人民共和国国家统计局，2021）。其中，全国和西藏的少年儿童人口抚养比分别为 26.24% 和 35.14%，老年人口抚养比分别为 19.74% 和 8.13%（中华人民共和国国家统计局，2021）。根据受访牧民家庭人口数据测算，藏北羌塘地区牧民家庭人口总抚养比、少年儿童人口抚养比和老年人口抚养比平均值依次为 71.31%、

52% 和 10.2%，相应地，分别比全国平均水平高 25.33 个百分点、25.76 个百分点和低 9.54 个百分点；比西藏全区平均水平高 28.04 个百分点、16.86 个百分点和 2.07 个百分点。

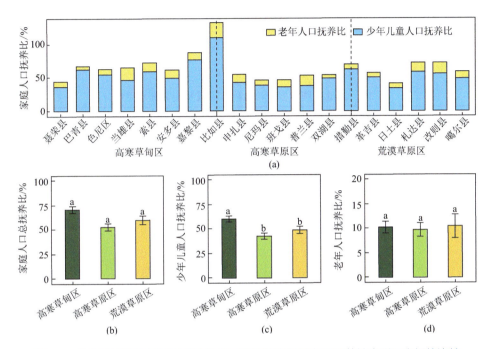

图 2.6　藏北羌塘地区各县区受访牧民家庭抚养比及其在不同草地类型区之间的比较

按草地类型测算，受访牧民家庭人口总抚养比在高寒草甸区、高寒草原区和荒漠草原区依次为 70.50%、52.40% 和 59.60%，不同草地类型区之间无显著差异 [$P>0.05$，图 2.6(b)]。但是，高寒草甸区受访牧民家庭少年儿童人口抚养比（60.23%）显著高于高寒草原区（46.62%）和荒漠草原区（49.11%）[$P<0.05$，图 2.6(c)]，受访牧民家庭少年儿童人口抚养比在高寒草原区与荒漠草原区之间无显著差异 [$P>0.05$，图 2.6(c)]。受访牧民家庭老年人口抚养比在高寒草甸区、高寒草原区、荒漠草原区依次为 10.27%、9.77%、10.50%，且在不同草地类型区之间无显著差异 [$P>0.05$，图 2.6(d)]。

据统计，2020 年全国 6 岁以上人口中接受完整 9 年义务教育（初中毕业）的人口比例为 37.03%，高中和中职毕业的比例合计为 16.13%（中华人民共和国国家统计局，2021）。在西藏全区接受完整 9 年义务教育（初中毕业）的人口比例为 17.54%，高中和中职毕业的人口比例合计为 7.90%（中华人民共和国国家统计局，2021）。根据受教育程度数据测算，藏北羌塘地区受访牧民家庭人口中接受完整 9 年义务教育（初中毕业）的人口比例为 7.74%，高中和中职毕业的人口比例合计为 4.10%，分别比全国平均水平低 29.29 个百分点和 12.03 个百分点，比西藏全区低 9.80 个百分点和 3.80 个百分点。

从劳动力受教育程度来看，藏北羌塘地区受访牧民家庭的劳动力平均受教育年限为 6.18 年。其中，当雄县受访牧民家庭的劳动力平均受教育年限最长（8.88 年），巴青县最短（3.59 年，表 2.4）。从不同草地类型区来看，高寒草甸区受访牧民家庭的牧民劳动力平均受教育年限最长（6.68 年），分别比高寒草原区（5.65 年）和荒漠草原区（6.04 年）长 1.03 年和 0.64 年 [图 2.7（b）]。本次科学考察共涉及藏北羌塘地区 15 岁以上人口 3554 人，占受访牧民家庭总人口的 75% 以上；其中文盲人口 2538 人，占 15 岁以上人口总数的 71.4%（表 2.4）。受访牧民家庭中 15 岁以上文盲人口比例在高寒草甸区（72.44%）和高寒草原区（74.26%）接近 [图 2.7（c），$P>0.05$]，两者显著低于荒漠草原区 [81.44%，$P<0.05$，图 2.7（c）]。

表 2.4　藏北羌塘地区受访牧民家庭成员受教育水平统计

地区	户数 / 户	户均人数 / 人							劳动力平均受教育年限 / 年	15 岁以上人口 / 人	15 岁以上文盲人口 / 人
		6 岁以上人口	不识藏文	识藏文未上学	小学毕业	初中毕业	高中和中职毕业	大学毕业			
当雄县	20	6.45	2.05	0.35	1.00	0.75	0.30	0.45	8.88	91	49
安多县	88	5.33	1.00	1.41	0.69	0.19	0.17	0.38	7.16	332	220
巴青县	48	8.48	2.85	1.94	0.75	0.27	0.04	0.23	3.59	296	239
班戈县	86	4.14	1.24	1.15	0.28	0.15	0.15	0.21	5.69	275	210
比如县	40	5.90	1.73	1.05	0.25	0.13	0.13	0.10	7.72	150	122
措勤县	49	4.24	1.16	0.82	0.39	0.47	0.06	0.04	5.92	147	99
噶尔县	40	3.78	1.45	0.55	0.28	0.25	0.13	0.10	5.63	116	84
改则县	80	4.54	1.09	1.33	0.28	0.15	0.18	0.08	6.66	246	198
革吉县	43	4.72	1.44	1.30	0.33	0.14	0.23	0.14	4.48	163	123
嘉黎县	34	5.38	0.94	1.38	0.41	0.41	0.06	0.29	7.45	124	81
尼玛县	66	4.23	1.27	1.06	0.35	0.45	0.09	0.09	4.27	232	160
聂荣县	35	4.34	0.80	1.43	0.40	0.20	0.17	0.23	7.03	116	83
普兰县	44	4.55	1.11	0.64	0.64	0.23	0.20	0.20	7.73	156	95
日土县	58	4.33	1.19	1.21	0.31	0.16	0.31	0.17	6.13	185	144
色尼区	89	4.56	1.08	0.96	0.54	0.22	0.10	0.17	7.16	291	185
申扎县	54	5.06	1.67	0.91	0.72	0.11	0.11	0.11	5.16	224	151
双湖县	31	4.16	0.94	1.23	0.29	0.39	0.16	0.10	5.99	93	67
索县	32	7.59	2.53	1.22	0.78	0.28	0.00	0.53	6.54	175	127
札达县	45	4.51	1.51	0.69	0.58	0.11	0.16	0.09	6.89	142	101

综上所述，藏北羌塘地区受访牧民家庭的人口特征总体上呈现家庭户规模大，劳动力不足，抚养比例高、老龄化程度低的特征。但是，藏北羌塘地区受访牧民家庭中也存在劳动力受教育程度偏低的特征。

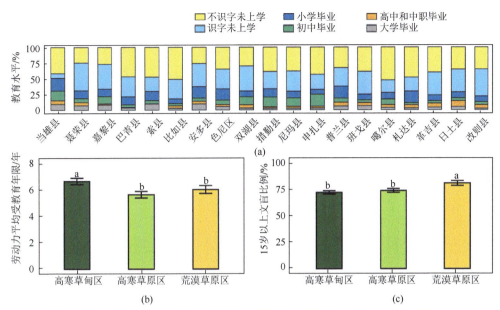

图 2.7　藏北羌塘地区各县区受访牧户家庭成员受教育水平及其在不同草地类型之间的比较

2.4.2　藏北羌塘地区牧民家庭收入特征

藏北羌塘地区受访牧民家庭的人均可支配收入为 5513.98 元 /a。其中，聂荣县受访牧民家庭的人均可支配收入最高（9039.79 元 /a），大约是索县的 2.98 倍 [表 2.5，图 2.8（a）]。高寒草甸区受访牧民家庭的人均可支配收入显著低于高寒草原和荒漠草原区（$P<0.05$），后两者之间差异不显著（$P>0.05$）。从受访牧民家庭收入构成来看，高寒草甸区、高寒草原区、荒漠草原区牧民家庭收入多样性指数依次为 0.19、0.16、0.11[图 2.8（d）]，高寒草甸区受访牧民家庭收入的多样性指数显著高于荒漠草原区（$P<0.05$），高寒草原与其他两个草地类型两两之间无显著差异（$P>0.05$）。

整个藏北羌塘地区受访牧民家庭的人均工资性收入为 1357.09 元 /a（ 表 2.5）。其中，聂荣县受访牧民家庭的人均工资性收入最高（4154.65 元 /a），大约是札达县受访牧民家庭的人均工资性收入（407.10 元 /a）的 10 倍以上 [图 2.8（a）]。藏北羌塘地区受访牧民家庭的人均工资性收入占人均可支配收入的比重平均值为 24.86%。其中，色尼区受访牧民家庭的人均工资性收入比重最高（57.1%），革吉县受访牧民家庭的人均工资性收入占比最低 [1.37%，图 2.8（c）]。受访牧民家庭的人均工资性收入在高寒草甸区、高寒草原区、荒漠草原区依次为 1654.38 元 /a、1820.76 元 /a 和 1455.86 元 /a[图 2.9（a）]。其中，荒漠草原区受访牧民家庭的人均工资性收入显著低于高寒草甸区（$P<0.05$），其他草地类型区两两之间差异不显著（$P>0.05$）。受访牧民家庭人均工资性收入占其可支配收入的比重在高寒草甸区、高寒草原区、荒漠草原区依次为 20.3%、14.7% 和 8.0%[图 2.9（b）]。荒漠草原区受访牧民家庭的人均工资性收入比重显著低于高寒草甸区和高寒草原区（$P<0.05$），后两者之间无显著差别 [图 2.9（b）]。

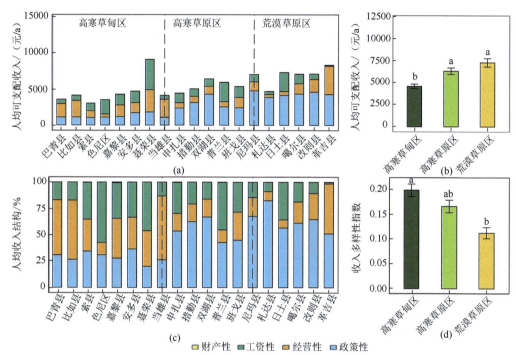

图 2.8　藏北羌塘地区各县区受访牧民家庭人均可支配收入构成及其多样性指数

不同字母表示人均可支配收入和收入多样性指数在不同草地类型之间差异显著（$P<0.05$）

　　藏北羌塘地区受访牧民家庭的人均经营性收入为 1482.43 元（表 2.5）。其中，草吉县受访牧民家庭的人均经营性收入最高（3909.01 元 /a），大约是札达县受访牧民家庭人均经营性收入（403.29）的 9.7 倍 [表 2.5，图 2.8（a）]。藏北羌塘地区受访牧民家庭的人均经营性收入占人均可支配收入的比重平均值为 26.63%。其中，当雄县受访牧民家庭的人均经营性收入比重最高（60.6%），日土县受访牧民家庭的人均经营性收入占比最低 [7.75%，图 2.8（c）]。受访牧民家庭的人均经营性收入在高寒草甸区、高寒草原区、荒漠草原区分别为 1586.35 元 /a、1217.25 元 /a 和 1541.88 元 /a[图 2.9（c）]，三个草地类型区受访牧民家庭的人均经营性收入之间无显著差异（$P>0.05$）。受访牧民家庭的人均经营性收入占其可支配收入的比重在高寒草甸区、高寒草原区、荒漠草原区依次为18.2%、12.0% 和 10.8%[图 2.9（d）]。高寒草甸区受访牧民家庭的经营性收入比重显著高于高寒草原区和荒漠草原区（$P<0.05$），高寒草原与荒漠草原区受访牧民家庭的经营性收入比重之间无显著差异（$P>0.05$）。

　　藏北羌塘地区受访牧民家庭的人均政策性收入为 2670.52 元 /a（ 表 2.5）。其中，尼玛县受访牧民家庭的人均政策性收入最高 [4753.96 元 /a，图 2.8（a）]，大概是索县受访牧民家庭的人均政策性收入的 4.5 倍。藏北羌塘地区受访牧民家庭的人均政策性收入占人均可支配收入的 48.43%（ 表 2.5）。其中，札达县受访牧民家庭的人均政策性收入占人均可支配收入的比重最高（82.59%），聂荣县最低（ 仅 20.01%），两者相差近 4 倍（ 表 2.5）。受访牧民家庭的人均政策性收入在高寒草甸区、高寒草原区、荒漠草原区依次为 1331.98 元 /a，3266.33 元 /a 和 4262.20 元 /a[图 2.9（e）]，草地类型之间差异显著（$P<0.05$），荒漠草原区受访牧民家庭的人均政策性收入是高寒草甸区的 3 倍左右。受访牧民家庭人均政策性收入占其可支配收入的比重在高寒草甸、高寒草原、荒漠草原区依次为 61.4%、73.2% 和 81.1%[图 2.9（f）]，草地类型区之间差别显著 [图 2.9（f）]。本次综合科学考察中，受访牧民家庭有财产性收入牧户极少（不具有普遍性，未做具体分析）。此外，高寒草甸区牧民家庭经营性收入包括售卖虫草和蘑菇等。其中那曲市东部比如县、巴青县、索县受访牧民家庭售卖虫草和蘑菇的收入占户均经营性收入的比例分别为 87.6%、70% 和 75.9%。在高寒草原和荒漠草原区受访牧民家庭的经营性收入主要来自牲畜及畜（副）产品的销售收入。

　　总体来看，藏北羌塘地区牧民收入对国家现行草原生态保护补助奖励政策依赖程度最高，其人均政策性收入平均为 2670.52 元 /a，占人均可支配收入的比重为 48.43%；其次是人均经营性收入为 1482.43 元 /a，占人均可支配收入的比重为 26.63%；再次是人均工资性收入为 1357.09 元 /a，占人均可支配收入的比例为 24.86%，仅有极个别的县区牧户有财产性收入，财产性收入较少。

表 2.5　藏北羌塘地区各县区受访牧民家庭可支配收入及其构成

地区	户数 / 户	人数 / 人	人均 /（元 /a）					户均 /（元 /a）				
			总收入	政策性	经营性	工资性	财产性	总收入	政策性	经营性	工资性	财产性
当雄县	20	147	4125.68	1085.14	2500.00	540.54	0.00	38162.50	10037.50	23125.00	5000.00	0.00
安多县	88	431	4681.02	1717.95	1407.75	1555.32	0.00	23566.53	8648.98	7087.30	7830.24	0.00
巴青县	48	326	3565.37	1098.90	1863.82	602.65	0.00	20071.69	6186.39	10492.59	3392.70	0.00
班戈县	86	392	5357.72	2416.43	1429.42	1511.87	0.00	23216.78	10471.19	6194.16	6551.44	0.00
比如县	40	286	4122.63	1096.50	2318.68	707.45	0.00	29133.24	7748.57	16385.33	4999.33	0.00
措勤县	49	243	5015.00	3143.74	837.90	1033.35	0.00	25236.75	15820.12	4216.54	5200.10	0.00
噶尔县	40	170	7042.13	4315.44	1409.01	1304.44	13.24	29929.06	18340.63	5988.30	5543.88	56.25
改则县	80	410	7071.90	4580.58	1740.12	751.19	0.00	38895.44	25193.19	9570.68	4131.57	0.00
革吉县	43	246	8276.14	4238.57	3909.01	114.07	14.49	48947.45	25068.12	23118.99	674.63	85.71
嘉黎县	34	216	4269.18	1191.38	1609.36	1443.97	24.46	26810.44	7481.88	10106.80	9068.16	153.60
尼玛县	66	318	7005.40	4753.96	1238.47	1012.97	0.00	31757.82	21551.27	5614.41	4592.13	0.00
聂荣县	35	167	9039.79	1809.14	3076.00	4154.65	0.00	41432.38	8291.88	14098.33	19042.17	0.00
普兰县	44	222	5914.86	2543.96	701.85	2663.93	5.13	27138.78	11672.27	3220.24	12222.74	23.53
日土县	58	277	7256.41	4110.67	562.63	2583.12	0.00	35664.50	20203.49	2765.26	12695.74	0.00
色尼区	89	459	3525.45	1094.80	416.22	2014.43	0.00	18012.86	5593.74	2126.63	10292.50	0.00
申扎县	54	314	4421.57	2371.94	739.13	1296.76	13.74	22992.16	12334.11	3843.46	6743.17	71.43
双湖县	31	152	6391.18	4280.87	1081.06	1029.26	0.00	29719.00	19906.03	5026.93	4786.05	0.00
索县	32	294	3029.07	1045.27	922.44	1057.63	3.73	26471.43	9134.78	8061.30	9242.74	32.61
札达县	45	228	4655.05	3844.66	403.29	407.10	0.00	24073.26	19882.37	2085.57	2105.31	0.00

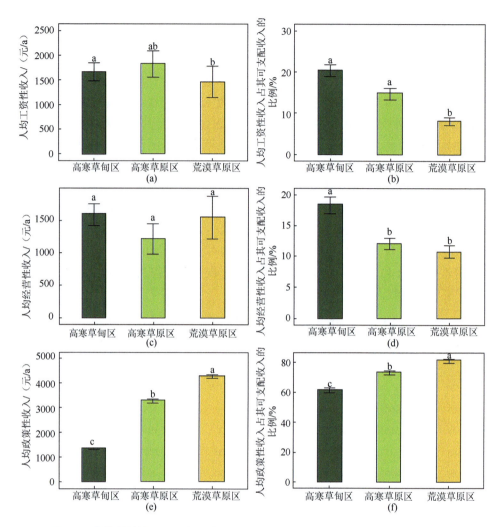

图 2.9　藏北羌塘地区受访牧民家庭可支配收入及其构成在草地类型之间的比较

不同字母表示人均收入及其占比在不同草地类型之间差异显著（$P<0.05$）

2.4.3　藏北羌塘地区牧户草场承包与管理

　　"十三五"期间，西藏自治区对 1.29 亿亩退化草地实行禁牧管理，补助标准为 6 元/（亩·a），其中，藏北羌塘地区禁牧 1.02 亿亩，占西藏全区的 79.07%；在 8.96 亿亩草地上推行"草畜平衡"放牧管理制度，对实现"草畜平衡"的牧户给予 1.5 元/（亩·a）奖励，其中，藏北羌塘地区 5.68 亿亩草地实行"草畜平衡"放牧管理，占西藏全区的 63.39%。本次科学考察在藏北羌塘地区入户调查 982 户牧民，共涉及禁牧草地 175.70 万亩，"草畜平衡"放牧管理草地面积 706.50 万亩（表 2.6）。

　　从草地承包情况来看（表 2.6），索县受访牧民家庭的人均草地承包面积最小[167.65

亩，图 2.10（a）]，比如县受访牧民家庭的户均草地承包面积最小 [1320.33 亩，图 2.10（c）]，双湖县受访牧民家庭的人均 [6398.83 亩，图 2.10（a）] 和户均 [31374.92 亩，图 2.10（c）] 草地承包面积最大。荒漠草原区受访牧民家庭的人均 [3124.72 亩，图 2.10（b）] 和户均 [15647.1 亩，图 2.10（d）] 草地承包面积最大，是高寒草原区受访牧民家庭的人均 [2236.49 亩，图 2.10（b）] 和户均 [11121.44 亩，图 2.10（d）草地承包面积的 1.4 倍，分别是高寒草甸区受访牧民家庭的人均 [426.98 亩，图 2.10（b）] 和户均 [2564.06 亩，图 2.10（d）] 草地承包面积的 7.32 倍和 6.1 倍。

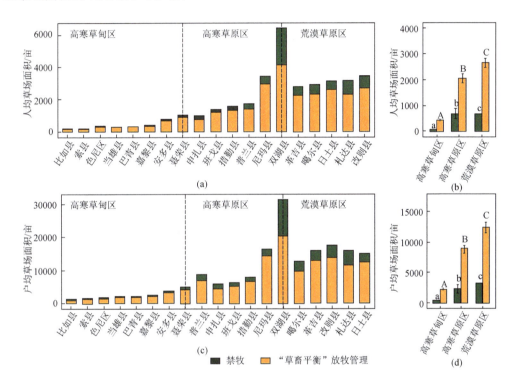

图 2.10　藏北羌塘地区各县区受访牧民家庭人均和户均草场承包情况及其在不同草地类型之间的比较

大写字母表示"草畜平衡"放牧管理草场面积在不同草地类型间差异显著（$P<0.05$）；小写字母表示禁牧面积在不同草地类型间差异显著（$P<0.05$）

　　根据草地生产力（详见第 3 章）和草地承包（管理）情况测算，当雄县受访牧民家庭的人均禁牧草地产草量最低 [1t，图 2.11（a）]，巴青县受访牧民家庭的户均禁牧草地的产草量最低 [7.02t，图 2.11（a）]，双湖县受访牧民家庭的人均禁牧草地的产草量 [97.31t，图 2.11（a）] 和户均禁牧草地的产草量 [253.71t，图 2.11（c）] 最高。高寒草原区受访牧民家庭的人均禁牧草地产草量 [16.4t，图 2.11（b）] 和户均禁牧草地产草量 [55.72t，图 2.11（d）] 最高；荒漠草原区受访牧民家庭的人均禁牧草地产草量 [11.20t，图 2.11（b）] 和户均禁牧草地产草量 [53.44t，图 2.11（d）] 次之；高寒草甸区受访牧民家庭的人均禁牧草地产草量 [2.80t，图 2.11（b）] 和户均禁牧草地产草量 [14.96t，图 2.11（d）] 最低。

表2.6 藏北羌塘地区各县区及受访牧民家庭草场承包与管理情况

类型分区	县区	县级统计草地面积/万亩					调研牧民家庭统计草地面积		总量/万亩			户均/亩			人均/亩		
		草场	可利用	承包	禁牧	平衡	户数	人数	承包	禁牧	平衡	承包	禁牧	平衡	承包	禁牧	平衡
高寒草甸	当雄县	1036.39	1008.55	937.19	205	732.19	20	147	4.29	0.63	3.67	2145.86	312.96	1832.90	291.95	42.58	249.37
高寒草甸	安多县	12195	10836	8290.41	1340	6950.41	88	431	32.40	3.77	28.64	3682.35	428.02	3254.33	751.85	87.39	664.46
高寒草甸	巴青县	1043.04	1020.86	1732	170	1562.00	48	326	10.37	1.00	9.37	2160.89	208.32	1952.57	318.17	30.67	287.50
高寒草原	班戈县	3630.93	3434.97	3451.99	449	3002.99	86	392	53.63	7.95	45.68	6235.99	924.61	5311.38	1368.10	202.85	1165.25
高寒草甸	比如县	1551.58	1515.15	1214	100	1114.00	40	286	5.28	1.26	4.02	1320.33	315.25	1005.08	184.66	44.09	140.57
高寒草原	措勤县	2591.59	2182.12	2171.15	360	1811.15	49	243	38.38	6.13	32.25	7832.28	1250.20	6582.09	1579.35	252.10	1327.25
荒漠草原	噶尔县	2062.65	1692.77	1685.72	220	1465.72	40	170	49.11	10.12	39.00	12278.41	2529.24	9749.16	2889.04	595.12	2293.92
荒漠草原	改则县	17301	13332.1	9308.72	1600	7708.72	80	410	140.72	29.78	110.94	17590.03	3722.84	13867.19	3432.20	726.41	2705.79
荒漠草原	革吉县	5679.95	4794.11	4784.84	850	3934.84	43	246	68.51	13.08	55.43	15933.70	3042.05	12891.65	2785.16	531.74	2253.42
高寒草甸	嘉黎县	1462.81	1427.09	1351.86	100	1251.86	34	216	8.60	1.22	7.39	2529.78	357.72	2172.06	398.21	56.31	341.90
高寒草原	尼玛县	10028.2	8663.71	10112.1	1570	8542.12	66	318	108.44	13.77	94.67	16430.74	2086.87	14343.87	3410.15	433.12	2977.03
高寒草甸	聂荣县	1913.91	1822.13	2608.15	170	2438.15	35	167	16.99	2.07	14.92	4854.62	590.86	4263.76	1017.44	123.83	893.60
高寒草甸	普兰县	1278.18	1063.40	945.58	230	715.58	44	222	38.21	7.69	30.52	8684.68	1747.64	6937.04	1721.29	346.38	1374.91
荒漠草原	日土县	6504.98	5352.38	4531.12	810	3721.12	58	277	85.96	13.43	72.53	14820.61	2314.74	12505.87	3092.07	482.93	2609.14
高寒草甸	色尼区	2086.50	2019.29	2017.45	159	1858.45	89	459	16.10	2.22	13.88	1809.16	249.68	1559.48	357.02	49.27	307.75
高寒草甸	申扎县	3181.41	2872.98	2902	310	2592.00	54	314	31.08	7.16	23.92	5755.96	1325.59	4430.37	989.88	227.97	761.91
高寒草原	双湖县	16201	13162.9	6655.33	1200	5455.33	31	152	97.26	34.04	63.22	31374.92	10981.57	20393.35	6398.83	2239.66	4159.17
高寒草甸	索县	738.08	721.92	628.88	70	558.88	32	294	4.93	0.58	4.35	1540.30	179.82	1360.47	167.65	19.57	148.08
荒漠草原	札达县	2467.13	1820.19	1750.24	330	1420.24	45	228	71.90	19.80	52.10	15978.81	4400.63	11578.18	3153.71	868.55	2285.17

注："平衡"指实行"草畜平衡"放牧管理的草地。

　　就"草畜平衡"放牧管理的草地而言，当雄县受访牧民家庭的人均放牧草地产草量 [2.38t，图 2.11（a）] 和户均放牧草地产草量 [20.84t，图 2.11（c）] 最低；双湖县受访牧民家庭的人均放牧草地产草量最高 [122.48t，图 2.11（a）]；尼玛县受访牧民家庭的户均放牧草地产草量最高 [434.78t，图 2.11（c）]。高寒草原区受访牧民家庭的人均放牧草地产草量最高 [49.15t，图 2.11（b）]，荒漠草原区 [44.84t，图 2.11（b）] 次之；荒漠草原区户均放牧草地产草量 [213.16t，图 2.11（d）] 最高，高寒草原区 [200.87t，图 2.11（d）] 次之；高寒草甸区受访牧民家庭的人均放牧草地产草量 [17.82t，图 2.11（b）] 和户均放牧草地产草量 [92.82t，图 2.11（d）] 最低。

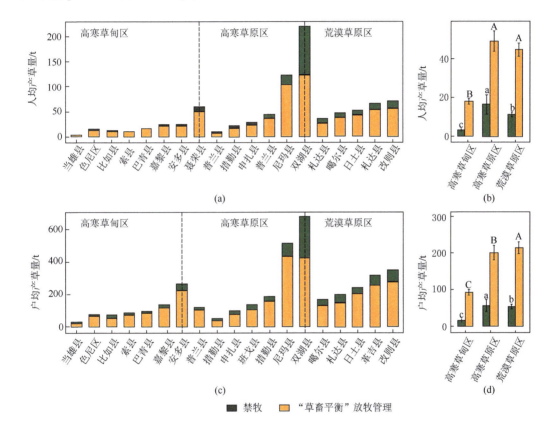

图 2.11　藏北羌塘地区各县区受访牧民家庭人均和户均草地产草量及其在不同草地类型之间的比较

大写字母表示"草畜平衡"放牧管理草场产草量在不同草地类型间差异显著（$P<0.05$）；小写字母表示禁牧草场产草量在不同草地类型间差异显著（$P<0.05$）

　　受科考行程安排和高寒草甸区天气影响，未对高寒草甸区围栏内草地进行采样，故未对高寒草甸区禁牧草地生物量和物种丰富度进行分析。从野外实地监测结果来看，放牧区的地上部分干生物量呈现高寒草甸区＞高寒草原区＞荒漠草原区的格局，禁牧区地上部分干生物量呈现高寒草原区＞荒漠草原区。高寒草原区禁牧草地的地上生物量（30.74g/m²）比放牧草地（25.82g/m²）高 19.05%；荒漠草原区禁牧草地的地生物量

$(16.86 g/m^2)$ 反而比放牧草地（$17.57 g/m^2$）低 4.04%[图 2.12（a）]。高寒草原区禁牧草地平均每平方米植物物种丰富度比放牧草地少 1.02 种；荒漠草原区禁牧草地平均每平方米植物物种丰富度比放牧草地少 0.43 种，但围栏内外物种丰富度差异不显著 [图 2.12（b）]。

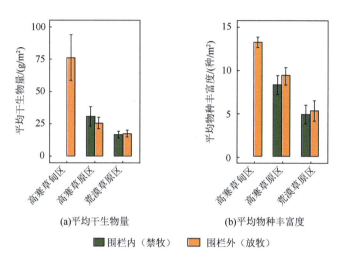

图 2.12　2019 年藏北羌塘地区不同草地类型围栏内外地上生物量和物种丰富度比较

2.4.4　藏北羌塘地区牧户牲畜存栏与出栏

藏北羌塘地区是西藏最重要的畜产品基地。据统计，2020 年末藏北羌塘地区存栏牦牛 233.26 万头、绵羊 334.94 万只、山羊 167.81 万只、马 4.1 万匹（表 2.7），分别占西藏全区存栏量的 45.38%、47.90%、58.84% 和 18.70%；出栏牦牛 64.98 万头、绵羊 133.05 万只、山羊 63.94 万只、马 0.88 万匹（表 2.8），分别占西藏全区出栏量的 44%、43.76%、48.68% 和 24.66%。2018 ～ 2021 年，综合科学考察队在藏北羌塘地区入户调查牧民 982 户，其家庭存栏牦牛 21852 头、绵羊 28870 只、山羊 25352 只、马 306 匹（表 2.7）；出栏牦牛 2125 头、绵羊 4080 只、山羊 3874 只、马 7 匹（表 2.8）。

从牦牛存栏情况来看，高寒草甸区受访牧民家庭的牦牛存栏量为 15310 万头，占整个羌塘地区受访牧户家庭牦牛存栏总量的 70%（表 2.7）。其中，当雄县受访牧民家庭的人均牦牛存栏量 [10.95 头，图 2.13（a）] 和户均牦牛存栏量 [79.53 头，图 2.13（c）] 最多。高寒草原区受访牧民家庭的牦牛存栏量为 4142 头，占羌塘地区受访牧民家庭牦牛存栏总量的 19%（表 2.7）。其中，班戈县受访牧民家庭的人均牦牛存栏量最多 [3.31 头，图 2.13（a）]；申扎县受访牧民家庭的户均牦牛存栏量最多 [16.41 头，图 2.13（c）]。荒漠草原区受访牧民家庭的牦牛存栏量为 2400 头，占羌塘地区受访牧民家庭牦牛存栏总量的 11%（表 2.7）。其中，噶尔县人均牦牛存栏量最多 [3.55 头，图 2.13（a）]；札达县受访牧民家庭的户均牦牛存栏量最多 [17.62 头，图 2.13（c）]。

表 2.7 藏北羌塘地区各县区及受访牧民家庭牲畜存栏情况

草地类型	县区	县级/万头（只、匹）				总量/头（只、匹）				受访牧民家庭		户均/头（只、匹）				人均/头（只、匹）			
		牦牛	绵羊	山羊	马	牦牛	绵羊	山羊	马	户数	户/人数/人	牦牛	绵羊	山羊	马	牦牛	绵羊	山羊	马
高寒草甸	当雄县	27.35	11.7	4.54	0.41	1511	357	115	13	20	147	79.53	18.79	6.05	0.68	10.95	2.59	0.83	0.09
高寒草甸	安多县	26.8	30.74	5.1	0.44	4309	1889	112	31	88	431	50.10	21.97	1.30	0.36	10.16	4.46	0.26	0.07
高寒草甸	巴青县	22.02	0.36	0.07	0.25	1694	120	40	8	48	326	36.04	2.55	0.85	0.17	5.39	0.38	0.13	0.03
高寒草原	班戈县	14.42	52.19	13.03	0.41	1298	2285	1518	11	86	392	15.09	26.57	17.65	0.13	3.31	5.83	3.87	0.03
高寒草甸	比如县	18.06	0.63	0.34	0.17	1257	0	0	4	40	286	32.23	0.00	0.00	0.10	4.51	0.00	0.00	0.01
高寒草原	措勤县	1.8	16.58	13.69	0.05	347	1520	3484	17	49	243	7.08	31.02	71.10	0.35	1.43	6.26	14.34	0.07
荒漠草原	嘎尔县	1.72	7.61	4.3	0.12	604	1011	1054	8	40	170	15.10	25.28	26.35	0.20	3.55	5.95	6.20	0.05
荒漠草原	改则县	3.34	23.29	18.76	0.11	268	3226	2525	23	80	410	3.35	40.33	31.56	0.29	0.65	7.87	6.16	0.06
荒漠草原	革吉县	1.29	22.43	23.51	0.1	480	2398	3828	23	43	246	11.16	55.77	89.02	0.53	1.95	9.75	15.56	0.09
高寒草甸	嘉黎县	17.17	0.08	0.06	0.13	948	0	0	1	34	216	27.88	0.00	0.00	0.03	4.39	0.00	0.00	0.00
高寒草甸	尼玛县	8.09	58.51	37.26	0.38	817	3925	3946	34	66	318	12.38	59.47	59.79	0.52	2.57	12.34	12.41	0.11
高寒草甸	聂荣县	24.16	3.16	0.38	0.14	1607	0	0	3	35	167	45.91	0.00	0.00	0.09	9.62	0.00	0.00	0.02
高寒草原	普兰县	1.29	3.77	0.74	0.1	492	373	165	11	44	222	11.44	8.67	3.84	0.26	2.29	1.73	0.77	0.05
荒漠草原	日土县	1.34	10.23	17.73	0.22	255	2481	3788	44	58	277	4.47	43.53	66.46	0.77	0.94	9.15	13.98	0.16
高寒草原	色尼区	42.48	18.37	2.71	0.45	2521	1251	213	30	89	459	28.65	14.22	2.42	0.34	5.64	3.18	0.46	0.07
高寒草原	申扎县	8.83	39.46	9.43	0.26	886	3232	819	17	54	314	16.41	59.85	15.17	0.31	2.82	10.29	2.61	0.05
高寒草甸	双湖县	1.9	33.41	14.72	0.05	302	3033	2252	17	31	152	9.74	97.84	72.65	0.55	1.99	19.95	14.82	0.11
高寒草甸	索县	9.5	0.15	0.14	0.13	1463	12	32	2	32	294	45.72	0.38	1.00	0.06	4.98	0.04	0.11	0.01
荒漠草原	札达县	1.7	2.27	1.3	0.18	793	1757	1461	9	45	228	17.62	39.04	32.47	0.20	3.48	7.71	6.41	0.04

表 2.8　藏北羌塘地区各县区及受访牧民家庭牲畜出栏情况（含自食部分）

草地类型	县区	县级/万头（只，匹）				户数/户	人数/人	总量/头（只，匹）				受访牧民家庭							
												户均/头（只，匹）				人均/头（只，匹）			
		牦牛	绵羊	山羊	马			牦牛	绵羊	山羊	马	牦牛	绵羊	山羊	马	牦牛	绵羊	山羊	马
高寒草甸	当雄县	8.13	6.17	2.51	0.08	20	147	131	40	6	0	6.89	2.11	0.32	0	0.95	0.29	0.04	0
高寒草甸	安多县	9.81	18.50	3.69	0.12	88	431	356	255	32	0	4.14	2.97	0.37	0	0.84	0.60	0.08	0
高寒草甸	巴青县	3.42	0.17	0.02	0.07	48	326	154	0	0	0	3.28	0.00	0.00	0	0.49	0.00	0.00	0
高寒草原	班戈县	3.50	18.40	4.80	0.1	86	392	82	320	202	0	0.95	3.72	2.35	0	0.21	0.82	0.52	0
高寒草甸	比如县	8.64	0.16	0.02	0	40	286	98	0	0	0	2.51	0.00	0.00	0	0.35	0.00	0.00	0
高寒草原	措勤县	0.52	5.51	4.07	0.01	49	243	73	267	671	1	1.49	5.45	13.69	1	0.30	1.10	2.76	0
荒漠草原	噶尔县	0.40	2.98	1.69	0.02	40	170	39	203	206	0	0.98	5.08	5.15	0	0.23	1.19	1.21	0
荒漠草原	改则县	0.54	8.01	9.23	0.03	80	410	66	431	379	2	0.83	5.39	4.74	2	0.16	1.05	0.92	0
荒漠草原	革吉县	0.59	9.15	9.54	0.06	43	246	91	355	695	0	2.12	8.26	16.16	0	0.37	1.44	2.83	0
高寒草甸	嘉黎县	7.18	0.02	0.01	0.01	34	216	79	0	0	0	2.32	0.00	0.00	0	0.37	0.00	0.00	0
高寒草原	尼玛县	2.23	23.23	15.20	0.1	66	318	77	858	855	2	1.17	13.00	12.95	2	0.24	2.70	2.69	0
高寒草甸	聂荣县	5.74	2.04	0.31	0.01	35	167	203	0	0	0	5.80	0.00	0.00	0	1.22	0.00	0.00	0
高寒草原	普兰县	0.33	1.25	0.79	0.02	44	222	27	37	46	0	0.63	0.86	1.07	0	0.13	0.17	0.21	0
荒漠草原	日土县	0.42	3.45	2.56	0.04	58	277	21	334	419	0	0.37	5.86	7.35	0	0.08	1.23	1.55	0
高寒草甸	色尼区	7.82	6.24	1.65	0.11	89	459	201	190	60	2	2.26	2.13	0.67	2	0.44	0.41	0.13	0
高寒草原	申扎县	2.14	12.60	3.28	0.05	54	314	76	456	108	0	1.41	8.44	2.00	0	0.24	1.45	0.34	0
高寒草原	双湖县	0.11	14.20	4.00	0	31	152	24	265	142	0	0.77	8.55	4.58	0	0.16	1.74	0.93	0
高寒草甸	索县	3.17	0.06	0.01	0.03	32	294	243	2	0	0	7.59	0.06	0.00	0	0.83	0.01	0.00	0
荒漠草原	札达县	0.29	0.91	0.56	0.02	45	228	84	67	53	0	1.87	1.49	1.18	0	0.37	0.29	0.23	0

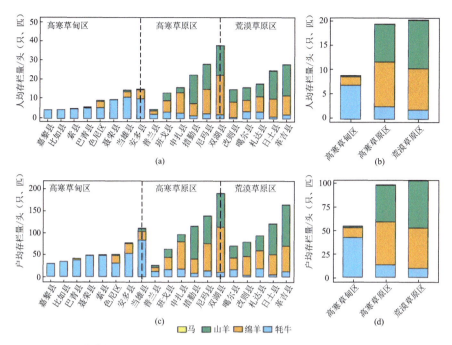

图 2.13   藏北羌塘地区各县区牲畜存栏情况及其在不同草地类型之间的比较

从绵羊存栏情况来看，高寒草甸区受访牧民家庭的绵羊存栏量为 3629 只，占羌塘地区受访牧民家庭绵羊存栏总量的 12.57%（表 2.7）；其中，安多县受访牧民家庭人均绵羊存栏量 [4.46 只，图 2.13（a）] 和户均绵羊存栏量 [21.97 只，图 2.13（c）] 最多。高寒草原区受访牧民家庭的绵羊存栏量为 14368 只，占羌塘地区受访牧民家庭绵羊存栏总量的 49.77%（表 2.7）；其中，双湖县受访牧民家庭的人均绵羊存栏量 [19.95 只，图 2.13（a）] 和户均绵羊存栏量 [97.84 只，图 2.13（c）] 最多。荒漠草原区受访牧民家庭的绵羊存栏量为 10873 只，占羌塘地区受访牧民家庭绵羊存栏总量的 37.66%（表 2.7）；其中，革吉县受访牧民家庭的人均绵羊存栏量 [9.75 只，图 2.13（a）] 和户均绵羊存栏量 [55.77 只，图 2.13（c）] 最多。

从山羊存栏情况来看，高寒草甸区受访牧民家庭的山羊存栏量为 512 只，占藏北羌塘地区受访牧民家庭山羊存栏总量的 2.02%（表 2.7）；其中，当雄县受访牧民家庭的人均山羊存栏量 [0.83 只，图 2.13（a）] 和户均山羊存栏量 [6.05 只，图 2.13（c）] 最多。高寒草原区受访牧民家庭的山羊存栏量为 12184 只，占羌塘地区受访牧民家庭山羊存栏总量的 48.06%（表 2.7）；其中，双湖县受访牧民家庭的人均山羊存栏量 [14.82 只，图 2.13（a）] 和户均山羊存栏量 [72.65 只，图 2.13（c）] 最多；荒漠草原区受访牧民家庭的山羊存栏总量为 12656 只，占羌塘地区受访牧民家庭山羊存栏总量的 49.92%（表 2.7）；其中，革吉县受访牧民家庭的人均山羊存栏量 [15.56 只，图 2.13（a）] 和户均山羊存栏量 [89.02 只，图 2.13（c）] 最多。

从马的存栏量情况来看，高寒草甸区受访牧民家庭的马存栏量为 92 匹，占羌塘地区受访牧民家庭马存栏总量的30%（表2.7）；其中，当雄县受访牧民家庭人均马的存栏量 [0.09 匹，图2.13（a）] 和户均马的存栏量 [0.68 匹，图2.13（c）] 最多。高寒草原区受访牧民家庭马存栏量为107匹，占羌塘地区受访牧民家庭马存栏量的35%（表2.7）；其中，双湖县受访牧民家庭人均马的存栏量 [0.11 匹，图2.13（a）] 和户均马的存栏量 [0.55 匹，图2.13（c）] 最多。荒漠草原区受访牧民家庭马存栏量为107匹，占藏北羌塘地区受访牧民家庭马存栏量的35%（表2.7）；其中，日土县受访牧民家庭人均马的存栏量 [0.16 匹，图2.13（a）] 和户均马的存栏量 [0.77 匹，图2.13（c）] 最多。

按羊单位计算，高寒草甸区受访牧民家庭的人均牲畜存栏量（32.75 羊单位）和户均牲畜存栏量（196.78 羊单位）最多，分别比高寒草原区受访牧民家庭人均和户均牲畜存栏量多 6.81 羊单位和 67.49 羊单位，比荒漠草原区受访牧民家庭人均和户均牲畜存栏量多 9.24 羊单位和 78.75 羊单位（图2.14）。

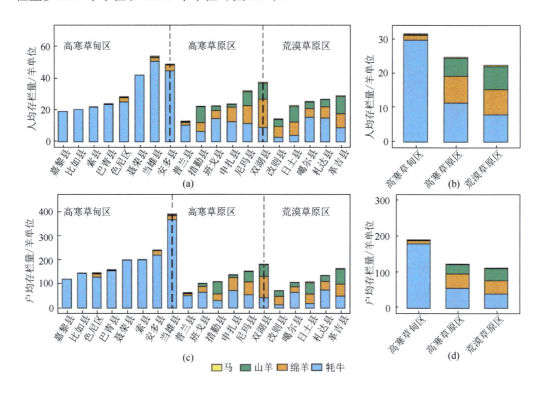

图 2.14　藏北羌塘地区各县区牲畜存栏情况（按羊单位计）及其在不同草地类型之间的比较

从牦牛出栏情况来看，高寒草甸区受访牧民家庭牦牛出栏量为1465头，占藏北羌塘地区受访牧民家庭牦牛出栏总量的68.94%（表2.8）；其中，聂荣县受访牧民家庭人均牦牛出栏量最多 [1.22 头，图2.15（a）]；索县受访牧民家庭户均牦牛出栏量最多 [7.59 头，图2.15（c）]。高寒草原区受访牧民家庭牦牛出栏量为359头，占藏北羌塘地区受访牧民家庭牦牛出栏总量的16.89%（表2.8）；其中，措勤县受访牧民家庭的人均牦牛出栏量 [0.30 头，图2.15（a）] 和户均牦牛出栏量 [1.49 头，图2.15（c）] 最多。荒漠草原区受访牧民家庭的牦牛出栏量为 301 头，占藏北羌塘地区受访牧民家庭牦牛出栏总量的 14.17%（表 2.8）。其中，革吉县受访牧民家庭人均牦牛出栏量 [0.37 头，图 2.15（a）] 和户均牦牛出栏量 [2.12 头，图 2.15（c）] 最多。

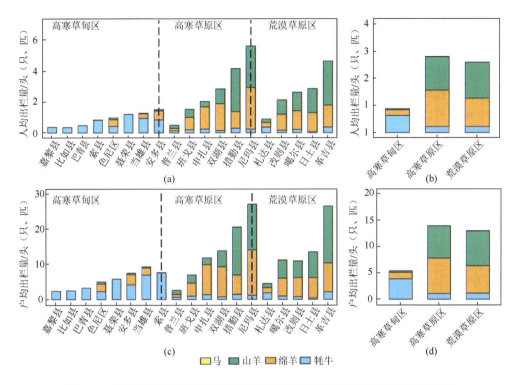

图 2.15　藏北羌塘地区各县区牲畜出栏情况及其在不同草地类型之间的比较

从绵羊出栏情况来看，高寒草甸区受访牧民家庭的绵羊出栏量为 487 只，占藏北羌塘地区受访牧民家庭绵羊出栏总量的 11.94%（表 2.8）；其中，安多县受访牧民家庭的人均绵羊出栏量 [0.60 只，图 2.15（a）] 和户均绵羊出栏量 [2.97 只，图 2.15（c）] 均最多。高寒草原区受访牧民家庭的绵羊出栏量为 2203 只，占藏北羌塘地区受访牧民家庭绵羊出栏总量的 54.00%（表 2.8）；其中，尼玛县受访牧民家庭的人均绵羊出栏量 [2.7 只，图 2.15（a）] 和户均绵羊出栏量 [13 只，图 2.15（c）] 最多。荒漠草原区受访牧民家庭绵羊出栏量为 1390 只，占藏北羌塘地区受访牧民家庭绵羊出栏总量的 34.06%（表 2.8）；其中，革吉县受访牧民家庭人均绵羊出栏量 [1.44 只，图 2.15（a）] 和户均绵羊出栏量 [8.26 只，图 2.15（c）] 最多。

从山羊出栏情况来看，高寒草甸区受访牧民家庭山羊出栏量为 98 只，仅占藏北羌塘地区受访牧民家庭山羊出栏总量的 2.53%（表 2.8）；其中，色尼区受访牧民家庭的人均山羊出栏量 [0.13 只，图 2.15（a）] 和户均山羊出栏量 [0.67 只，图 2.15（c）] 最多。高寒草原区受访牧民家庭山羊出栏量为 2024 只，占藏北羌塘地区受访牧民家庭山羊出栏总量的 52.25%（表 2.8）。其中，措勤县受访牧民家庭的人均山羊出栏量 [2.76 只，图

2.15（a）] 和户均山羊出栏量 [13.69 只，图 2.15（c）] 最多。荒漠草原区受访牧民家庭山羊出栏总量为 1752 只，占藏北羌塘地区受访牧民家庭山羊出栏总量的 45.22%（表 2.8）。其中，革吉县受访牧民家庭的人均山羊出栏量 [2.83 只，图 2.15（a）] 和户均山羊出栏量 [16.16 只，图 2.15（c）] 最多。在藏北羌塘地区受访牧民家庭中马的出栏量极低，故未做比较分析。

按羊单位计算，高寒草原区受访牧民家庭人均牲畜出栏量最多（3.18 羊单位），分别比高寒草甸受访牧民家庭的人均牲畜出栏量多 0.26 羊单位，比荒漠草原区受访牧民家庭的人均牲畜出栏量多 0.17 羊单位；高寒草甸区受访牧民家庭的户均牲畜出栏量最多（17.54 羊单位），分别比高寒草原区受访牧民家庭的户均牲畜出栏量多 1.73 羊单位，比荒漠草原区受访牧民家庭户均牲畜出栏量多 2.48 羊单位（图 2.16）。

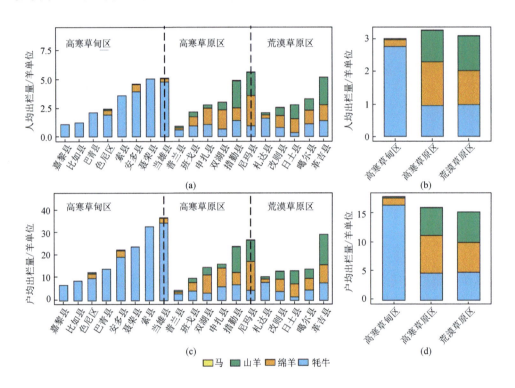

图 2.16　藏北羌塘地区各县区牲畜出栏情况及其在不同草地类型之间的比较

从牲畜存栏多样性来看，藏北羌塘地区受访牧民家庭的牲畜存栏香农－维纳多样性指数平均为 0.31。其中，革吉县受访牧民家庭的牲畜存栏香农－维纳多样性指数最高（0.8），嘉黎县受访牧民家庭的牲畜存栏香农－维纳多样性指数最低 [不足 0.1，图 2.17（a）]。荒漠草原区和高寒草原区受访牧民家庭的牲畜存栏香农－维纳多样性指数接近（$P>0.05$），分别为 0.46 和 0.42，两者显著高于高寒草甸区受访牧民家庭的牲畜存栏香农－维纳多样性指数 [0.11，$P<0.05$，图 2.17（b）]。

从牲畜出栏多样性来看，藏北羌塘地区受访牧民家庭的牲畜出栏香农－维纳多样性指数为 0.19。其中，革吉县受访牧民家庭的牲畜出栏香农 - 维纳多样性指数最高 (0.6)。高寒草甸区嘉黎县、聂荣县、比如县受访牧民家庭只出栏牦牛。荒漠草原区和高寒草原区受访牧民家庭的牲畜出栏香农 - 维纳多样性指数比较接近 ($P>0.05$)，分别为 0.27 和 0.25，两者显著高于高寒草甸区受访牧民家庭牲畜出栏香农 - 维纳多样性指数 [0.08，$P<0.05$，图 2.17(d)]。整体上，受访牧民家庭的牲畜出栏多样性较低，其出栏策略主要取决于牲畜存栏量和自食需求。

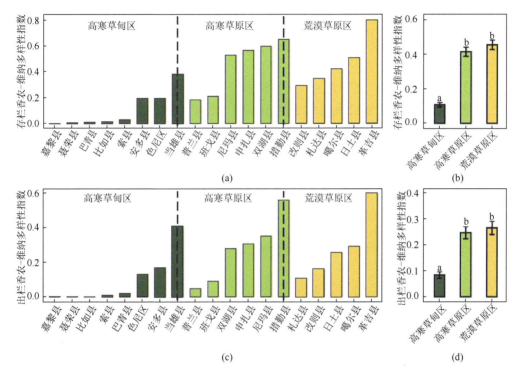

图 2.17 藏北羌塘各县区、草原类型牲畜出栏多样性
不同字母表示香农 - 维纳多样性指数在不同草地类型之间差异显著 ($P<0.05$)

高寒草甸区、高寒草原区、荒漠草原区受访牧民家庭的牲畜出栏率分别为 10.62%、13.51%、13.69%，高寒草原区、荒漠草原区受访牧户家庭牲畜出栏率显著高于高寒草甸区 [$P<0.05$，图 2.18(b)]。高寒草甸区索县受访牧民家庭的牲畜出栏率最高 (17.76%)，高出比如县 10.23 个百分点。高寒草原区措勤县受访牧民家庭的牲畜出栏率最高 (21.18%)，大约是普兰县受访牧民家庭牲畜出栏率的 3 倍；荒漠草原区革吉县受访牧民家庭的牲畜出栏率最高 (19.65%)，比札达县受访牧民家庭的牲畜出栏率高 12.25 个百分点 [图 2.18(a)]。

从牦牛出栏率来看，高寒草甸区、高寒草原区、荒漠草原区受访牧民家庭的户均牦牛出栏率依次为 9.54%、8.37%、12.19%[图 2.18(d)]。其中，高寒草甸区内索县受访牧民家庭户均牦牛出栏率最高 (16.61%)、比如县最低 (7.8%)，两者相差 8.81 个百分点；高寒草原区内措勤县受访牧民家庭的户均牦牛出栏率（21.04%）最高、普兰县最低（5.48%），低于措勤县15.56个百分点；荒漠草原区内改则县受访牧民家庭的户均牦牛出栏率最高（18.96%），噶尔县户均牦牛出栏率为6.45%[图2.18（c）]。

从绵羊出栏率来看，高寒草甸区、高寒草原区、荒漠草原区受访牧民家庭的户均绵羊出栏率依次为12.69%、13.88%、12.38%[图2.18（d）]。其中，高寒草甸区索县受访牧民家庭户均绵羊出栏率最高（16.67%），其次为安多县（13.50%）、色尼区（13.0%）、当雄县（11.2%），其他县受访牧民家庭的绵羊出栏率几乎为0；高寒草原区内尼玛县受访牧民家庭的户均绵羊出栏率最高（19.82%），比普兰县户均绵羊出栏率（9.92%）高9.9个百分点；荒漠草原区噶尔县受访牧民家庭的绵羊出栏率最高（20.08%），札达县户均绵羊出栏率最低[3.81%，图2.18（c）]。

从山羊出栏率来看，高寒草原区、荒漠草原区、高寒草甸区受访牧民家的山羊出栏率依为19.14%、16.40%、13.53%[图2.18（d）]。其中，高寒草甸区仅当雄县、安多县和色尼区有较多山羊出栏，其户均山羊出栏率分别为5.22%、28.57%和28.17%；高寒草原区普兰县受访牧民家庭的户均山羊出栏率最高（27.88%）、双湖县最低（6.3%）；荒漠草原区噶尔县受访牧民家庭的户均山羊出栏率最高（19.54%），札达县最低[3.62%，图2.18（c）]。受访牧民家庭中，马的出栏率较低，仅措勤县、改则县、尼玛县及色尼区的受访牧民家庭有少量马出栏，故未做分析。

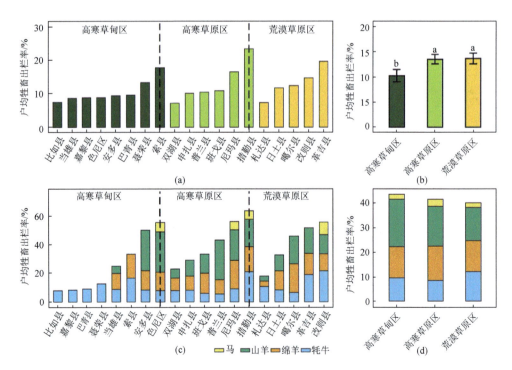

图2.18 藏北羌塘各县区牲畜出栏率及其在不同草地类型区之间的比较
不同字母表示牲畜出栏率在不同草地类型之间差异显著（$P<0.05$）

整体而言，藏北羌塘地区牧民家庭存栏牲畜的种类和数量存在明显差异，主要受家庭承包的草地类型、面积和产草量影响。出栏牲畜的种类存在明显差异，但数量差异不明显，主要由牲畜存栏情况和家庭自食需求决定。

参考文献

崔亚楠，李少伟，余成群，等 . 2017. 西藏天然草原生态保护补助奖励政策对农牧民家庭收入的影响 . 草业学报，26(3): 22-32.

冯松，汤懋苍 . 1998. 青藏高原是我国气候变化启动区的新证据 . 科学通报，43(6): 633-636.

李明森 . 2020. 藏北高原草地资源合理利用 . 自然资源学报，15 (4): 335-339.

朴世龙，张宪洲，汪涛，等 . 2019. 青藏高原生态系统对气候变化的响应及其反馈 . 科学通报，64: 2842-2855.

孙鸿烈，郑度，姚檀栋，等 . 2012. 青藏高原国家生态安全屏障保护与建设 . 地理学报，67(1): 3-12.

西藏自治区农牧厅 . 2019. 西藏自治区草原资源与生态统计资料 . 北京：中国农业出版社 .

西藏自治区统计局，国家统计局西藏调查总队 . 2010. 西藏统计年鉴 2010. 北京：中国统计出版社 .

西藏自治区统计局，国家统计局西藏调查总队 . 2021. 西藏统计年鉴 2021. 北京：中国统计出版社 .

姚檀栋，邬光剑，徐柏青，等 . 2019. "亚洲水塔"变化与影响 . 中国科学院院刊，34(11): 1203-1209.

张宪洲，杨永平，朴世龙，等 . 2015. 青藏高原生态变化 . 科学通报，60(32): 3048-3056.

中国科学院青藏高原综合科学考察队 . 1984a. 西藏气候 . 北京：科学出版社 .

中国科学院青藏高原综合科学考察队 . 1984b. 西藏河流与湖泊 . 北京：科学出版社 .

中国科学院青藏高原综合科学考察队 . 1988. 西藏植被 . 北京：科学出版社 .

中国科学院青藏高原综合科学考察队 . 1992. 西藏草原 . 北京：科学出版社 .

中华人民共和国国家统计局 . 2021. 中国统计年鉴 2021. 北京：中国统计出版社 .

Yao T, Thompson L G, Mosbrugger V, et al. 2012. Third Pole Environment (TPE). Environmental Development, 3: 52-64.

第 3 章

藏北高寒草地产草量及动态草畜平衡

藏北羌塘地区是西藏自治区最重要的畜牧业基地。高寒草地是藏北羌塘地区主要自然景观类型，也是当地畜牧业发展的基础性生产资料。地带性草地自东南向西北依次发育高山嵩草高寒草甸、紫花针茅高寒草原、驼绒藜荒漠草原等类型（中国科学院青藏高原综合科学考察队，1988，1992）。据统计，羌塘地区各类天然草原总面积约9.36亿亩，其中可利用面积7.94亿亩，分别占全区的29.4%和28.9%（西藏自治区农牧厅，2019）。

3.1 藏北高原科考的背景与意义

藏北高原也称羌塘高原，包括那曲市和阿里地区的色尼、安多、双湖、尼玛、班戈、改则、革吉、日土等18县区和拉萨市的当雄县，共计19个县区，是我国典型的高寒草原牧区。主要生态系统有高寒草甸、高寒草原和荒漠草原，主要家畜有牦牛、绵羊、山羊、马、骡等。这里也是羌塘国家级自然保护区，主要保护野牦牛、藏羚羊、藏原羚、藏野驴、黑颈鹤、棕熊、雪豹、狼等珍稀野生动物和草地荒漠生态系统等。在国家主体功能区中的定位为限制开发区和禁止开发区。藏北高原生态安全屏障功能重要，但生态本底敏感脆弱，生态保护与农牧业发展的矛盾十分尖锐。20世纪80年代以来，藏北高原气候呈现暖干化，同时人口、家畜数量增幅明显，多数地区超载过牧严重，导致草地质量和生产力下降，草地生态功能退化。尤其是冬季饲草短缺、气候严寒雪灾频发，家畜越冬能力差，畜牧业生产季节性波动大。近十年来，国家陆续实施了退牧还草、草原生态保护补贴与奖励政策等一系列草原保护政策，草畜矛盾有所缓解，但超载过牧与草地退化仍未从根本上得到扭转。草畜时空不平衡尤其是季节性不平衡是草地退化的重要原因。而由于地面监测资料的稀缺，藏北高原产草量的估算目前还没有较为准确的模拟。因此，本次科考结合已有监测数据，考察草地生态系统类型、分布、生产力、产草量的变化特征，利用围栏内外监测数据与两个对应模型，即陆地生态系统模型（TEM模型）和遥感机理模型（CASA模型）模拟的产草量进行交叉验证，试图为藏北草地提供产草量的估算，分析产草量的时空变化。

3.2 藏北高原研究基础与现状

青藏高原是应对全球气候变化的敏感区和脆弱区，近些年所监测到的高原大面积冰川融化和草地退化表明高原生态系统正承受着气候变化和人类活动的强烈干扰。青藏高原有各类天然草地1.18亿hm^2，是重要的高寒生态系统（布仁巴音等，2010）。近年来，定量研究藏北高寒草地生态系统变化机制的方法有两种：一是采取长期地面观测的方法，主要是对围封样地的内外气象、植被和土壤进行长期监测，进而分析气象因子或人类活动对生态系统过程的影响；二是通过遥感和机理模型模拟生态系统的长期变化，因为实测资料往往时段相对较短，不能反映生态系统变化的趋势，因此模型模拟对反映生态系统时空变化也有着广泛应用前景。

藏北高原作为青藏高原的主体和核心，近50年来（1955～2004年）整个藏北高原平均增温了1.4℃，远大于全球平均增温速率（0.17℃/10a），且存在明显的时空异质性：季节性增温主要体现在秋冬季，空间上随着海拔的升高增温速率也增大（王景升等，2008；周刊社等，2010）。虽然全球增温速率在近十年出现了一定的停滞现象，但藏北高原增温趋势依然显著。降水量的增加主要体现在藏北高原的东部与中部，增加量为75～115mm，且存在季节变异，以春夏秋季为主，增加量均在20mm左右（王景升等，2008）。藏北草甸地区的土壤类型是寒毡土，而草原地区主要分布着钙土、灰褐土，西部和北部荒漠区则属于冷漠土、冻漠土地带（高以信和李明森，1995），富含有机质，且对气候变化敏感，极易在气候变化条件下释放存储的碳，形成不稳定碳源（王根绪等，2002；钟聪等，2012）。

过去几十年的定位和遥感研究表明，由于气候变化已经导致了青藏高原草地物候、群落生物量、物种组成和物种多样性正在发生较大变化（Wischnewski et al.，2011；Piao et al.，2006; Xian and Xue，2012）。青藏高原植被返青期提前，生长期延长，覆盖度和生产力增加，碳汇功能增强，青藏高原植被总体趋于向好（张宪洲等，2015）。但是，青藏高原高寒草地的退化也不容忽视。自1986年以来，青藏高原部分地区，尤其是藏北高原西部海拔较高，生态更为脆弱的高寒草原和荒漠草原（李文华等，2013），草地出现了不同程度的退化现象，退化程度以轻度退化为主（62%），中度和重度退化区较少（15.1%）（王景升等，2013）。退化草地面积比例由1986～1990年的44.43%增加到2001～2010年的49.05%（于惠，2008）。

近几十年来，随着气候变暖和人类活动的加剧，青藏高原草地植被生产力发生了显著变化。模拟气候变暖的短期开顶箱增温试验研究表明，增温降低了高寒草甸植物多样性及生产力（Klein et al.，2007）。短期红外增温试验研究却得到了不同的研究结果，增温显著地提高了高寒草地的生产力，但对植物多样性影响不大（Wang et al.，2012）。长期模型模拟研究的结果却较为一致，自20世纪80年代以来，青藏高原高寒草地净初级生产力得到了显著提高（Piao et al.，2011；Chen et al.，2014）。尤其是20世纪80～90年代的20年间，青藏高原变暖变湿，草地植被净初级生产力整体增加明显（张宪洲等，2015）。总体上，近几十年来的气候变化对青藏高原草地生产力的影响是正面的，气候变化主导了青藏高原大部分地区的草地生产力的变化，放牧等人类活动对青藏高原草地并未构成根本性威胁（Chen et al.，2014）。但是，藏北那曲市的气候向湿润暖温方向变化对减缓草地退化趋势具有促进作用，而牧业人口的增加和过度放牧利用成为高寒草地退化的主要原因（刘兴元，2012）。因此，草地退化的主导驱动因素方面，学界尚未达成统一的认识。

在遥感技术、地理信息系统技术，以及建模技术的支撑下，退化草地的空间分布特征和演化趋势的研究趋于定量化，精确度进一步提高。然而，从目前的观测和模型模拟结果来看，有关气候变化和人类活动对藏北高原高寒草地的可能影响都还存在诸多的盲区。如何科学评价和预测气候变化和人类活动对高寒草地结构和功能的潜在影响，以及如何将已经发生的变化与影响纳入全球变化模型或评价体系中，以便更加精确地评估出长期影响，将成为必须要回答的关键科学问题。因此，科考获得的观测数据可以有效地评估遥感与模型模拟的误差，并为解释和验证数值模式提供很好的观测和验证基础。

3.3 科考内容与数据获取

3.3.1 野外科考——植被监测

科考分队的科研人员先期于 2009 年在藏北高原布置了一条长达近 2000km 的东西草原样带，东起念青唐古拉山、向西横穿羌塘国家级自然保护区，西达我国边境的喀喇昆仑山，包含了青藏高原最主要的三种草地类型：高寒草甸、高寒草原和荒漠草原。为保护青藏高原草地可持续发展，促进退化草地的自我恢复，西藏自治区于 2006～2008 年对藏北高原的部分草地进行围封处理。总围封草地面积约为 475 万 hm²，占藏北高原总可利用草地面积的 10.0% 左右（Wu et al.，2017）。2009～2017 年，科考分队沿藏北高原草地样带选取具有代表性的围封样地，连续 9 年对围栏内、围栏外进行地带性高寒草地植被群落调查。调查期间多为当地大多数植被的花期或果期（7 月下旬至 8 月上旬）。在每一个采样地点沿 100m 样线每隔 20m 布置一个 0.5m×0.5m 样方，收集和测量每个样方内草地高度、盖度和地上生物量。植物地上部分在实验室进行烘干处理，然后使用精度为 0.01g 的天平测量植物干重。藏北高原大多数物种为一年生草本植物，生物量通常在 7 月底至 8 月初达到峰值。因此，本书将地上生物量看作该样方的地上净初级生产力（aboveground net primary production，ANPP）。此外，为量化藏北高原载畜压力，本书收集了西藏自治区主要牧业县和青海省羊和大牲畜年末存栏数据，西藏数据来源于《西藏统计年鉴》。原始家畜数据存在羊和大牲畜两个指标，本书以 1 个大牲畜按照 4 个羊的标准将原始数据统一换算为羊单位（SHU）。

3.3.2 遥感数据获取

归一化植被指数（normalized difference vegetation index，NDVI）对气候变化响应敏感，是植被覆盖度、生产力等生物性状的一个重要指示指标，已经被广泛地应用于景观和区域尺度的生态系统监测和评估（Brinkmann et al.，2011，Eckert et al.，2015，Evans and Geerken，2004）。其中美国国家海洋和大气管理局（National Oceanic and Atmospheric Administration，NOAA）的改进型高分辨率成像光谱仪（advanced very high resolution radiometer，AVHRR）和美国国家航空航天局（National Aeronautics and

Space Administration，NASA）的中分辨率成像光谱仪（moderate resolution imaging spectroradiometer，MODIS）应用最为广泛。本书所采用的 MODIS（MOD13A3C6）遥感数据从 NASA 的 LP DAAC（Land Processes Distributed Active Archive Center）网站（https://lpdaac.usgs.gov/get_data/data_pool）获取，空间分辨率为 1km×1km，时间分辨率为月，时间尺度为 2000～2017 年。MOD13A3C6 NDVI 数据是采用最大值合成法（maximum value composite，MVC）计算而来，并且已经经过几何校正、去云等处理。采用 MVC 方法合成 GIMMS NDVI 数据为月尺度。采用 MRT（MODIS Reprojection Tool）软件对遥感数据进行批量处理，定义地理坐标为 WGS1984，投影为坐标 Albers 等面积投影，保存为 GTiff 格式，使用藏北高原矢量边界对所有遥感数据进行批量裁剪。

3.3.3　气象数据获取、插值与验证

1982～2017 年的气温、降水量、日照时数和风速等气象数据来自中国气象局国家气象信息中心。选取青藏高原及其周边的拥有完整气象记录的气象站点共计 145 个。为和遥感数据时间尺度匹配，首先整合每天的气象数据为月数据。利用 ANUSPLIN4.3 气象数据插值软件将原始气象数据插入到空间分辨率为 1km×1km 的栅格表面。ANUSPLIN 是一种专业的气象数据插值软件，其引入一个或多个影响因素作为协变量，可以提高插值精度，特别适用于时间序列上的气象数据插值（Hutchinson，2004），本研究采用高程作为插值协变量。为保证插值数据的准确性，选取青藏高原长期生态观测站当雄草原通量观测研究基地（简称当雄草原站）（2006～2012 年）和那曲高寒藏北高原草地生态系统国家野外科学观测研究站（简称那曲草原站）（2012～2017 年）气象数据观测点对插值数据进行验证。结果显示，当雄草原站插值的气温降雨数据可以分别解释实际观测数据的 99.8% 和 94.7%，那曲草原站插值的气温降雨数据则可以分别解释实际观测数据的 99.6% 和 94.2%（图 3.1）。由此说明本研究插值的气象数据代表青藏高原实际气候因子的变化。

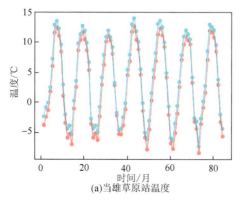
(a)当雄草原站温度

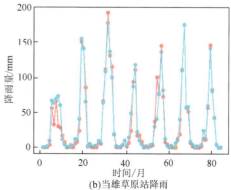
(b)当雄草原站降雨

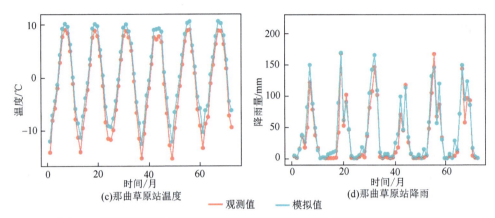

(c)那曲草原站温度
(d)那曲草原站降雨

—— 观测值　　—— 模拟值

图 3.1　当雄草原站和那曲草原站实际气象观测数据与插值所得的数据对比

3.4　藏北高寒草地生产力估算与验证

3.4.1　现实生产力的模拟

本次科考利用 CASA 模型模拟高寒草地的现实生产力。CASA(Carnegie-Ames-Stanford approach) 模型是一种光能利用率模型(Potter et al.，1993)，植物净初级生产力(NPP) 的估算主要由植物吸收的光合有效辐射(APAR) 与光能转化率(ε) 2 个变量决定。

$$\text{NPP}(x,t)=\text{APAR}(x,t)\times\varepsilon(x,t) \tag{3.1}$$

式中，t 为时间；x 为具体的位置。

植被所吸收的光合有效辐射(APAR) 取决于太阳总辐射和植被对光合有效辐射的吸收比例，如式(2.2) 所示。

$$\text{APAR}(x,t)=\text{SOL}(x,t)\times\text{FPAR}(x,t)\times 0.5 \tag{3.2}$$

式中，$\text{SOL}(x,t)$ 为 t 月 x 像元处的太阳总辐射量，MJ/m；$\text{FPAR}(x,t)$ 为植被层对入射光合有效辐射(PAR) 的吸收比例，通常 0.5 表示植被能利用的太阳有效辐射。FPAR 可以由归一化植被指数(NDVI) 和植被类型 2 个因子表示：

$$\text{FPAR}(x,\ t)=\left[\frac{\text{SR}(x,t)}{\text{SR}_{\max}-\text{SR}_{\min}},0.95\right] \tag{3.3}$$

$$\text{SR}(x,t)=\frac{1+\text{NDVI}(x,t)}{1-\text{NDVI}(x,t)} \tag{3.4}$$

$$\text{NDVI}=\frac{R_{\text{nir}}-R_{\text{red}}}{R_{\text{nir}}+R_{\text{red}}} \tag{3.5}$$

模型中的 FPAR 的最大值应小于 0.95（朱文泉等，2006）；SR_{min} 取值为 1.08，SR_{max} 的大小与植被的类型有关；R_{nir}、R_{red} 分别为近红外和红光波段的反照率；ε 为光能转化率，即植被把所吸收的 APAR 转化为有机碳的效率，主要受温度和水分的影响，如式（3.6）所示。

$$\varepsilon(x,t) = T_{\varepsilon 1}(x,t) \times T_{\varepsilon 2}(x,t) \times W_{\varepsilon}(x,t) \times \varepsilon^* \qquad (3.6)$$

式中，$T_{\varepsilon 1}(x,t)$ 为低温或高温对 NPP 的限制；$T_{\varepsilon 2}(x,t)$ 为最适宜温度向高温或低温变化对光能转化率的限制；$W_{\varepsilon}(x,t)$ 为水分胁迫影响系数；ε^* 为全球植被的最大光能转化率 0.389 g C/MJ，根据以往研究，青藏高原草地取 0.56g C/MJ（周才平等，2008）。$T_{\varepsilon 1}$ 反映在低温和高温时植物内在的生化作用对光合作用的限制而降低 NPP：

$$T_{\varepsilon 1}(x,t) = 0.8 + 0.02 \times T_{opt}(x,t) - 0.0005 \times T_{opt}(x,t) \qquad (3.7)$$

式中，$T_{opt}(x,t)$ 为某一区域一年内 NDVI 值达到最高时月份的平均气温，当某一月平均温度小于或等于 −10℃时，$T_{\varepsilon 1}$ 取 0。

$$T_{\varepsilon 2}(x,t) = 1.1814 \Big/ \left\{ 1 + \exp\left[0.2 \times (T_{opt}(x,t) - 10 - T(x,t)) \right] \right\}$$
$$\Big/ \left\{ 1 + \exp\left[0.3 \times (-T_{opt}(x,t) - 10 + T(x,t)) \right] \right\} \qquad (3.8)$$

当某一月平均温度 $T(x,t)$ 比最适宜温度 $T_{opt}(x,t)$ 高 10℃或低 13℃时，该月的 $T_{\varepsilon 2}$ 值等于月平均温度 $T(x,t)$ 为最适宜温度 $T_{opt}(x,t)$ 时 $T_{\varepsilon 2}$ 值的一半。水分胁迫影响系数 W_{ε} 反映了植物所能利用的有效水分条件对光能转化率的影响。随着环境中有效水分的增加，W_{ε} 逐渐增大。它的取值范围为 0.5（极端干旱条件下）到 1（非常湿润条件下），由下列公式计算：

$$W_{\varepsilon}(x,t) = 0.5 + 0.5 \times \text{EET}(x,t) / \text{PET}(x,t) \qquad (3.9)$$

式中，PET 为潜在蒸散量，mm；EET 为实际蒸散量，mm。

3.4.2 潜在生产力的模拟

本次科考利用陆地生态系统模型（terrestrial ecosystem model，TEM）模拟高寒草地的潜在生产力。TEM 是气候驱动的生产力模型（McGuire et al.，1992，Raich et al.，1991），所需的参数有：植被类型、土壤质地、土壤水分、潜在蒸散、太阳辐射、云量、降水、温度和大气 CO_2 浓度。结合土壤水分模型——水分平衡模型（water balance model，WBM）计算出的水分潜在蒸散和实际蒸散参数，以及温度、辐射和 CO_2 等参数，首先计算出草地的总初级生产力（GPP），再计算植物自养呼吸（R_a），最后得出草地净初级生产力（NPP）。

$$NPP_p = GPP_t - R_a \tag{3.10}$$

$$GPP = C_{max} \frac{PAR}{K_i + PAR} \times \frac{C_i}{K_c + C_i} \times TEMP \times KLEAF \times NA \tag{3.11}$$

式中，t 为时间，月；C_{max} 为最大碳固定速率，g/(cm²·mol)；PAR 为光合有效辐射，J/(cm²·d)；K_i 为碳固定速率达到最大速率一半时的光合有效辐射 [根据以往研究取值为 314J/(cm²·d)]；K_c 为碳固定速率达到最大速率一半时的叶中 CO_2 浓度（一般取 200μL/L）；C_i 为叶中的 CO_2 浓度，μL/L；TEMP、KLEAF 和 NA 则是没有单位的三个系数，TEMP 为温度影响因子，KLEAF 为叶面积指数与最大叶面积指数的比值；NA 为模型参数，无量纲，表示养分对 GPD 的限制，本研究取 1。

C_i 的大小与大气中的 CO_2 浓度、实际蒸散和潜在蒸散有关：

$$C_i = C_a \times \left[0.1 + 0.9 \times \frac{EFT}{PET} \right] \tag{3.12}$$

式中，C_a 为大气中的 CO_2 浓度，μL/L；EET 为实际蒸散（estimated evapotranspiration，EET）；PET 为潜在蒸散（potential evapotranspiration，PET）。

$$TEMP = \frac{(T - T_{min})(T - T_{max})}{(T - T_{min})(T - T_{max}) - (T - T_{opt})^2} \tag{3.13}$$

式中，TEMP 为温度对 GPP 形成的影响；T 为当时的大气温度，其中 T_{min}、T_{max}、T_{opt} 分别表示该点的气温最小值、最大值和最适合值，其大小由植被类型所决定。

$$KLEAF = a(EFT_j / EFT_{max}) + bKLEAF_{j-1} + cKLEAF_j = 1.0 (if\ KLEAF_j > 0)$$

$$KLEAF_j = KLEAF_t / KLEAF_{max} (if\ KLEAF_{max} < 0)$$

$$KLEAF_j = \ min(if\ KLEAF_j < min) \tag{3.14}$$

式中，a=0.4863、b=0.4948、c=0.03786。

植物自养呼吸（autotrophic respiration，R_a）包括植物活体部分维持自身代谢的代谢呼吸（maintenance respiration，R_m）和植物体生长需要的生长呼吸（growth respiration，R_g）两个部分。

$$R_a = R_m + R_g \tag{3.15}$$

$$R_m = K_r \times C_v \times e^{0.0693T} \tag{3.16}$$

$$R_g = 0.2 \times (GPP - R_m) \tag{3.17}$$

式中，R_m 直接可以用生物量（C_v）和温度（T）之间的函数表示；R_g 可以计算为总初级生产力（GPP）与 R_m 之间差值的 20%；C_v 可以直接从与其 NDVI 的关系中获得；K_r 为植物单位质量的生物量在 0℃ 条件下，每个月植物呼吸所消耗的量。

3.4.3　草地生产力的验证

本研究采用藏北高原样带围栏内外取样数据验证 CASA 模型和 TEM 计算的生产力精度（图 3.2）。藏北高原大多数草地物种为一年生草本植物，生物量通常在 7 月底至 8 月初达到峰值。因此，可以将地上生物量看作是该样方的地上净初级生产力。采用围栏内外地上净初级生产力数据进行模型验证。围栏内的草地生态系统没有野生动物和家畜的干扰，认为其是不受人类活动干扰的自然条件下纯气候因素驱动的生产力，因此可以用来验证 TEM 模拟的潜在生产力（NPP_p）的结果。围栏外的草地生产力数据则代表气候变化和人类活动共同驱动的草地实际生产力（NPP_a），因此可以用来验证 CASA 模型模拟的现实草地 NPP_a 的精度。验证结果显示，围栏外的实际观测生产力和 NPP_a 的模拟值之间存在着极显著的线性相关关系，斜率为 0.98，$R^2=0.75$[图 3.2（b）]。围栏内实际观测生产力与模型模拟的 NPP_p 同样存在极显著的相关关系，$R^2=0.66$[图 3.2（a）]。CASA 模型和 TEM 模拟结果与实际观测的高寒草地生产力之间相关关系均达到了显著水平（$P<0.001$），可以认为模型模拟的生产力很好地代表藏北高原高寒草地潜在和现实 NPP 的实际情况。

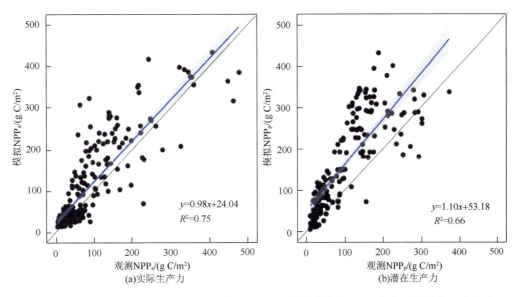

图 3.2　藏北高原模型模拟的实际生产力（NPP_a）和潜在生产力（NPP_p）与观测的实际生产力和潜在生产力对比

3.5 藏北高寒草地产草量的变化格局

本研究利用 2000 ~ 2019 年近 20 年的 CASA 模型和 TEM 计算的生产力来反演藏北高寒草地 19 个县区产草量的时空动态。具体来讲，利用 CASA 模型模拟的现实生产力来估算围栏外自由放牧条件下现有产草量，即牧草现存量（AGB_a）的时空格局，同理，利用 TEM 模拟的潜在生产力来估算围封条件下围栏内天然草地的产草量大小，即潜在产草量（AGB_p）。

3.5.1 近 20 年藏北高寒草地单位面积产草量及其变化趋势

整体来看，藏北高寒草地单位面积的平均产草量为 57g/m²（570kg/hm²）左右，2000 ~ 2019 年藏北高寒草地单位面积产草量呈微弱的增加趋势，而且 AGB_p 比 AGB_a 要更加明显（更大的斜率）（图 3.3）。可以看出，藏北高寒草地的 AGB_p 在 21 世纪初的前 10 年有下降趋势，而在后 10 年间又开始回升，但年际变异也变得更大。其中，2014 年的平均产草量最低，为 41.52g/m²（415.2kg/hm²），2018 年的平均产草量最高，为 73.06g/m²（730.6kg/hm²）。而对于 AGB_a 而言，整个 20 年间的变化趋势不明显，这可能与放牧政策的调控有关（图 3.3）。

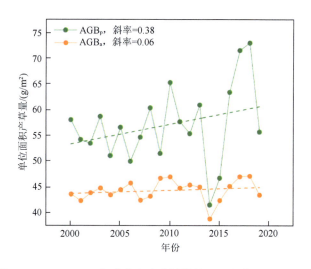

图 3.3 2000 ~ 2019 年藏北高寒草地单位面积产草量的时间变化

从单位产草量均值的空间分布上看，藏北高寒草地表现为从东南到西北逐渐降低的空间格局。那曲市部分县域，如巴青县、比如县、索县和聂荣县的单位面积产草量可以超过 100g/m²（1000kg/hm²），而日土县、改则县、双湖县北部地区和札达县大多区域的单位面积产草量不足 20g/m²（200kg/hm²）[图 3.4（a）]。对于 AGB_a 而言，其均值的空间格局与 AGB_p 类似，现存量较小的县域集中在日土县、改则县、双湖县北部地区，而东南部地区草地现存量超过了 40g/m²（400kg/hm²）[图 3.4（c）]。

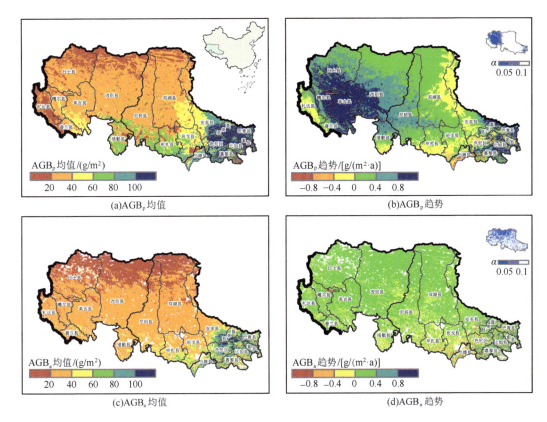

图 3.4　2000～2019 年藏北高寒草地单位面积产草量均值的空间分布与变化趋势

图 (b) 和图 (d) 中右上角的小图表示变化趋势的显著性（$\alpha=0.05$），蓝色表示具有显著变化（$P<0.05$）

从单位产草量变化趋势的空间格局上看，2000～2019 年藏北高寒草地的单位面积产草量呈现显著增加的区域占 21%，主要集中在西部地区，如革吉县、改则县、噶尔县和日土县 [图 3.4（b）]。其中，革吉县增速最为明显（年增速 >0.8g/m^2），相反，单位面积产草量未发现显著减少的区域，呈现减少的区域（不显著）仅为 16%，主要集中在东南部地区，如当雄县、色尼区、申扎县和班戈县南部，双湖县东部和安多县北部地区，相比而言，当雄县降低较为严重 [图 3.4（b）]。而对于草地现存量的变化趋势而言，藏北高寒草地的北部区域增加趋势较为明显，而南部部分地区呈现较为显著的降低趋势 [图 3.4（d）]。统计数据显示，增加的区域占 80%，显著增加的区域为接近 30%，显著减少的区域仅占 2.3%[图 3.4（d）]。

3.5.2　近 20 年藏北高寒草地产草量时空格局（县域尺度）

藏北高寒草地年均产草量为 2820 万 t 左右，但年际变异比较大（cv=13.4%），其中 2014 年的产草量最小，仅为 1732.2 万 t，而年产量最高的 2018 年达到了 3721.9 万 t（图 3.5）。整体而言近 20 年（2000～2019 年）来，年均产草量呈增加的趋势，在 21 世纪初的 10 年趋势不明显，且年际变异很小。除了 2014 年较为异常外，2005 年之后，年均产草量呈现显著增加的趋势，年增速超过了 35 万 t（$P<0.05$）（图 3.5）。

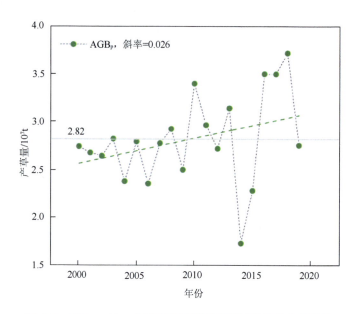

图 3.5　2000 ～ 2019 年藏北高寒草地产草量均值的变化趋势

从县域尺度来看，整个藏北各县区均产 150 万 t/a 左右，但各县区之间差异很大 [图 3.6（a）]。其中，改则县产草量最大，近 400 万 t/a，而普兰县产草最少，其产草量不到 40 万 t/a，约为改则县的 1/10[图 3.6（a）]。从年际变异来看，藏北高寒草地西部地区的普兰县、札达县、噶尔县和革吉县的年际变异较大，超过了 35%，而东部地区如索县、巴青县和比如县的年际变异较小，仅为 10% 左右 [图 3.6（a）]。从草地类型来说，高寒草原区的产草量接近 200 万 t/a，要高于高寒草甸区和荒漠草原区 [图 3.6（b）]。而高寒草甸区的产草量大约为 120 万 t/a，且年际变异最小（<15%），荒漠草原区的年际变异最大（>30%）[图 3.6（b）]。

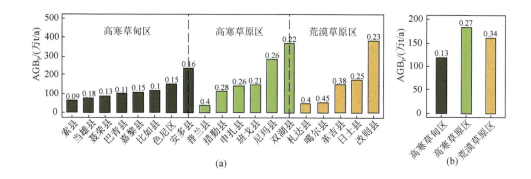

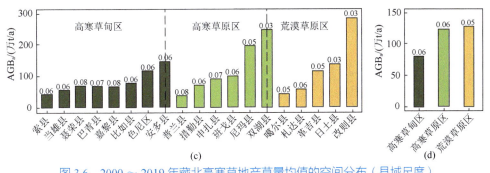

(c)

图 3.6　2000 ～ 2019 年藏北高寒草地产草量均值的空间分布（县域尺度）

柱状图代表均值，上面的数字代表 2000 ～ 2019 年产草量的年际变异（cv）

对于 AGB_a 而言，县域尺度上的变异与 AGB_p 类似，只是绝对量要小，年际变异明显较小（<10%）。具体而言，整个藏北各县区 AGB_a 的平均值为 106 万 t/a 左右，但各县区之间差异也较大 [图 3.6（c）]。其中，改则县最大，近 300 万 t/a，而普兰县最少，仅为 37 万 t/a[图 3.6（c）]。从草地类型来说，高寒草原区和荒漠草原区接近，约为 120 万 t/a，要高于高寒草甸区（约为 80 万 t/a），而年际变异在草地类型之间基本无差别，为 5% ～ 6%[图 3.6（d）]。

从 2000 ～ 2019 年的变化趋势来看，藏北高原大部分县域产草量呈现增加的趋势，年均增加量约为 1.5 万 t[图 3.7（a）]。而当雄县呈现降低的趋势，年降低量为 0.26 万 t，但其降低的趋势不显著（$P>0.1$）[图 3.7（a）]。20 年来产草量显著增加的县域是革吉县、日土县和改则县（$P<0.05$），其中，改则县的年增加速率最大，为 6.77 万 t/a，日土县和革吉县年增速相当，约为 4 万 t/a，巴青县较小，为 0.8 万 t/a[图 3.7（a）]。从草地类型来看，增加趋势最明显的是荒漠草原区，年均增速超过了 3.5 万 t/a，而高寒草甸区的增速最小，年均增速不到 0.4 万 t/a[图 3.7（b）]。

而 AGB_a 的变化率在县域尺度上的变异与 AGB_p 略有不同 [图 3.7（c）]。具体而言，整个藏北各县区 AGB_a 的平均年变化率为 0.17 万 t/a，但各县之间差异较大 [图 3.7（c）]。其中，AGB_a 呈现降低的县域有 4 个，分别为当雄县、色尼区、班戈县和申扎县，而且当雄县呈现显著降低的趋势，年降低速率为 0.15 万 t/a[图 3.7（c）]。而年增速较大（年增速 > 0.3 万 t/a）的县域为双湖县、改则县、日土县和革吉县，其中，日土县呈现显著增加趋势，年增速为 0.35 万 t/a[图 3.7（c）]。就草地类型而言，增加趋势最明显的是荒漠草原区，年增速超过了 0.3 万 t/a，而高寒草甸区和高寒草原区的年增速约为 0.1 万 t/a[图 3.7（d）]。

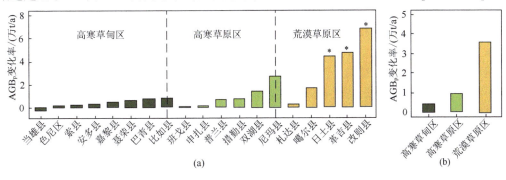

(a)

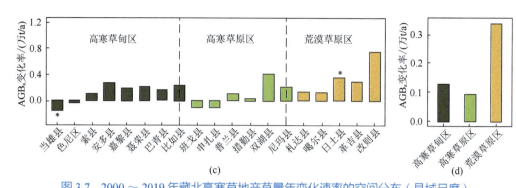

图 3.7 2000 ~ 2019 年藏北高寒草地产草量年变化速率的空间分布（县域尺度）
柱状图表示 AGB 的变化率，* 表示有显著变化（$P<0.05$）

综上所述，藏北高寒草地整体的产草情况基本如此，总体而言，AGB_p 和 AGB_a 均呈现逐步上升的趋势，表明近 20 年来高寒植被逐步趋好，这与科考分队前期的研究是一致的。但是由于模型估算的不确定性与西藏行政边界可能随时间变化，不同模型计算的结果可能会存在差异。科考分队也正在为此付出长期的努力进行校准，接下来的科考还会进一步采用多模型、多元数据验证等方式继续做好藏北高寒草地产草量估算工作，以减少不同模型估算的误差。

3.6 气候变化和放牧对藏北草地生物量的影响

本节基于藏北草地生物量、物种丰富度以及气候变化的时空特征，分析了藏北草地地上生物量的气候敏感性。然后基于藏北围栏内外长期采样数据，分析了放牧活动对草地生物量的影响[①]。

3.6.1 近 20 年藏北高原的气候变化

2000 ~ 2019 年藏北高原多年平均温度为 1.27℃，年均温最高年份出现在 2016 年，为 2.18℃，2000 年年均温最低，为 0.44℃。多年平均降水量为 399.7mm，2008 年降水量最高，达到 500.6mm，2015 年降水量最小，仅有 302.0mm。2000 ~ 2017 年藏北高原总体上表现出一种暖干化现象，年均温呈显著上升趋势（$P<0.05$），上升速率为 0.057℃ /a[图 3.8（a）]；年降水量呈下降趋势，下降速率为 1.65mm/a，但未达到显著水平 [图 3.8（b）]（$P>0.05$）。

年均温和年降水量的年际变化存在显著的空间异质性。对于年均温而言，整个藏北高原均表现为显著的上升趋势，其中藏北中部地区的上升幅度最大，部分地区的增温速率大于 0.08℃ /a，西部的小部分区域年均温增加速率较低，仅为 0.02℃ /a[图 3.9（a）]。对于年降水量而言，藏北高原年降水量表现为东部减少中西部增加的空间格局，藏北高原西北部地区年降水量增加最显著 [图 3.9（b）]。

---

① 措勤县的实地采样数据暂缺，因此在 3.6 节及以后的动态分析中未涉及。

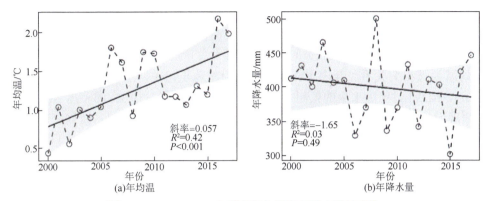

图 3.8　2000 ～ 2019 年藏北年均温和年降水量的变化

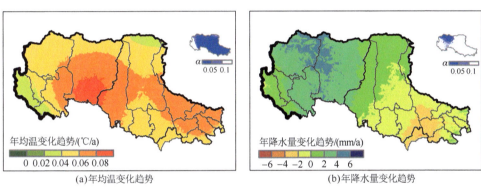

图 3.9　2000 ～ 2019 年藏北高原年均温和年降水量变化趋势的空间格局

右上角小图表示变化趋势的显著大小（α=0.05），蓝色表示具有显著变化（$P<0.05$）

3.6.2　气候变化对藏北高原草地生物量的影响

以整个藏北高原草地生态系统为单位，对年均 NDVI 与同年份的温度和降水量进行相关分析，结果表明藏北高原草地 NDVI 与年均温之间没有明显的相关关系（$P>0.1$）[图 3.10（a）]，NDVI 与年降水量之间存在弱相关关系（$P<0.1$）[图 3.10（b）]。

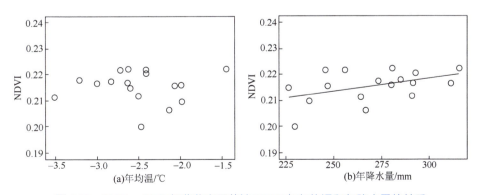

图 3.10　2000 ～ 2019 年藏北高原草地 NDVI 与年均温和年降水量的关系

以像元为单位，进一步分析了 NDVI 与温度和降水量偏相关系数的空间格局。从空间上看，NDVI 与年均温的偏相关系数表现为北高南低。35.3% 区域的 NDVI 与年均温表现为负相关关系，其中显著负相关的区域占据藏北总草地面积的 3.9%。64.7% 草地 NDVI 与年均温为正相关关系，其中 12.1% 的草地为显著正相关，主要分布在北部地区 [图 3.11（a）]。NDVI 与年降水量的偏相关系数表现为西高东低。19.3% 的草地 NDVI 与年降水量表现为负相关关系，主要分布在藏北高原的东北部地区，其余 80.7% 则表现为正相关关系，其中 25.3% 为显著正相关，主要分布在西部的荒漠草原区和高寒草原区 [图 3.11（b）]。

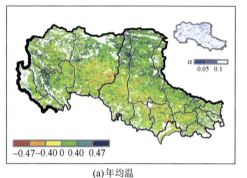
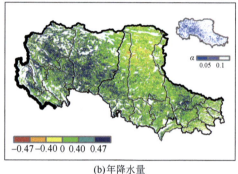

(a) 年均温   (b) 年降水量

图 3.11　藏北高原草地年均 NDVI 与年均温和年降水量的相关系数
右上角小图表示变化趋势的显著性大小（α=0.05），蓝色表示具有显著变化（$P<0.05$）

3.6.3　近 20 年藏北高原放牧强度变化

对于实际载畜量而言，2000 ～ 2008 年藏北高原实际载畜量以 0.0069 羊单位 /（hm²·a）的速率显著增加（$P<0.05$），2009 ～ 2017 年实际载畜量则表现为下降趋势，下降速率为 –0.0071 羊单位 /（hm²·a）；对于理论载畜量而言，2009 年前后藏北理论载畜量表现出先降低后增加的变化。具体而言，2000 ～ 2008 年理论载畜量以 –0.0036 羊单位 /（hm²·a）的速率下降，2009 ～ 2017 年理论载畜量以 0.0234 羊单位 /（hm²·a）的速率上升，但两者变化均不显著（$P>0.05$）；对于放牧强度而言，2009 年前后的变化表现为先增加后降低，2000 ～ 2008 年放牧强度以 0.0759 羊单位 /（hm²·a）速率显著增加，2009 ～ 2017 年则以 –0.0432 羊单位 /（hm²·a）的速率降低，但变化趋势不显著（图 3.12）。

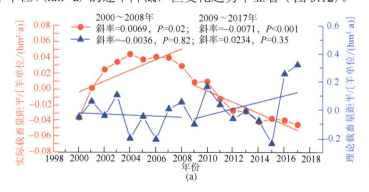

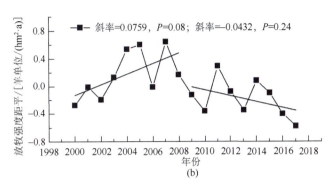

图 3.12 近 20 年藏北高原放牧强度变化

3.6.4 近 20 年放牧强度对藏北高原草地的影响

对于整个藏北高原草地而言,放牧活动显著降低了高寒草地地上生物量($P< 0.05$)。围栏内平均地上生物量为 46.84 g/m^2,而围栏外地上生物量仅为围栏内的 70%[图 3.13 (a)]。围栏外地下生物量是围栏内地下生物量的 84% 左右 [图 3.13 (b)],但是两者并不存在明显的差异($P>0.05$)。因此,放牧对藏北草地地下生物量的影响不显著。

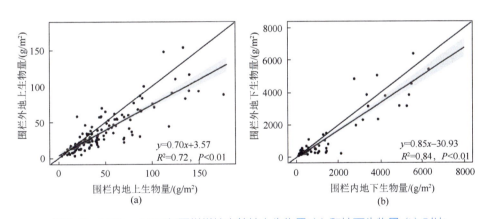

图 3.13 2009 ～ 2017 年围栏样地内外地上生物量 (a) 和地下生物量 (b) 对比

对于不同植被类型而言,高寒草甸区、高寒草原区和荒漠草原区围栏内的平均地上生物量分别为 87.49g/m²、40.33g/m² 和 20.45g/m²,围栏外平均地上生物量则分别为 69.23g/m²、31.17g/m² 和 15.55g/m²。放牧活动分别降低了高寒草甸区、高寒草原区和荒漠草原区地上生物量的 20.9%、22.7% 和 24.0%[图 3.14 (a)]。高寒草甸区、高寒草原区和荒漠草原区围栏外的平均地下生物量分别为 2777.30g/m²、418.00g/m² 和 324.83g/m²;围栏内的地下生物量分别 3234.70g/m²、563.67g/m² 和 344.14g/m²。放牧仅对藏北高寒草原区的地下生物量的影响显著,对高寒草甸和荒漠草原地下生物量不存在显著的影响 [图 3.14 (b)]。

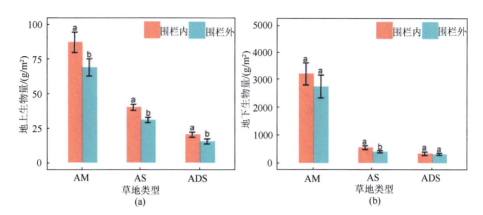

图 3.14　不同草地类型围栏内外地上生物量（a）和地下生物量（b）对比

AM、AS 和 ADS 分别代表高寒草甸、高寒草原和荒漠草原 3 种草地类型，柱状图上不同字母表示围栏内外的生物量有显著差异（$P<0.05$）

　　由于围栏内草地没有放牧干扰，草地地上生物量年际变化仅受气候变化的影响，而围栏外草地地上生物量则受放牧活动和气候变化的共同驱动。本研究选取两个长时间序列的连续观测站点来分析放牧活动对地上生物量年际动态的影响。对于班戈县采样点而言，2009～2017 年围栏内外地上生物量年际变化趋势相反，即表现为围栏内地上生物量为上升趋势，围栏外则表现为下降趋势 [图 3.15（a）]。对于改则县采样点而言，围栏内外生物量存在较为一致的年际波动变化 [图 3.15（b）]。对比 2009～2017 年两个县域的放牧强度，班戈县的放牧强度大于改则县。当放牧活动达到一定程度时，草地地上生物量的年际波动会发生变化。

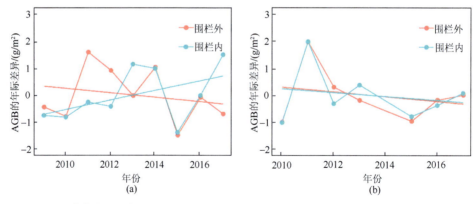

图 3.15　藏北高原班戈县（a）和改则县（b）围栏样地内外地上生物量的年际动态变化

3.7　藏北高寒草地动态草畜平衡评价

　　对于草地生态系统来说，草畜关系最能反映气候变化和放牧活动对草地生态系统的影响。在草原上保持合理的载畜量，合理利用草地资源，引导牧民成为理性的生产者，对于草地生态系统及当地经济社会的可持续发展都至关重要。目前，确定载畜量的方法逐渐趋向标准化，但是相关参数的计算仍旧存在着争议，如草地产量、草地利用率、家畜折算系数等。藏北高原高寒草原主要分布在干旱和半干旱地区，受气候条件影响较大。然而，传统的草畜平衡评估方法基于平衡理论，提倡保守的放牧政策，可能不能充分利用湿润年份的产草量。因此，为了更好地利用高寒草地的牧草资源，确保高寒草地的生态安全，需要采用动态方法对高寒草地的草畜平衡进行评估。在本研究中，我们通过评估气候变化和家畜消耗引起的地上生物量的年际变化来评估草畜平衡。我们假设，在 AGB_p 和 AGB_h 趋势无差异的情况，AGB_a 相对稳定保持不变，这也意味着草地处于草畜平衡的状态，当前的放牧率是可持续的。以二者的斜率（S_{AGB_p} 和 S_{AGB_h}）为基础，可以计算出为达到草畜平衡需要增减的放牧活动消耗生物量以及家畜数量，从而使藏北地区各个县域达到草畜平衡，计算公式如下：

$$AGB_T - \sum_{i=1}^{n}(S_{AGB_p} - S_{AGB_h})A_G$$
$$C_T = \frac{AGB_T}{RD}$$
(3.18)

式中，AGB_T 为当前年份需要增加或减少的放牧活动消耗总生物量，g；n 为栅格的数量；i 为栅格的序数；A_G 为栅格的面积，m^2；S_{AGB_p} 和 S_{AGB_h} 为 AGB_p 和 AGB_h 斜率的绝对值（g/m^2）；C_T 为当年增加或减少的牲畜数量，羊单位；R 为牲畜的日食量，g/d；D 为放牧天数，d。当 $AGB_T>0$，草地有盈余，可以适当增加放牧活动消耗的地上生物量，当 $AGB_T<0$，草地超载，需要降低牲畜数量或减少放牧时间，当 $AGB_T=0$，草地处于草畜平衡的状态。动态算法下合理载畜量的计算公式如下：

$$Z_a = Z_b + C_T/A$$
(3.19)

式中，Z_a 为动态算法下草地的合理载畜量，羊单位 /hm^2；Z_b 为草地的实际载畜量，羊单位 / hm^2；C_T 为当年增加或减少的牲畜数量，羊单位；A 为可利用草地面积，hm^2。载畜压力指数（P）的算法与传统算法相同，即 $P=Z_b/Z_a$。当 $P>1$ 时，草地处于超载的状态，当 $P<1$ 时，草地处于盈余的状态，当 $P=1$ 时，草地处于草畜平衡的状态。

3.7.1　藏北高寒草地动态草畜平衡的时空格局

根据动态草畜平衡理论，当藏北高寒草地草畜平衡时，现阶段需要调整的地上生物量消耗量和牲畜数量如图 3.16 所示。绿色代表当年草地盈余，可以适当增加放牧活动消耗地上生物量和牲畜数量。红色代表当年放牧活动消耗地上生物量和牲畜数量过高，草地超载。2001 ～ 2014 年，有 6 年草地是盈余的状态，在 2001 年草地盈余最多，放牧活动消耗地上生物量可以增加 2.12g/m²，牲畜数量可以增加 75.71 万羊单位，占当年实际牲畜数量的 2.03%。2001 ～ 2014 年，有 8 年草地超载，其中，2013 年草地超载最多，放牧活动消耗地上生物量需要减少 1.25g/m²，牲畜需要减少 44.67 万羊单位，占当年实际牲畜数量的 2.42%。在 2001 ～ 2006 年，藏北高原草地处于超载状态，而在 2007 ～ 2014 年，随着气候条件趋好，藏北高原草地出现盈余。综合来看，2001 ～ 2014 年，藏北高原的草地处于略有盈余的状态。

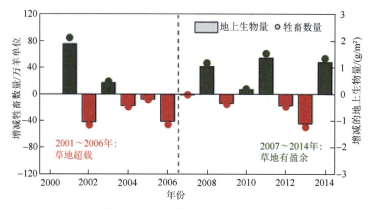

图 3.16　2001 ～ 2014 年藏北高原需要增减的放牧活动消耗地上生物量和牲畜数量

通过对比围栏内地上生物量和放牧活动消耗地上生物量变动的差值，还可以得到应该增减的放牧活动消耗地上生物量和牲畜数量的空间分布（图 3.17）。当增减的放牧活动消耗地上生物量为正值时，草地有盈余，可以适当增加放牧活动。而当增减的放牧活动消耗地上生物量为负值时，草地超载，放牧活动消耗地上生物量过高，需要适当减少。2001 ～ 2006 年，藏北高原西南地区和东南地区的放牧活动消耗地上生物量过高，面积占总草地面积的 57.95%；而草地有盈余的地区主要分布在藏北高原的北部和中部，占总面积的 42.05%[图 3.17（a）]。2007 ～ 2014 年，藏北高原大部分地区的草地都有盈余，占总面积的 72.15%；而草地超载的地区主要分布在藏北高原的中部和东南部，仅占总面积的 27.85%[图 3.17（b）]。

通过可增减的放牧活动消耗地上生物量还可以估算为了达到草畜平衡各个县域需要调整的牲畜数量。2001 ～ 2006 年，有 14 个县域的草地超载，主要分布在藏北高原的西部和东南部，其中革吉县、班戈县和安多县草地的超载情况相对严重。尼玛县（含双湖县）、改则县和嘉黎县的草地有盈余，主要分布在藏北高原的中部和东南部。其中，尼玛县（含双湖县）草地盈余最多，可增加的牲畜数量最多 [图 3.17（c）]。2007 ～ 2014 年 [图 3.17（d）]，藏北高原有 16 个县域的草地出现盈余，可以适当增加牲畜数量。只有位于藏北高原东南部的嘉黎县和索县草地超载。嘉黎县由第一个时期的草地有盈余转变为第二个时期的草地超载。而索县在这两个时期草地都超载放牧，且第二个时期超载情况加重。这说明嘉黎县和索县的放牧活动对草地的负面影响加剧。

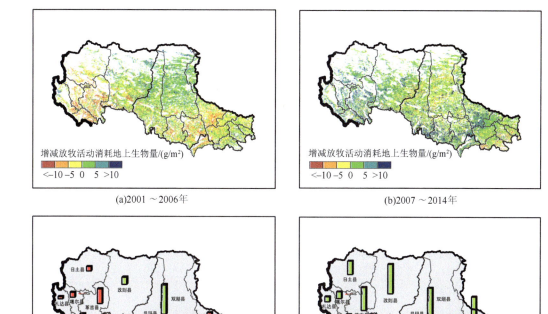

(a)2001～2006年　　　　　　　　　(b)2007～2014年

(c)2001～2006年　　　　　　　　　(d)2007～2014年

图 3.17　2001～2006 年和 2007～2014 年藏北高原需要增减的放牧活动消耗地上生物量和牲畜数量的空间分布

3.7.2　藏北高寒草地的理论载畜量的时空格局（县域尺度）

根据藏北高原的实际牲畜数量和动态方法得到的为达到草畜平衡需要增减的牲畜数量，可以计算出藏北高原整体的理论牲畜数量和单位面积的理论载畜量。从年际变化来看（图 3.18），2001～2014 年，藏北高原的理论牲畜数量和理论载畜量最高的年份是 2008 年，分别为 2097.94 万羊单位和 0.38 羊单位 /hm²。而 2013 年的理论牲畜数量和理论载畜量最低，分别为 1799.08 万羊单位和 0.33 羊单位 /hm²。2001～2006 年，藏北高原的理论牲畜数量和理论载畜量呈显著上升趋势，速率分别为 30.97 万羊单位 /a 和 0.006 羊单位 /(hm²·a)。而在 2007～2014 年，理论牲畜数量和理论载畜量呈显著下降趋势，速率分别为 -34.79 万羊单位 /a 和 -0.006 羊单位 /(hm²·a)。因此，动态方法得到的理论牲畜数量和理论载畜量与实际牲畜数量和实际载畜量在变动趋势上较为一致。动态方法只是通过调整较少的牲畜数量，来达到草畜平衡状态。

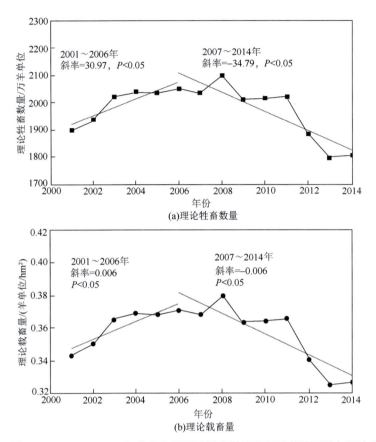

图 3.18　2001～2014 年藏北高原理论牲畜数量和理论载畜量的年际变化

从动态方法得到的藏北高原各县理论牲畜数量和理论载畜量来看（表 3.1），2001～2006 年和 2007～2014 年，理论牲畜数量最高的县域都是色尼区，分别为 255.67 万羊单位和 264.87 万羊单位。2001～2006 年，普兰县理论牲畜数量最低，仅为 23.16 万羊单位。而札达县在 2007～2014 年理论牲畜数量最低，为 24.46 万羊单位。当雄县草地以高寒草甸和高寒草原为主，草地的生产力相对较高，因此在 2001～2006 年和 2007～2014 年，当雄县的理论载畜量都是最高的，分别为 2.17 羊单位 /hm² 和 2.18 羊单位 /hm²。索县由于草地面积小，所以理论载畜量在两个时期均是最低，分别仅为 0.09 羊单位 /hm² 和 0.08 羊单位 /hm²。理论牲畜数量和理论载畜量较高的县域，主要分布在藏北高原的东南部，而中部和西部地区的理论牲畜数量和理论载畜量都相对较低。大部分县域的理论牲畜数量和理论载畜量在第二个时期都高于第一个时期，只有班戈县、比如县和索县的理论牲畜数量和理论载畜量在第二个时期有所下降。但是这并不表示这三个县域草地生物量呈下降趋势。班戈县和比如县在第二个时期草地是有盈余的，可以适当增加牲畜数量 [图 3.17（d）]。但是由于动态方法是在实际牲畜数量基础上进行较小的调整，而第二个时期这两个县域的实际牲畜数量下降较多，因此理论牲畜数量和理论载畜量才会降低。而索县虽然第二个时期的实际牲畜也减少，但是由于草地超载情况加重，所以理论牲畜数量和理论载畜量降低。

表 3.1　2001 ～ 2006 年和 2007 ～ 2014 年藏北高原各县理论牲畜数量和理论载畜量

县域	理论牲畜数量 / 万羊单位		理论载畜量 /（羊单位 /hm²）	
	2001 ～ 2006 年	2007 ～ 2014 年	2001 ～ 2006 年	2007 ～ 2014 年
安多县	216.78	230.20	0.63	0.67
改则县	121.36	131.49	0.14	0.15
尼玛县（含双湖县）	205.46	208.69	0.14	0.14
日土县	51.78	60.11	0.15	0.17
革吉县	80.57	94.81	0.25	0.30
噶尔县	32.46	33.46	0.29	0.30
聂荣县	114.04	120.05	1.42	1.49
札达县	23.41	24.46	0.19	0.20
巴青县	111.70	125.59	1.37	1.54
申扎县	101.74	115.26	0.53	0.60
班戈县	188.97	179.32	0.83	0.78
比如县	114.51	105.55	1.13	1.04
索县	82.42	68.35	0.09	0.08
色尼区	255.67	264.87	1.90	1.97
嘉黎县	81.18	88.61	0.85	0.93
普兰县	23.16	26.07	0.33	0.37
当雄县	145.86	146.78	2.17	2.18

3.7.3　藏北高寒草地载畜压力的时空格局

　　根据实际载畜量和动态算法得到的藏北高原各县域的理论载畜量，可以得到藏北高原草地载畜压力的时空状况。2001 ～ 2014 年，有 8 年藏北高原草地的载畜压力大于 1（图 3.19）。其中，2013 年的载畜压力最大，为 1.025。其他 6 年草地的载畜压力都小于 1。其中，2001 年的载畜压力最低，为 0.96。从变动趋势来看，2001 ～ 2006 年，

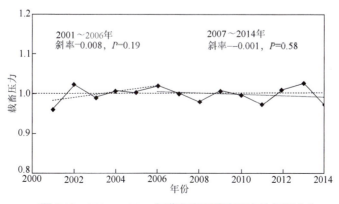

图 3.19　2001 ～ 2014 年藏北高原载畜压力的年际变化

藏北高原草地的载畜压力呈上升趋势，上升速率为 0.008/a。而 2007 ~ 2014 年，草地的载畜压力转变为下降趋势，下降速率为 -0.001/a。整体看来，动态算法得到的藏北高原草地的载畜压力年际波动较小。

从动态方法得到的藏北各县域的载畜压力状况来看，2001 ~ 2006 年，草地的载畜压力小于 1 的县域有 4 个，分别是尼玛县（含双湖县）、改则县和嘉黎县，主要分布在藏北高原的中部和东南部地区 [图 3.20（a）]。这些县域草地的载畜压力相对较小，尤其是尼玛县（含双湖县），载畜压力小于 0.5，草地盈余较多，未来可以适当地增加牲畜数量。其他 14 个县域草地的载畜压力均大于 1，主要分布在藏北高原的西部和东南部。这些县域草地的放牧压力较大，未来需要适当减少牲畜数量，以保证草地的稳定。2007 ~ 2014 年 [图 3.20（b）]，藏北高原大部分县域的载畜压力都小于 1，草地普遍有盈余，但是盈余的并不多。而嘉黎县和索县的草地载畜压力大于 1，草地放牧压力较大，需要减少牲畜数量。比较两个时期各县的草地载畜压力，我们可以发现，虽然尼玛县（含双湖县）草地的载畜压力在两个时期都小于 1，但是在第二个时期有所升高；嘉黎县由第一个时期载畜压力小于 1 转变为第二个时期载畜压力大于 1；而索县在两个时期的载畜压力都大于 1，且第二个时期的载畜压力大于第一个时期的载畜压力。尼玛县（含双湖县）、嘉黎县和索县在第二个时期的载畜压力都是有所增长的，未来要根据当地草地的实际状况，适当调整牲畜数量，避免持续上升的载畜压力给草地带来负面影响。其他 14 个县域的载畜压力在第二个时期都是小于第一个时期的，说明这些县域草地的放牧压力得到了有效的缓解。

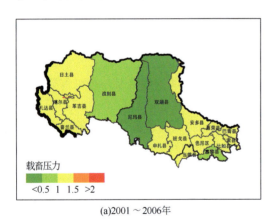

(a)2001 ~ 2006年　　　　　　　　　　　(b)2007 ~ 2014年

图 3.20　2001 ~ 2006 年和 2007 ~ 2014 年藏北高原载畜压力的空间分布（县域尺度）

由于实施了退牧还草和生态补偿政策，藏北高原的牲畜数量得到了有效控制，但藏北高原部分地区草地仍旧超载。放牧活动应根据草原的实际情况进行安排。通过动态方法得到的 2001 ~ 2014 年需要增减的放牧活动消耗地上生物量的空间分布图，我们可以获得未来放牧活动的潜力区和压力区的空间分布（图 3.21）。

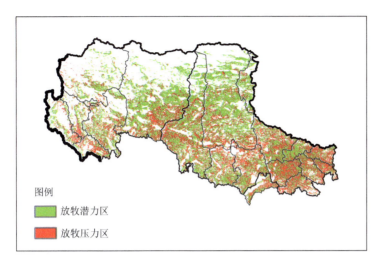

图 3.21　藏北高原未来放牧活动潜力区和压力区的空间分布

　　需要增加放牧活动的地区，可利用的草地资源相对充足，是未来规划放牧活动的潜力区。而需要减少放牧活动地区，草地压力较大，整体处于超载的状态，是未来放牧的压力区，在未来安排畜牧活动时，应该尽量避开这些区域，避免加重草地的负担。放牧潜力区占草地总面积的 64.55%，主要分布在藏北高原的北部地区。而放牧压力区占草地总面积的 35.45%，主要分布在藏北高原的中部、西南和东南地区。整体看来，未来放牧潜力区的面积要大于放牧压力区的面积。由于放牧活动仍然是人类利用藏北高原草地的主要方式，要实现草地的可持续利用，必须充分考虑气候条件，及时调整牲畜数量，确定适宜的放牧活动。

参考文献

布仁巴音, 徐广平, 段吉闯, 等. 2010. 青藏高原高寒草甸初级生产力及其主要影响因素. 广西植物, 30(6): 760-769.

高以信, 李明森. 1995. 青藏高原土壤区划. 山地研究, 13: 203-211.

李文华, 赵新全, 张宪洲, 等. 2013. 青藏高原主要生态系统变化及其碳源 / 碳汇功能作用. 自然杂志, 35(3): 172-178.

刘兴元. 2012. 藏北高寒草地生态系统现状及发展态势. 草业科学, 29(9): 1352-1358.

王根绪, 程国栋, 沈永平. 2002. 青藏高原草地土壤有机碳库及其全球意义. 冰川冻土, 24: 693-700.

王景升, 张宪洲, 陈宝雄, 等. 2013. 藏北高寒草地退化现状、原因与恢复模式. 资源与生态学报 (英文版), 4(1): 43-49.

王景升, 张宪洲, 赵玉萍, 等. 2008. 藏北羌塘高原气候变化的时空格局. 资源科学, 30(12): 1852-1859.

西藏自治区农牧厅. 2019. 西藏自治区草原资源与生态统计资料. 北京 : 中国农业出版社.

于惠. 2008. 青藏高原草地变化及其对气候的响应. 兰州 : 兰州大学.

张宪洲, 杨永平, 朴世龙, 等. 2015. 青藏高原生态变化. 科学通报, 60(32): 3048-3056.

中国科学院青藏高原综合科学考察队. 1988. 西藏植被. 北京: 科学出版社.

中国科学院青藏高原综合科学考察队. 1992. 西藏草原. 北京: 科学出版社.

钟聪, 杨忠芳, 夏学齐, 等. 2012. 青海省土壤有机碳储量估算及源汇分析. 现代地质, 26: 896-909.

周才平, 欧阳华, 曹宇, 等. 2008. "一江两河"中部流域植被净初级生产力估算. 应用生态学报, 19(5): 1071-1076.

周刊社, 杜军, 袁蕾. 2010. 西藏怒江流域高寒草甸气候生产潜力对气候变化的响应. 草业学报, 19(5): 17-24.

朱文泉, 潘耀忠, 何浩, 等. 2006. 中国典型植被最大光利用率模拟. 科学通报, 51(6): 700-706.

Brinkmann K, Dickhoefer U, Schlecht E, et al. 2011. Quantification of aboveground rangeland productivity and anthropogenic degradation on the Arabian Peninsula using Landsat imagery and field inventory data. Remote Sensing of Environment, 115: 465-474.

Chen B X, Zhang X Z, Tao J, et al. 2014. The impact of climate change and anthropogenic activities on alpine grassland over the Qinghai-Tibet Plateau. Agricultural and Forest Meteorology, 189-190: 11-18.

Eckert S, Hüsler F, Liniger H, et al. 2015. Trend analysis of MODIS NDVI time series for detecting land degradation and regeneration in Mongolia. Journal of Arid Environments, 113: 16-28.

Evans J, Geerken R. 2004. Discrimination between climate and human-induced dryland degradation. Journal of Arid Environments, 57: 535-554.

Hutchinson M. 2004. Anusplin Version 4.3. Centre for Resource and Environmental Studies. Canberra: The Australian National University.

Klein J A, Harte J, Zhao X Q. 2007. Experimental warming, not grazing, decreases rangeland quality on the Tibetan Plateau. Ecological Applications, 17: 541-557.

Mcguire A D, Melillo J M, Joyce L A, et al. 1992. Interactions between carbon and nitrogen dynamics in estimating net primary productivity for potential vegetation in North America. Global Biogeochemical Cycles, 6: 101-124.

Moraine M, Duru M, Nicholas P, et al. 2014. Farming system design for innovative crop-livestock integration in Europe. Animal, 8: 1204-1217.

Piao S L, Anwar M, Fang J Y, et al. 2006. NDVI-based increase in growth of temperate grasslands and its responses to climate changes in China. Global Environmental Change-Human and Policy Dimensions, 16(4): 340-348.

Piao S L, Wang X H, Ciais P, et al. 2011. Changes in satellite-derived vegetation growth trend in temperate and boreal Eurasia from 1982 to 2006. Global Change Biology, 17: 3228-3239.

Potter C S, Randerson J T, Field C B, et al. 1993. Terrestrial ecosystem production: a process model based on global satellite and surface data. Global Biogeochemical Cycles, 7: 811-841.

Raich J W, Schlesinger W H. 1992. The global carbon dioxide flux in soil respiration and its relationship to vegetation and climate. Tellus, 44B: 81-99.

Wang S P, Duan J C J, Xu G P, et al. 2012. Effects of warming and grazing on soil N availability, species composition and ANPP in alpine meadow. Ecology, 93: 2365-2376.

Wischnewski J, Kramer A, Kong Z, et al. 2011. Terrestrial and aquatic responses to climate change and human impact on the southeastern Tibetan Plateau during the past two centuries. Global Change Biology, 17(11): 3376-3391.

Wu J, Feng Y, Zhang X, et al. 2017. Grazing exclusion by fencing non-linearly restored the degraded alpine grasslands on the Tibetan Plateau. Scientific Reports, 7: 15202.

Xian X M, Xue X. 2012. A review of effects of climate warming on terrestrial plant-soil ecosystem. Chinese Bulletin of Life Sciences, 24(5): 492-500.

第4章

西藏"一江两河"流域农区居民食物
消费结构与演变特征

民以食为天，粮食作为生活必需品，是人类社会可持续发展的重要物质保障，在支撑社会经济发展中发挥着不可替代的作用（马恩朴等，2020）。粮食安全是国际社会共同关注的重要议题，其不仅关系到社会经济的发展，也关系到国家政局的稳定（孙倩等，2019），始终是摆在国家面前的头等大事。令人担忧的是，受政治局势、经济发展、气候变化、健康发展等多种因素的影响，全球粮食市场始终波动不安，部分地区依然面临着严峻的粮食安全问题（马恩朴等，2020）。2019 年联合国粮食及农业组织（FAO）发布的《全球粮食危机报告》显示，在过去三年里，全球面临粮食危机的人口数仍超过 1 亿，受影响的国家数量不断上升，粮食危机依然是一项全球挑战。一些国家为了自保限制粮食出口，影响整个粮食体系，进一步加深了全球粮食危机。未来几十年内，全球粮食系统可能将面临越来越大的压力（张盼盼等，2019），粮食安全问题尤为重要，尤其是对于中国这一人口大国。虽然我国已经迈入丰衣足食的小康社会，但随着人口的快速增长、生产资源的减少、消费结构的演变以及国际市场的冲击，粮食危机依然时刻潜伏（张进等，2018；侯鹏等，2018；杨明智等，2019），关注粮食安全问题不容懈怠。

受自然地理环境的影响，青藏高原地区生态脆弱，土地生产力低，资源支撑力弱，粮食自给能力较差，多年以来都是我国粮食短缺地区之一，受到中央政府的高度重视（段健等，2019；封志明等，2008）。西藏作为青藏高原的主要地区，工业发展缓慢，经济水平较差，农牧业成为当地的主要支柱产业，不仅在国民经济中占有重要地位，也是农民收入的主要来源。因此，粮食安全对于西藏自治区至关重要，在促进经济发展、维护民族团结、保障边境安全等多个方面具有特殊意义（成升魁和沈镭，2000；成升魁和闵庆文，2002）。在国家政府的关注支持下，西藏自治区的农牧业得到快速发展。数据显示，和平解放初期，西藏的粮食总产量仅 15.32 万 t，粮食单产水平仅 1185kg/hm²；到了 2018 年，西藏粮食总产量达 104.9 万 t，且自 2015 年起，连续四年保持在 100 万 t 以上水平，粮食单产水平达 5688kg/hm²，增长了近 4 倍（高利伟等，2017a），粮食安全取得了巨大成就。

然而，与全国水平相比，西藏依然存在着粮食结构性短缺（段健等，2019；谷树忠，2000；赵贯锋，2016）、对外依赖程度高（高利伟等，2017a；刘健等，2004）等问题，全区性和局部性的食物短缺尚未得到根本解决（尼玛扎西，2000）。随着城市化、现代化的步伐加快，西藏与内地的交流不断加强，西藏农牧民的生活方式和饮食习惯都发生了显著变化，食物消费结构逐渐朝着多元化的方向发展（高利伟等，2017a；刘天平等，2011）。这些变化对西藏地区的食物供给和区域资源环境提出了新的要求和挑战。在这样的背景下，详尽掌握西藏农牧民食物消费结构、特征，分析其演变规律，对推动西藏农牧业现代化转型，合理引导居民绿色健康食物消费模式，保证西藏地区粮食安全具有重要意义。

鉴于上述背景，本研究以西藏地区主要粮食产地"一江两河"流域农区为研究对象，在科学抽样和调研的基础上，通过入户调查的方式获得"一江两河"流域农区农户家庭 2018 年一整年的食物消费量和消费结构，以深入剖析西藏农牧民的食物消费特征和不同家庭之间的消费差异。同时，结合西藏统计数据和以往相关研究，分析西藏农牧民食物消费的演变特征，并提出促进西藏食物消费结构合理化的政策和建议，以期为西藏农牧民消费结构的改善、膳食营养的提升以及农业生产结构的调整提供科学基础和指导建议。

4.1　研究对象与方法

4.1.1　西藏"一江两河"流域农区概况

西藏"一江两河"流域农区是指雅鲁藏布江、拉萨河、年楚河的中部流域地区，位于西藏自治区南部，流域面积约 6.67 万 km²。该区域东起山南市桑日县，西至日喀则市拉孜县，共包括拉萨市、山南市、日喀则市三个地级市的 18 个县区、231 个乡镇、1890 个村；社会经济发展水平相对较高，总人口达 79.86 万人，约占西藏总人口的 1/3。"一江两河"流域农区的气候为高原温带季风半干旱气候，年平均气温为 6.1～9.1℃，年降水量为 275.7～554.8mm，气候适宜（杜军等，2019）；适用于农业耕种的土地面积约 515.83hm²，约占总面积的 77.5%。20 世纪 80 年代末，西藏地区进行农业经济大开发，"一江两河"流域农区凭借其优越的光、热、水、土等自然资源成为西藏重点农业开发项目，并列入国家"八五""十五""十一五"期间的重点项目。经过一系列综合性开发建设活动，"一江两河"流域农区农业快速发展，粮食生产能力大幅提升，成功实现传统农业到现代农业的转型。到 20 世纪 90 年代，"一江两河"流域农区已经成为青藏高原南部粮食生产基地，是西藏重要粮食产区，被称为"西藏金三角"。

"一江两河"流域农区作为西藏地区的主要粮食产区，拥有 8 个商品粮基地县，占全自治区总数的 4/5。其农业发展与西藏整个地区的粮食安全和居民食物消费密切相关，在一定程度上是西藏粮食生产和消费的缩影。选择其作为案例研究地，研究结果更具有典型性和代表性。此外，"一江两河"流域农区还是藏族的形成和发源地，人口结构以藏族为主体，藏族饮食文化习惯保存相对完整。通过对其食物消费结构的研究，更能反映出西藏农牧民食物消费的演变特征。

4.1.2　数据来源与研究方法

1. 数据来源

1）问卷设计

本次调研主要采用半结构式调查问卷，问卷主要包括三部分内容：一是家庭基本信息，包括家庭人口规模、收入情况、务工情况以及家庭成员信息；二是家庭种植养殖情况，包括种植（养殖）种类、产量、消费量等信息；三是家庭食物消费情况，调查每户家庭对不同种类食物的年消费总量、自产量和购买量。其中，自产量是指自家生产或亲朋好友赠送食物的重量,购买量指市场购买食物的重量。

2)调研抽样

根据"一江两河"流域农区的行政规划,本次调研共涉及拉萨、日喀则、山南三个地级市。首先,结合当地的经济发展水平和产业结构,每个城市选取 5 个县区进行调研,共计 15 个县区,分别为拉萨市的达孜区、林周县、墨竹工卡县、尼木县、曲水县;日喀则市的白朗县、江孜县、拉孜县、南木林县、桑珠孜区;山南市的贡嘎县、乃东区、琼结县、桑日县、扎囊县。其次,每个县区根据家庭规模、收入水平选择 20 户左右农户家庭进行入户调查。县、村抽样在自治区、市、县等政府相关部门的协助下完成;农户抽样在村负责人的协助下完成。

3)调研过程

调研组自 2019 年 8 月 1 ~ 31 日在西藏"一江两河"流域农区开展了为期 31 天的入户访谈,并通过回顾性调查的方式获取居民家庭 2018 年一整年的食物消费数据。其中,食物消费自产量主要结合农户的种植养殖情况和消耗情况计算得出;食物消费购买量则通过回忆的方式获取具体的消费数据。调研结束后,调研组对数据进行了统一的收集、整理,并多次检查、校对、修正,从而保证数据的科学性、准确性。本次调研共有 12人参加,入户调查 306 户家庭,最终获得有效样本 262 份,有效率达 85.62%。

2. 研究方法

1)食物分类

本次调研的食物种类主要包括蔬菜(包括土豆)、水果、蛋类、奶类(包括液体奶、酥油、奶粉、奶渣)、肉类(包括牛肉、猪肉、羊肉、禽肉)、大米、面粉(包括面条、馒头等面食)、青稞(包括糌粑、青稞酒)、啤酒、食用油十大类。其中,所有的食物消费量均为生食的重量,如酥油、奶粉、奶渣均通过转换系数转化为原材料液体奶的重量,面条、馒头等面食则转化为原材料面粉的重量。由于"一江两河"流域农区居民的食用油多为菜籽油,因此在研究食物分类时将其划分为植物性食物。

2)食物消费量核算

(1)食物消费总量。食物消费总量包括食物消费自产量和食物消费购买量两部分,即

$$FC^{Total} = FC^{P} + FC^{B} \tag{4.1}$$

$$FC^{P} = \sum_{i=1}^{10} Q_{pi} \tag{4.2}$$

$$FC^{B} = \sum_{i=1}^{10} Q_{bi} \tag{4.3}$$

式中，FC^{Total} 为一年之内食物消费的总量；FC^P 为食物消费自产量；FC^B 为食物消费购买量；Q_{pi} 为第 i 种食物的年自产量，kg；Q_{bi} 为第 i 种食物的年购买量，kg。

（2）人均食物消费量。为评估西藏"一江两河"流域农区农户家庭的食物消费水平和消费结构，以户为单位，计算人均年食物消费量，即

$$AFC = \frac{FC^{Total}}{N} \tag{4.4}$$

式中，AFC 为人均食物消费量，kg/（人·a）；N 为实际家庭人数。

（3）食物消费自给率。食物消费自给率是指食物消费自产量占食物年消费总量的比率，通常可以衡量和比较不同地区的粮食供给情况。其计算公式为

$$W = FC^P / FC^{Total} \times 100\% \tag{4.5}$$

式中，W 为食物消费自给率，%。

4.2 西藏"一江两河"流域农区居民食物消费研究结果

4.2.1 样本概况

从人口规模来看，本次调研获得的有效样本（262 户）中，人口规模在 1 ～ 15 人，家庭平均人口为 6 人，以 4 人家庭、6 人家庭居多，分别占样本总量的 19.85%、16.79%（图 4.1）。

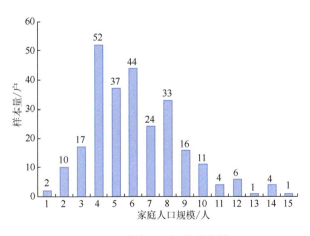

图 4.1　家庭人口规模分布情况

从务工情况来看，87.40% 的家庭中有外出务工人员，每户家庭的外出务工人数在 0 ～ 6 人，以 2 人居多，占样本总量的 37%；务工人数占家庭总人数的平均比例为 29.42%（图 4.2）。

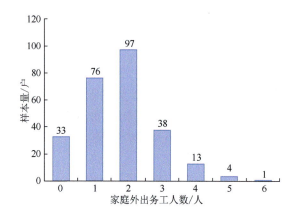

图 4.2　家庭务工人数分布情况

从年龄结构来看，受访农户的家庭平均年龄在 15.38 ～ 67.50 岁，其中，平均年龄在 30 ～ 40 岁的家庭最多，50 岁以上的家庭最少，调研样本的家庭年龄结构相对年轻化（图 4.3）。

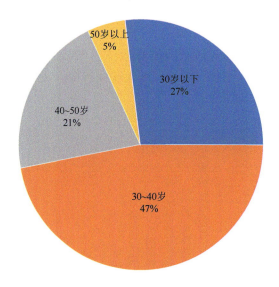

图 4.3　家庭平均年龄分布情况

从家庭年收入来看，受访农户的家庭年收入在 0 ～ 180 万元，其中年收入在 1 万～ 5 万元家庭最多，占样本总量的 45%，其次为 5 万～ 10 万元、10 万～ 15 万元的样本；年收入 1 万元以下家庭最少，占样本总量的 3%（图 4.4）。

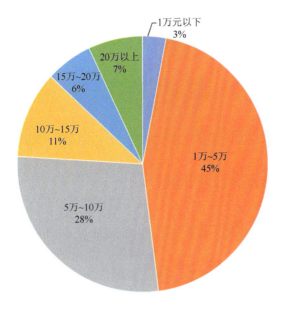

图 4.4 家庭年收入分布情况

4.2.2 "一江两河"流域农区居民食物消费的总体特征

图 4.5 显示了"一江两河"流域农区农户的植物性食物和动物性食物消费情况。从图中可以看出,无论是食物消费总量还是人均食物消费量,植物性食物的消费均远多于动物性食物的消费。其中,262 户家庭食物消费总量为 760214.29kg/a,植物性食物消费总量为 582539.01kg/a,占比为 76.63%;动物性食物消费总量为 177675.28kg/a,占比为 23.37%,植物性食物的消费量约为动物性食物的 3.28 倍 [图 4.5 (a)]。而人均食物消费总量为 487.04kg/a,人均植物性食物消费量为 361.69kg/a,占比为 74.26%;人均动物性食物消费量为 125.35kg/a,占比为 25.74%,人均植物性食物消费量是动物性食物消费量的 2.89 倍 [图 4.5 (b)]。

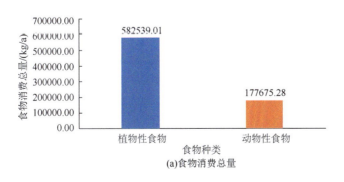

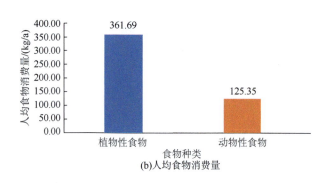

(b)人均食物消费量

图 4.5　不同类别食物消费量

　　表 4.1 和图 4.6 则显示了"一江两河"流域农区农户各类食物的消费情况和自给率。从各类食物的消费总量和消费比例来看，蔬菜的消费占比最高，其消费量约占食物消费总量的 30.89%。其次是青稞，青稞作为青藏高原地区特色的谷类作物，长期以来都是藏族同胞的主要粮食，消费占比可达 22.68%。其中，约有 50.33% 的青稞用于制作糌粑，49.67% 的青稞用于酿造青稞酒。青稞（糌粑）的消费量占食物消费总量的比例为 11.42%，略高于面粉（9.14%）、大米（6.53%）等其他粮食种类。此外，得益于"一江两河"流域农区稳定发展的畜牧业，奶类和肉类的消费量也相对较高，分别占食物消费总量的 13.30%、9.01%。而水果（3.36%）、食用油（2.77%）、啤酒（1.26%）、蛋类（1.06%）的消费占比则相对较低 [图 4.6（a）]。人均食物消费结构比例与食物消费总量类似 [图 4.6（b）]，但不同的是青稞、蔬菜和食用油的比例有所下降，奶类、肉类等其他食物的比例有所上升。尤其是青稞和奶类食物，消费比例变动幅度约为 2%。

　　在植物性食物人均消费中，蔬菜和粮食占据了主要地位，分别占植物性食物消费总量的 39.92% 和 36.45%；其次为酿酒所需青稞，占比 13.08%；而水果、食用油、啤酒的消费量则相对较少，三者消费合计占比仅为 10% 左右（表 4.1、图 4.7）。其中，青稞（糌粑）和面粉是藏族同胞主要消费的粮食作物，两种食物的人均消费量分别为 52.31kg/a、46.74kg/a，约是大米人均消费量（32.77kg/a）的 1.5 倍左右。在动物性食物人均消费中，奶类和肉类是主要的消费食物，约有六成的消费来自奶类，而蛋类的消费占比则不足 5%（表 4.1、图 4.7）。

　　由于藏族同胞对青稞酒的消费量较大，且成品青稞酒中 80% 为水的重量，因此在上述分析"一江两河"流域农区居民食物消费结构时仅计算了青稞酒所消耗的青稞的重量。若以成品青稞酒的重量来计算，当地居民青稞酒的消费总量为 428251.25kg，占食物消费总量的比例为 38.83%；人均青稞酒消费量为 236.46kg/a，占人均食物消费总量的 34.97%。可见，青稞酒作为西藏地区的传统食物，在藏族同胞的饮食文化中依然占据重要地位。

　　从各类食物的自给率来看，青稞的自给率最高，为 98.72%，其中，青稞酒的自给率（99.20%）略高于糌粑的自给率（98.56%）。其次是食用油，当地居民的食用油主要为菜籽油，来自西藏主要农作物之一——油菜，自给率可高达 92.59%。其余自给率较高的食物有奶类（88.27%）、面粉（72.63%）、肉类（64.53%）、蔬菜（60.17%），其消费量也相对较高；而水果（1.67%）、大米（1.01%）、啤酒（0.13%）的自给率和消费量均较低。总体来说，当地的食物消费主要依靠本地供应。

表 4.1　"一江两河"流域农区居民家庭食物消费总量和人均消费量

	食物分类	消费总量 /(kg/a)	自产量 /(kg/a)	购买量 /(kg/a)	自给率 /%	人均消费量 /(kg/a)
植物性食物	蔬菜	234838.21	141293.50	93544.71	60.17	144.40
	水果	25528.90	425.00	25103.90	1.67	18.53
	大米	49632.00	500.00	49132.00	1.01	32.77
	面粉	69496.71	50473.37	19023.34	72.63	46.74
	青稞	172446.75	170244.75	2202.00	98.72	99.64
	青稞（糌粑）	86796.50	85546.50	1250.00	98.56	52.31
	青稞酒	428251.25	424816.25	3435.00	99.20	236.46
	啤酒	9569.00	12.00	9557.00	0.13	6.31
	食用油	21027.44	19469.8	1557.64	92.59	13.30
动物性食物	蛋类	8043.69	1944.63	6099.06	24.18	5.31
	奶类	101144.31	89283.74	11860.57	88.27	74.46
	肉类	68487.28	44193.75	24293.53	64.53	45.58

注：青稞消费量是指用于制作糌粑和青稞酒所消费的青稞的总量；青稞（糌粑）消费量是指用于制造糌粑所消费的青稞量；青稞酒消费量是指成品酒的重量，与青稞的转化比例为 5：1。由于成品青稞酒的消费量过大，容易掩盖其他食物消费量，因此在研究各类食物消费总量及消费结构时，采用青稞消费量进行统计。

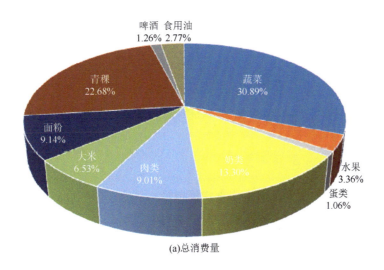

(a)总消费量

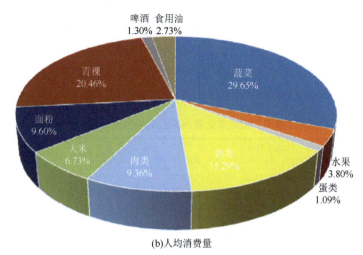

(b)人均消费量

图 4.6 各类食物消费量占食物消费总量的比例

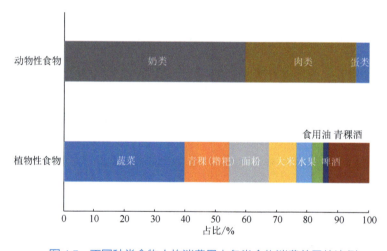

图 4.7 不同种类食物人均消费量占各类食物消费总量的比例

4.2.3 "一江两河"流域农区居民食物消费结构差异

1. 不同地区居民消费结构差异

表 4.2 显示了不同地区的家庭人均食物消费量。从地区生产总值总量来看，三个调研地区拉萨市经济基础和城市化发展水平最高，日喀则市次之，山南市相对较弱。结合表 4.2 的数据以及三个地区的经济发展水平可以看出，经济发展水平较高的地区大米、面粉、食用油、肉类食物消费相对较少。从人均消费总量上来看，日喀则市的人均食物消费总量最高，为 513.52kg/a，其次是拉萨市（492.55kg/a），山南市（459.20kg/a）最低（表 4.2）。其中，青稞消费量是影响三个地区食物消费总量差异的主要因素。

在植物性食物消费方面,蔬菜和粮食依然是三个地区主要的消费食物。其中,蔬菜在所有食物种类中消费最高,三个地区的人均蔬菜消费量均高于140kg/a,且日喀则市的人均蔬菜消费量最高,为149.72kg/a,高于总体人均蔬菜消费水平(144.40kg/a)。而粮食消费方面,三地的消费差异较大,日喀则市的人均粮食消费量最高,为139.73kg/a,其次为拉萨市(133.30kg/a),山南市则相对较少(123.66kg/a)。此外,三个地区的粮食消费结构差异较大,拉萨市和日喀则市以青稞(糌粑)消费为主,青稞(糌粑)的人均消费量分别占人均粮食消费总量的45.17%、47.62%,而山南市则以面粉消费为主,人均面粉消费量占人均粮食消费总量的比例可达45.18%,而青稞(糌粑)仅为25.12%,人均消费量仅为拉萨市和日喀则市的一半。青稞酒是三地消费差异最大的食物,日喀则市作为西藏青稞的主产区,人均青稞酒消费量(453.82kg/a)远高于其他地区,约分别是拉萨市和山南市消费量的2.10倍和5.14倍。三个地区在水果、啤酒、食用油上的消费均相对较少,没有存在明显的差异。

在动物性食物消费方面,三个地区的奶类和肉类食物消费量均较高,而蛋类的消费量则远低于前两者。奶类是三个地区消费量最高的动物性食物,且人均消费量差异较大,人均消费量最高的拉萨市(88.45kg/a)是消费量最低的日喀则市(50.76kg/a)的1.74倍。对于肉类,三个地区的人均消费量呈现出了随经济发展水平下降的趋势,经济发展水平最高的拉萨反而消费量最少,与人均消费量最高的山南市相差约10kg/a。对于蛋类,三地的人均消费量均较低,不足10kg/a,拉萨市和山南市两地的蛋类消费量均低于总体的消费水平(5.31kg/a)。

表 4.2　不同地区居民家庭人均食物消费量比较　　　　　（单位：kg/a）

食物种类		地区		
		拉萨市	日喀则市	山南市
植物性食物	蔬菜	143.65	149.72	141.06
	水果	18.86	11.63	23.90
	大米	30.31	31.67	36.73
	面粉	42.78	41.52	55.87
	青稞	103.36	157.31	48.73
	青稞（糌粑）	60.21	66.54	31.06
	青稞酒	215.78	453.82	88.34
	啤酒	7.35	3.08	7.63
	食用油	11.15	16.79	13.17
动物性食物	蛋类	5.07	6.18	4.90
	奶类	88.45	50.76	76.06
	肉类	41.57	44.86	51.15
所有食物		492.55	513.52	459.20

注:计算所有食物消费总量时仅计算青稞酒所需青稞消费量。

图 4.8 显示了三个地区不同食物消费量的分布情况。从植物性食物人均消费量的分布来看:①蔬菜消费上,拉萨市的分布最为集中,其次是日喀则市和山南市,且三个地区均呈右偏分布,消费量多集中在大值区域 [图 4.8(a)].②粮食消费上,三个地

区对大米、面粉的消费差异较小，而对青稞（糌粑）的消费则存在较大差异。其中，山南市的青稞（糌粑）消费最为集中，且整体上消费量要小于另外两个地区；而日喀则市的青稞消费最分散，不同家庭之间消费差异较大 [图 4.8（a）]。青稞酒的消费分布与青稞（糌粑）分布结构相似 [图 4.8（b）]。③水果消费上，日喀则市最为集中，拉萨市和山南市较为分散，且三地均呈明显的右偏分布 [图 4.8（c）]。④啤酒和食用油消费上，拉萨市和山南市的消费分布特征一致，均呈右偏分布，日喀则市则与两地差异较大。在啤酒消费上，日喀则市消费极少，没有明显的分布特征；在食用油消费上，日喀则市的消费数据更加分散，各居民家庭间消费差异较大 [图 4.8（c）]。

从动物性食物人均消费量的分布来看，三地在蛋类、奶类、肉类的消费上均呈现右偏分布，消费集中在较大值区域，其中：①三地的蛋类消费均较少，没有表现出明显的分布特征；②三地的肉类消费分布呈现出一致性，肉类消费差异较小；③奶类消费上，整体上三地消费均较分散，尤其是拉萨市，而日喀则市的消费则相对集中 [图 4.8（d）]。

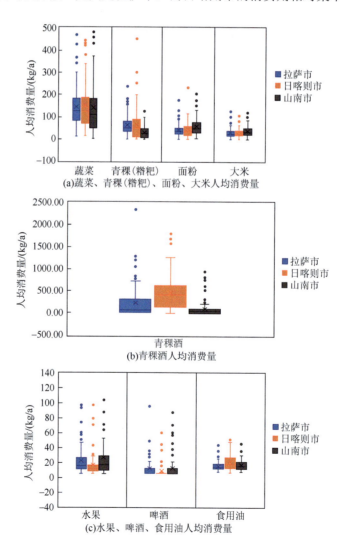

(a)蔬菜、青稞（糌粑）、面粉、大米人均消费量

(b)青稞酒人均消费量

(c)水果、啤酒、食用油人均消费量

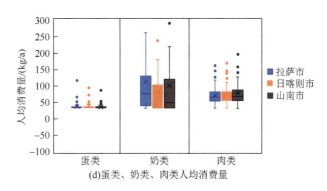

(d)蛋类、奶类、肉类人均消费量

图 4.8　不同地区各类食物消费量分布情况

2. 不同收入水平居民消费结构差异

根据调查样本的家庭人均年收入分布情况，将其分为 1 万元以下、1 万～2 万元、2 万～3 万元、3 万元以上四个区间，用来衡量居民收入水平。表 4.3 则显示了不同收入水平下居民家庭的人均食物消费情况，总体来看，家庭收入水平越高，人均食物消费总量也越大，3 万元以上的家庭人均食物消费总量最多，达 626.85kg/a，而 1 万元以下的家庭人均食物消费总量最少，为 469.55kg/a，前者约为后者的 1.3 倍（表 4.3）。除人均食物消费总量外，人均年收入水平较高的家庭在蔬菜、肉类、大米、啤酒的消费上也高于收入水平较低的家庭。

从植物性食物消费来看，蔬菜的消费量总体上随收入水平的提升而不断增加，尤其是当家庭人均收入水平上升到 3 万元时，对蔬菜的消费量会显著增加。在粮食消费上，人均消费总量最多的为 3 万元以上家庭（138.87kg/a），最少的为 2 万～3 万元家庭（129.60kg/a），如表 4.3 和图 4.9（a）所示。具体到粮食细分种类，收入水平在 3 万元以下的家庭在大米和面粉上的消费差异较小，且收入水平越高的家庭消费量也越大，而收入水平在 3 万元以上的家庭则消费量略有差异。不同收入水平的家庭对青稞（糌粑）的消费量则差异较大，人均消费量最高的为 3 万元以上的家庭，最少的为 2 万～3 万元家庭 [表 4.3、图 4.9（a）]。不同家庭之间青稞酒的消费差异最大，人均消费量最高的依然为 3 万元以上家庭，其消费量是消费最少的 1 万～2 万元家庭的 2.05 倍 [表 4.3、图 4.9（b）]。在水果消费上，1 万元以下家庭的水果人均消费量显著低于其他收入家庭。由于当地气候条件恶劣，不宜种植水果，"一江两河"流域农区居民消费的水果大多来自外地，从表 4.1 可以看出，当地的水果自给率只有 1.67%。再加上交通不便，运输成本昂贵，当地水果价格相对较高，因此家庭经济条件是影响居民水果消费的重要因素。在啤酒消费上，人均消费量最多的为 3 万元以上的家庭（12.91kg/a），消费量明显高于低收入水平家庭。而在人均食用油消费上，不同收入水平的家庭消费差异较小，在 12.33 ～ 13.51kg/a 波动变化 [表 4.3、图 4.9（c）]。

从动物性食物消费来看，收入越高的家庭对肉类的消费越多，对蛋类的消费反而越少，但不同收入水平的家庭在肉类和蛋类上的消费差异并不大，尤其是蛋类，人均消费量最多的 1 万元以下的家庭（5.38kg/a）仅比人均消费量最少的 3 万元以上家庭（5.09kg/a）多 0.29kg/a。但不同收入水平的家庭对奶类的消费差异较大，人均消费量最大的是 2 万～3 万元家庭，其次是 3 万元以上家庭，2 万元以下家庭的奶类人均消费量则显著下降 [表 4.3、图 4.9（d）]。

表 4.3　不同收入水平下居民家庭人均食物消费量比较　　（单位：kg/a）

食物种类	收入水平			
	1 万元以下	1 万～2 万元	2 万～3 万元	3 万元以上
蔬菜	135.67	149.24	141.59	193.22
水果	13.12	26.78	24.59	22.50
大米	32.30	32.30	33.22	37.14
面粉	46.49	47.89	48.82	41.04
青稞	102.12	87.31	93.00	155.44
青稞（糌粑）	52.22	52.32	47.56	60.69
青稞酒	249.59	174.95	227.15	358.93
啤酒	5.67	6.55	3.85	12.91
食用油	13.33	13.51	12.33	13.40
蛋类	5.38	5.27	5.14	5.09
奶类	72.16	63.03	102.85	95.73
肉类	43.31	47.92	48.63	50.38
所有食物	469.55	479.80	514.02	626.85

注：计算所有食物消费总量时仅计算青稞酒所需青稞消费量。

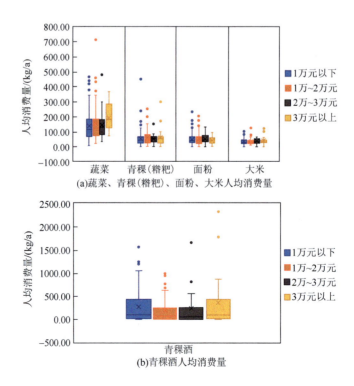

(a)蔬菜、青稞（糌粑）、面粉、大米人均消费量

(b)青稞酒人均消费量

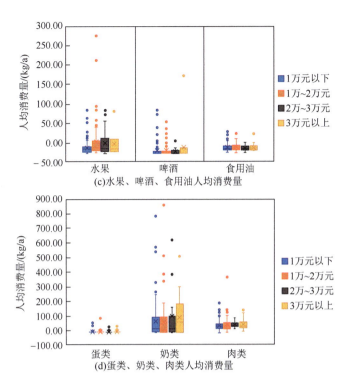

图 4.9　不同收入水平下各类食物消费量分布情况

3. 不同务工规模居民消费结构差异

在调查的 262 户有效样本里,87.40% 的家庭存在务工人员,外出务工是"一江两河"流域农区居民重要的生计方式之一。务工不仅能为居民带来生计资本,同时也带来了不同的饮食文化和观念,从而进一步影响当地的饮食消费结构。因此以家庭务工人数与家庭实际人口的比例代表务工规模,并根据样本务工规模的分布情况将其划分为 0.1 以下、0.1 ~ 0.3、0.3 ~ 0.5、0.5 以上四个区间,分析不同家庭务工规模下居民消费结构的差异,如表 4.4 所示。从人均食物消费总量来看,务工规模在 0.3 ~ 0.5 的家庭人均食物消费总量最多,为 526.77kg/a,其次是务工规模为 0.5 以上的家庭和 0.1 以下的家庭,而务工规模在 0.1 ~ 0.3 的家庭消费量最少,为 451.91kg/a(表 4.4)。此外,随着家庭务工规模的上升,啤酒、食用油、蛋类、奶类的消费量总体上也呈现出了上升趋势,而粮食的消费量有所下降。

在植物性食物消费上,不同务工规模的家庭人均食物消费差异主要体现在粮食消费总量和蔬菜、青稞酒、啤酒消费量。在粮食消费上,非务工家庭的消费量要高于务工家庭。务工规模在 0.1 以下的家庭消费量最多,人均年消费量达 149.84kg/a,而务工规模在 0.1 以上的家庭则人均消费差距较少,均为 130kg/a 左右 [表 4.4、图 4.10(a)]。在蔬菜消费上,务工规模在 0.1 ~ 0.3 的家庭消费量最少,务工规模在 0.3 ~ 0.5 的家庭消费量最多 [表 4.4、图 4.10(a)]。不同务工规模家庭在青稞酒的消费上差异较大,当家庭务工规模小于 0.5 时，青稞酒人均消费量普遍较高；而当务工规模大于 0.5 时，青稞酒的人均消费量仅有 145.94kg/a，显著小于其他务工规模的家庭 [表 4.4、图 4.10（b）]。可见，随着务工规模的扩大，藏族同胞受外来饮食文化影响加强，对当地传统饮食结构造成了冲击。啤酒是家庭务工规模影响最大的食物种类，务工规模比例越高，啤酒的消费量也越高，且消费量差异较大，务工规模在 0.5 以上家庭的啤酒消费量是其他务工规模家庭的数倍 [表 4.4、图 4.10（c）]。在食用油消费上，其消费量总体上随着务工规模的提升而增加；在水果消费上，务工规模在 0.5 以上的家庭消费量远多于其他家庭 [表 4.4、图 4.10（c）]。

在动物性食物消费上，蛋类和奶类总体上随着家庭务工规模的提升而增加。其中，蛋类消费量均较少，各类家庭消费差异较小；而奶类消费差异较大，务工规模在 0.3 以上的家庭的奶类人均消费量显著高于务工规模在 0.3 以下的家庭。而在肉类消费上，消费量随着务工规模的提升先下降后上升，务工规模 0.1 以下的家庭消费量最多，务工规模在 0.1 ~ 0.3 的家庭最少 [表 4.4、图 4.10（d）]。

表 4.4　不同务工规模下居民家庭人均食物消费量比较　　　（单位：kg/a）

食物种类	务工规模			
	0.1 以下	0.1 ~ 0.3	0.3 ~ 0.5	0.5 以上
蔬菜	153.20	130.02	160.19	148.81
水果	17.73	14.29	15.56	32.08
大米	40.49	31.07	31.35	33.15
面粉	58.07	43.19	44.21	50.21
青稞	99.59	102.88	113.08	75.99
青稞（糌粑）	51.28	56.14	51.48	45.82
青稞酒	241.66	233.71	308.00	145.94
啤酒	0.34	5.42	6.93	11.43
食用油	12.02	13.43	14.52	12.24
蛋类	4.48	4.37	7.36	5.16
奶类	59.79	65.40	88.90	84.79
肉类	53.49	41.84	44.67	49.58
所有食物	499.20	451.91	526.77	503.44

注：计算所有食物消费总量时仅计算青稞酒所需青稞消费量。

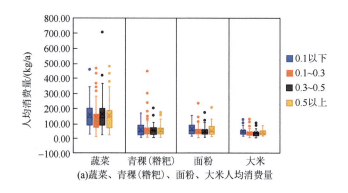

(a)蔬菜、青稞（糌粑）、面粉、大米人均消费量

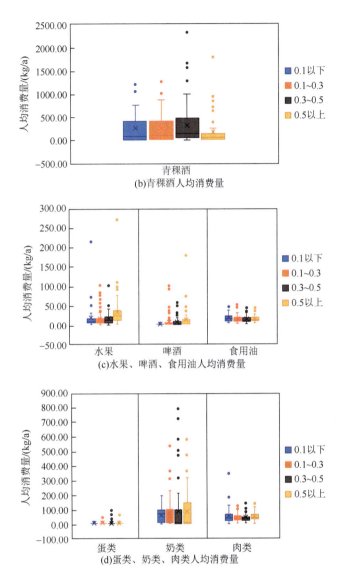

图 4.10 不同务工规模下各类食物消费量分布情况

4. 不同年龄阶段居民消费结构差异

不同年龄群体的思想观念、文化信仰不同,其食物消费结构也有所差异。根据调查样本的家庭成员信息,计算家庭平均年龄,并根据样本分布情况将其分为 30 岁以下、30 ~ 40 岁、40 ~ 50 岁、50 岁以上四个家庭年龄阶段。表 4.5 则显示了不同年龄阶段下居民家庭人均食物消费情况。总体来看,随着家庭年龄阶段的上升,家庭人均食物消费的总量也不断增加,50 岁以上的家庭人均消费总量最高,为 568.48kg/a,分别是30 岁以下、30 ~ 40 岁、40 ~ 50 岁家庭的 1.22 倍、1.20 倍、1.09 倍(表 4.5)。其中,蔬菜和粮食的消费量是主要的影响因素。

就植物性食物消费而言，蔬菜和粮食的人均消费量都呈现出总体上随着家庭年龄上升而增加的趋势，且不同家庭之间的消费差异较大。蔬菜的最高人均消费量（177.62kg/a）是其最低人均消费量（136.96kg/a）的 1.30 倍；粮食的最高人均消费量（154.17kg/a）则是其最低人均消费量（113.39kg/a）的 1.36 倍。在粮食消费中，大米和面粉的人均消费量均随着家庭年龄的增加而增加，尤其是面粉，增加幅度最大；而青稞（糌粑）的消费则没有呈现明显的分布规律 [表 4.5、图 4.11（a）]。青稞酒的人均消费量则差异较大，50 岁以上的家庭青稞酒人均消费量显著高于其他年龄阶段的家庭，相比之下，中老年人对传统饮食文化的继承更为完整 [表 4.5、图 4.11（b）]。除此之外，水果和食用油的人均消费量虽然较少，但也呈现出一致的特征，总体上家庭年龄越大，消费量越大。而啤酒的人均消费量主要集中在 40 ～ 50 岁家庭中，通常这些家庭成员多为青壮年，外出务工比例大，对啤酒的需求量远高于其他年龄的家庭 [表 4.5、图 4.11（c）]。

就动物性食物消费而言，不同年龄阶段的家庭消费差异较大。30 岁以下和30 ～ 40 岁的家庭以奶类消费为主，且在蛋类和肉类消费上相差无几，30 岁以下的家庭奶类人均消费量最高；40 ～ 50 岁家庭的肉类消费量明显高于 40 岁以下的家庭，而蛋类人均消费量最少，仅 3.59kg/a；50 岁以上的家庭则以肉类消费为主，肉类和蛋类均是消费量最多的家庭年龄阶段，而奶类消费量却远低于其他年龄阶段的家庭，对于老年人来说饮食结构较不合理，容易引发高血压等心血管疾病 [表 4.5、图 4.11（d）]。

表 4.5　不同年龄阶段下居民家庭人均食物消费量比较　　　（单位：kg/a）

食物种类	年龄			
	30 岁以下	30 ～ 40 岁	40 ～ 50 岁	50 岁以上
蔬菜	143.10	136.96	154.99	177.62
水果	16.32	15.61	25.92	26.88
大米	30.53	32.36	35.57	36.89
面粉	37.91	44.88	58.06	64.25
青稞	88.90	111.15	88.71	93.79
青稞（糌粑）	44.95	55.10	60.54	30.46
青稞酒	219.73	280.28	140.87	316.76
啤酒	6.63	4.49	11.53	0.00
食用油	11.31	14.21	13.42	14.66
蛋类	5.88	5.28	3.59	9.62
奶类	80.61	70.35	80.10	56.63
肉类	43.52	39.56	51.72	88.14
所有食物	464.71	474.85	523.61	568.48

注：计算所有食物消费总量时仅计算青稞酒所需青稞消费量。

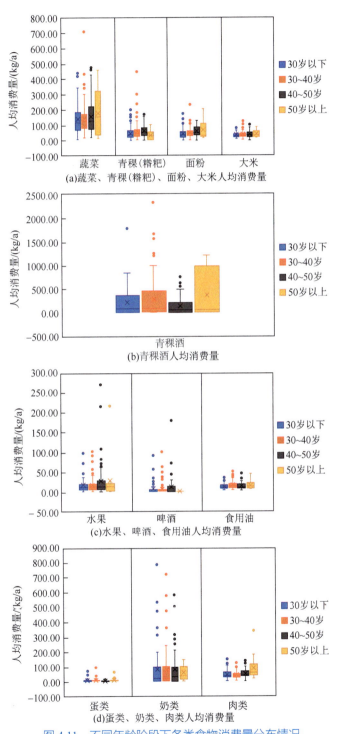

图 4.11　不同年龄阶段下各类食物消费量分布情况

5. 不同种植规模居民消费结构差异

西藏地区传统饮食习惯的形成有着特殊的地理环境特征，当地农作物的生产状况是藏族同胞传统饮食习惯形成的客观物质基础（刘天平等，2011）。目前，"一江两河"流域农区农业种植以小麦、青稞、油菜为主，这些农作物在很大程度上影响了当地居民的食物消费结构。结合调查样本的农业种植情况，以"家庭人均种植面积（亩）"为单位衡量不同种植规模下居民对相应食物的消费差异，从而分析农业种植结构对居民食物消费的影响。表4.6、图4.12则分别显示了小麦、青稞、油菜三种农作物不同种植规模下居民面粉、青稞和食用油的人均消费量。总体来看，居民食物消费量与种植规模密切相关，随着种植规模的扩大，相应的食物消费量也不断增加。

但食物种类不同，其消费量和种植规模之间的变化幅度也有所差异。同为1～2亩的种植规模，面粉的人均消费量为52.50kg/a，约是0亩种植规模下面粉的人均消费量的1.58倍，0～1亩种植规模下面粉的人均消费量的1.16倍；而青稞的人均消费量为106.65kg/a，约分别是0亩、0～1亩种植规模下青稞人均消费量的3.11倍和1.58倍[表4.6、图4.12（a）、图4.12（b）]。相比于面粉，青稞的种植规模对居民食物消费的影响更为显著，但是当居民的青稞人均种植面积达到2亩以上时，种植规模对消费量的影响减弱，居民的青稞消费量分布相对集中。而食用油作为居民每日食物消费的必需品，其消费量受种植规模的影响相对较小，人均消费量最少的为0～0.5亩种植规模的家庭，最多的为1亩以上种植规模的家庭，后者仅是前者的1.65倍，而面粉和青稞的最大人均消费量分别是最小人均消费量的1.89倍和4.48倍[表4.6、图4.12（c）]。

表4.6　不同种植规模下居民家庭人均食物消费量比较　　　（单位：kg/a）

小麦人均种植面积	面粉人均消费量	青稞人均种植面积	青稞人均消费量	油菜人均种植面积	食用油人均消费量
0亩	33.26	0亩	34.24	0亩	14.46
0～1亩	45.29	0～1亩	67.36	0～0.5亩	10.61
1～2亩	52.50	1～2亩	106.65	0.5～1亩	14.66
2亩以上	62.71	2～3亩	134.75	1亩以上	17.48
		3亩以上	153.55		

注：青稞消费量既包含用于制造糌粑的青稞，也包含用于酿酒的青稞。

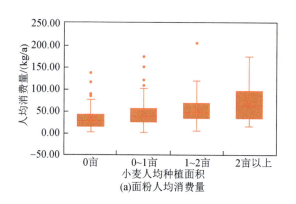

(a)面粉人均消费量

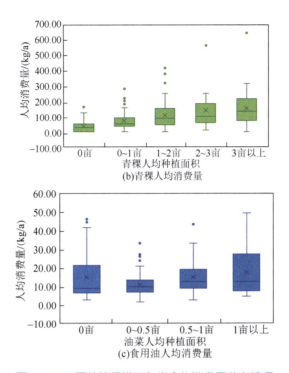

图 4.12　不同种植规模下各类食物消费量分布情况

4.3　西藏地区农村居民食物消费结构演变特征

近年来,随着西藏地区生产力和经济发展水平的提高,以及与内地往来交流的频繁,人民生活得到极大改善,其饮食消费结构也随之改变。研究西藏地区农村居民食物消费结构的演变,不仅有助于改善居民营养结构,合理膳食,同时有利于农业生产结构调整,实现资源合理高效利用。本章结合《西藏统计年鉴》数据和本次实地调研数据,选取 2000～2018 年关键年份的西藏农村居民消费数据,分析 21 世纪以来西藏地区农村居民的食物消费结构演变特征。表 4.7 为各个年份西藏农村居民的食物消费量。

表 4.7　2000～2018 年西藏农村居民食物消费量　　［单位：kg/(人·a)］

食物种类	2000 年	2002 年	2004 年	2006 年	2008 年	2010 年	2012 年	2014 年	2016 年	2018 年
粮食	249.23	244.52	214.85	245.28	224.90	239.15	245.43	239.23	274.63	181.17
大米	28.04	36.28	39.30	47.69	35.05	45.39	38.28	45.82	67.69	32.77
面粉	75.74	62.71	65.81	75.54	74.62	77.14	62.43	81.75	90.58	46.74
粗粮(青稞)	145.45	145.53	109.74	122.05	115.23	116.62	144.72	111.66	116.36	101.66
蛋类	0.64	0.61	0.43	1.46	0.63	0.87	0.56	1.09	1.74	5.31
奶类	12.25	14.01	36.09	43.04	35.01	78.27	33.60	42.91	21.67	74.46
肉类	11.84	11.41	10.99	23.29	17.46	15.99	21.31	49.07	41.02	45.58

续表

食物种类	2000 年	2002 年	2004 年	2006 年	2008 年	2010 年	2012 年	2014 年	2016 年	2018 年
食用油	5.00	7.48	2.68	4.88	6.21	6.16	5.86	14.00	14.66	13.30

注：2000～2016 年的数据来自《西藏统计年鉴》，2018 年的数据为本次实地调研数据；统计年鉴中关于大米和面粉的数据采用的是原粮，调研采用的是成品粮，在此全部转化为成品粮，水稻和小麦的转化系数分别为 0.7、0.8；虽然本次调研未获得粗粮消费数据，但西藏地区粗粮消费主要为青稞，因此将调研获得的青稞数据近似作为粗粮数据进行对比；由于本次调研中居民消费的食用油多为菜籽油，因此仅选取统计年鉴中的植物油数据进行对比。

4.3.1　西藏地区农村居民食物消费量的演变

图 4.13 显示了西藏地区农村居民植物性食物消费量的变化趋势，整体来看，粮食消费量在波动中略有下降，食用油的消费量在不断上升。在各类粮食消费中，粗粮（青稞）的消费量最多，始终是当地居民的主要口粮，其次是面粉和大米。其中，大米和面粉的消费呈现出相同的变化趋势，2000～2016 年，二者的消费量不断上升，尤其是大米，从 2000 年的人均消费量 28.04kg/a 增加到 2016 年的 67.69kg/a，增加了 1.41 倍；而面粉的增长速度则相对缓慢，相比于 2000 年，2016 年的消费量增长了 20%。到了 2016～2018 年阶段，二者的消费量均有所下降，年人均消费量不足 50kg/a。粗粮（青稞）的消费量则变化幅度较大，总体呈现下降趋势。2000 年西藏地区的粗粮（青稞）人均消费量为 145.45kg/a，到了 2018 年仅 101.66kg/a，下降了 30%[图 4.13（a）]。而人均粮食消费总量则呈现出平稳中略有下降的趋势，2000～2016 年，西藏地区的人均粮食消费总量较为稳定，保持在 200kg/a 以上；2016～2018 年，人均粮食消费总量有所下降，但与全国农村相比（2017 年全国农村人均粮食消费量为 154.60kg/a）（汪希成和谢冬梅，2020），仍保持较高消费水平 [图 4.13（b）]。与粮食消费不同，2000～2018 年，西藏地区食用油的人均消费量不断增加，且保持着持续上涨的趋势。

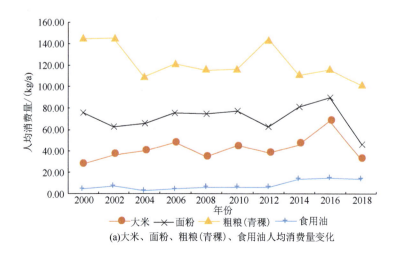

(a)大米、面粉、粗粮(青稞)、食用油人均消费量变化

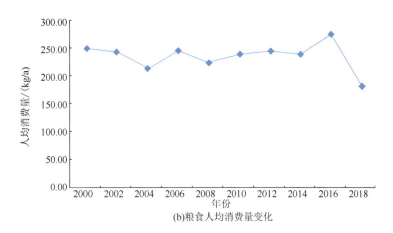

(b)粮食人均消费量变化

图 4.13　2000 ～ 2018 年西藏地区农村居民植物性食物消费量变化

　　受数据获取的限制,本次调研将土豆归入蔬菜进行统计,因此与统计数据相差较大,暂未进行比较分析。但根据高利伟等(2017b)2010 年的相关调查可以看出(该调查同样将土豆归入蔬菜统计),2010 年拉萨市、日喀则市、山南市的蔬菜人均消费量分别为 122.20kg、129.40kg、133.20kg,而 2018 年三地的蔬菜人均消费量分别为 143.65kg、149.72kg、141.06kg,三个地区的蔬菜消费量均有所增加。

　　图 4.14 显示了西藏地区农村居民动物性食物消费量的变化趋势,其中蛋类和肉类整体呈上升趋势,而奶类消费则呈现不稳定性,不同年份之间变化较大。蛋类消费上,2000 ～ 2012 年,西藏地区的蛋类消费极其匮乏,多数年份人均消费量不足 1kg/a;到了 2014 年之后,蛋类人均消费才有了明显的提升,且不断增加到 2018 年的 5.31kg/a,但与全国农村蛋类人均消费量 8.90kg/a 相比仍有不少差距(汪希成和谢冬梅,2020)。

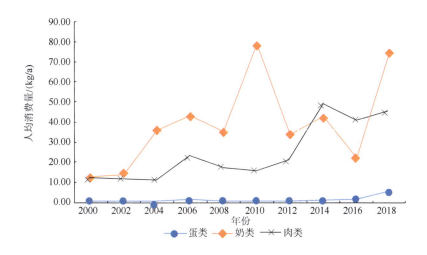

图 4.14　西藏地区农村居民动物性食物消费量变化

肉类消费上，2000～2018年整体上呈波动上升趋势，但2012年之前消费量相对较少，人均年消费量不足25kg/a；2012年之后，肉类人均消费量迅速增加到40～50kg/a，是2012年之前人均消费量的2～3倍。而奶类消费则呈现出较大的波动，多数年份的人均消费量在30～50kg/a，2002年之前的消费量相对较少，不足15kg/a，而人均消费量较大的2010年可达78.27kg/a，不同年份之间差异显著。

4.3.2 西藏地区农村居民食物消费结构的演变

随着食物消费量的变化，西藏地区农村居民的食物消费结构也不断变动。从植物性和动物性食物的消费占比来看（图4.15），2000～2018年，植物性食物所占比例始终高于动物性食物，但两者的差距不断缩小。其中，植物性食物的消费占比不断下降，从2000年的91.13%下降到2018年的60.81%，减少30.32%；而动物性食物的消费占比则不断上升，从8.87%上升到39.19%。植物性食物和动物性食物占比差距逐渐缩小，出现以植物性食物为主向植物性食物和动物性食物并重的结构转变，这与当前我国居民食物消费结构的变化趋势相一致（翟凤英等，2005；李哲敏，2007）。

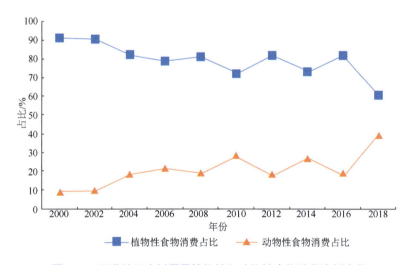

图4.15 西藏地区农村居民植物性和动物性食物消费比例变化

从植物性食物内部的消费结构来看（图4.16），2000～2018年，大米和面粉的消费占比波动较小，前者年均变化幅度在3%左右，后者年均变化幅度约为4%；粗粮（青稞）的消费占比则变动幅度较大，除2012年、2018年占比有所上升外，整体呈现占比下降趋势，相比2000年，2016年占比下降16.99%；而食用油的消费占比则呈现出稳定的上升趋势，尤其是2014年以后，增长速度明显加快。但由于消费量较少，食用油占植物性食物消费的比例不足10%。总体来看，西藏地区农民的植物性食物消费结构相对稳定。

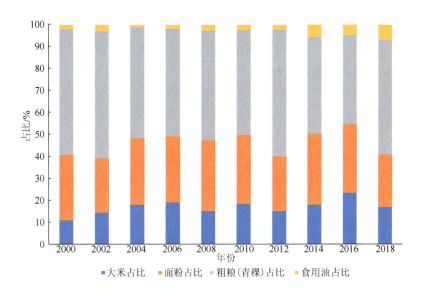

图 4.16　西藏地区农村居民各类植物性食物消费比例变化

从动物性食物内部的消费结构来看（图 4.17），蛋类的消费占比最少，虽然 2016 年、2018 年的占比有所提高，且有上升趋势，但占动物性食物消费的比例不足 5%。因此，西藏农区居民的动物性食物消费结构主要由奶类和肉类消费决定，两者的变化趋势相反。2000 ～ 2010 年，奶类的消费占比波动上升，而肉类则波动下降，且奶类的消费占比高于肉类；2010 ～ 2016 年，奶类的消费占比不断下降，而肉类的消费占比不断上升，且 2014 年之后，肉类的消费占比高于奶类，成为西藏地区主要消费的动物性食物。2018 年，两者的消费占比有所波动，奶类消费占比再次高于肉类。

图 4.17　西藏地区农村居民各类动物性食物消费比例变化

综合西藏地区农村居民食物消费量和消费结构的演变可以看出，随着生产力和经济发展水平的提升，当地居民的食物消费水平有了很大改善，总体呈现出粮食消费量减少，肉、蛋、食用油消费持续增加的特征。大米和面粉的消费量及消费占比不断增加，逐渐接近甚至超过粗粮（青稞），成为西藏地区的主要消费粮食；肉类消费也逐渐超过奶类，成为主要消费的动物性食物。

4.4 研究结论与讨论

4.4.1 研究结论

本研究通过实地入户调查的方式获得了西藏"一江两河"流域农区居民家庭食物消费数据，并结合相关统计资料，构建了西藏"一江两河"流域农区居民食物消费数据库，重点分析了当地居民的食物消费结构与演变特征。研究结果表明：

（1）从西藏"一江两河"流域农区的食物总体消费特征来看，植物性食物的消费量高于动物性食物的消费量，就食物消费总量而言，植物性食物消费量是动物性食物的 3.28 倍。其中，蔬菜和粮食在家庭食物消费中占有主要地位，蔬菜在各类食物消费中占比最高，粮食则以青稞和面粉为主。这与我国广大农村地区的居民食物消费结构相一致（李云云等，2018）。但同时也体现了典型的牧区消费特征和藏族传统饮食特色：奶类和肉类消费并重，且不同于中国肉食消费总体结构（马冠生等，2006），以牛羊肉为主，猪肉、禽肉消费较少；青稞酒作为藏族的传统特色食品，在藏族同胞饮食消费中仍然占据重要地位，其消费量可占居民总体食物消费量的 40% 左右，居民每年消费的青稞约有一半用于酿造青稞酒。

（2）从西藏"一江两河"流域农区的食物自给率来看，青稞的自给率最高为98.72%，其次为食用油、奶类、面粉、蔬菜等，消费量也相对较高；而水果、大米、啤酒的自给率较低，消费量则较少，这与当地的农牧业发展情况密切相关。总体来说，当地居民的食物消费主要依靠本地供应。

（3）不同城市地区、收入水平、务工规模、家庭年龄阶段以及农作物种植规模，都会对居民的食物消费结构产生一定影响。不同地区之间，城市化水平是影响居民消费结构的重要因素（黄季焜，1999）。相比于日喀则市和山南市，经济发展水平最高的拉萨市对奶类的消费更多，对粮食（大米、面粉）、食用油、肉类的消费更少，在结构上更符合当下所倡议的健康饮食。不同收入水平上，家庭收入水平越高，人均食物消费总量也越大，在蔬菜、肉类、大米、面粉、啤酒、水果等自给率较低的食物消费上也高于收入较低的家庭。收入水平的提升使居民有能力获取外来食物，是提升消费水平，完善饮食结构的重要基础和保障。不同家庭务工规模上，随着家庭务工规模的增大，啤酒、食用油、蛋类、奶类的人均消费量总体上也呈现出了上升趋势，而粮食的消费量有所下降。这是因为外出务工人员不仅能为家庭带来汇款收入，增加农户对食物的支出，同时也可以带来丰富的信息和经验，丰富农户的营养知识，改善家庭食物消费习惯（余颖雅等，2018）。不同家庭年龄阶段上，蔬菜、粮食、水果、食用油的消费量都呈现出总体上随着家庭年龄上升而增加的趋势，且食物消费结构差异较大。但 50 岁以上的家庭在青稞酒、肉类的消费上更高，藏族的传统饮食文化特征更为显著。相比上述几个因素，农作物的种植规模对居民食物消费有着决定性影响。从面粉、青稞、食用油的消费量可以看出，居民食物消费量与种植规模密切相关，随着种植规模的扩大，相应的食物消费量也不断增加；尤其是青稞，影响程度最为显著。这也再次印证了当地"自给自足"的食物消费特征。

（4）2000 ~ 2018 年，西藏地区农村居民的食物消费结构发生了明显变化。植物性食物消费方面，粮食的消费量略有下降，而食用油和蔬菜的消费量则有所上升。其中，大米和面粉的消费量先增加后下降，而粗粮（青稞）呈现出持续下降趋势，但依然是当地居民主要消费的粮食。各类植物性食物的消费结构亦如此。动物性食物消费方面，肉类和蛋类的消费量整体上呈上升趋势，而奶类消费波动较大，且肉类消费占比逐渐超过奶类。总体上看，植物性食物和动物性食物占比差距逐渐缩小，出现以植物性食物为主向植物性食物和动物性食物并重的结构转变。

4.4.2　讨论

中国居民平衡膳食宝塔的提出为我国居民调整改善饮食结构，促进合理膳食提供了方向和标准。将本次西藏入户调查结果与中国营养学会 2016 年提出的中国居民平衡膳食宝塔建议的食物摄入量[①]、山东农村居民食物消费量（李云云等，2018）以及内蒙古呼伦贝尔牧区居民食物消费量（王灵恩等，2020）进行对比，从而分析西藏"一江两河"流域农区食物消费结构的合理性以及与其他地区的差异。表 4.8 分别列举了中国居民平衡膳食宝塔、山东农村地区、内蒙古呼伦贝尔牧区以及西藏"一江两河"流域农区各自的主要食物消费量。

表 4.8　2016 年中国居民平衡膳食宝塔及山东、内蒙古、西藏不同地区消费结构对比　[单位：g/（人·d）]

食物种类	平衡膳食宝塔	山东农村地区	内蒙古呼伦贝尔牧区	西藏"一江两河"流域农区
食用油	25 ~ 30	32.16+	43.17+	36.44+
奶及奶制品	300	6.06−−	187.80−	204.00−
畜禽肉	40 ~ 75	76.05+	177.54++	124.88+
蛋类	40 ~ 50	32.88	47.85√	14.55−−
蔬菜	300 ~ 500	443.85√	363.48√	395.62√
水果	200 ~ 350	39.66−−	68.79−−	50.77−−

注：“+”“−”“√”分别表示"消费过量""消费不足""符合推荐值"；“++”“−−”分别表示"消费严重过量""消费严重不足"。

通过对比可以发现：

---

① 中国营养学会 . 2016. 中国居民膳食指南 2016 科普版 .

（1）与 2016 年中国居民平衡膳食宝塔相比，西藏"一江两河"流域农区食用油的消费略高，饮食口味偏重，从营养学的角度来看，不利于身体健康，不符合当下少油少盐的饮食倡议。整体上看，三个地区在食用油的消费上差异较小，西藏"一江两河"流域农区的消费量位于山东农村地区和内蒙古呼伦贝尔牧区之间，但三地的消费量均超过了平衡膳食宝塔的推荐摄入量，饮食高油问题在这三个地区普遍存在。

（2）西藏"一江两河"流域农区的奶及奶制品消费量高于山东农村地区和内蒙古呼伦贝尔牧区，但仅占平衡膳食宝塔推荐的摄入量的三分之二，与健康合理饮食仍有一定的差距。西藏"一江两河"流域农区不仅是西藏重要的农区，同时畜牧业发达，也是当地重要的牧区。在调查中发现，当地居民普遍饲养牛、羊等牲畜，提供了大量鲜奶原料。《2018 西藏统计年鉴》显示，2017 年拉萨市、日喀则市、山南市三地的奶类产量分别为 9.01 万 t、 9.65 万 t、4.83 万 t，合计占西藏自治区总产量的 56%。再加上西藏传统饮食中包含多种奶制品，如酥油茶、酸奶、奶渣等，相比于其他地区，该地区奶类食品消费较高。此外，内蒙古呼伦贝尔牧区的奶类食品消费也较高，而山东农村地区的奶类食品消费则远远不足。

（3）在畜禽肉消费上，三地的消费量均超过了平衡膳食宝塔的建议摄入量，尤其是西藏"一江两河"流域农区和内蒙古呼伦贝尔牧区。其中，西藏"一江两河"流域农区的畜禽肉消费量是推荐摄入量的 1.67 ～ 3.12 倍，内蒙古呼伦贝尔牧区的消费量是推荐摄入量的 2.37 ～ 4.44 倍，山东农村地区则基本符合健康消费标准。西藏"一江两河"流域农区的肉类消费过高，除了与当地的畜牧业发展有关，还与西藏的气候和生态环境密切关联。青藏高原空气稀薄，气候干燥，冬冷夏凉，在这样的条件下生活，人体的各项机能会发生变化，如血管收缩、神经系统调控能力降低等。而牛肉、羊肉等肉类营养丰富、热量高，能够最大限度地抵御严寒侵袭，增强免疫力，帮助居民适应当地恶劣的气候和生态环境（刘天平等，2011；达瓦等，2006）。除了消费量过多外，西藏"一江两河"流域农区畜禽肉消费还存在结构单一的问题。调查中发现，居民主要消费的是牛肉和羊肉，猪肉消费较少，而绝大多数居民很少消费禽肉，这可能与当地的传统文化和宗教信仰有关（罗绒战堆和曾薇，2017；高利伟等，2017c）。

（4）西藏"一江两河"流域农区的居民对蛋类的每日摄入量严重不足，不足平衡膳食宝塔推荐摄入量的三分之一，与山东农村地区、内蒙古呼伦贝尔牧区的消费量也存在较大差距。一方面可能受到文化和信仰的限制；另一方面，当地居民禽类养殖较少，居民蛋类消费主要来自市场采购。表 4.1 显示当地的蛋类消费自给率仅 24.18%，自身生产的不足成为居民消费受限的主要原因。

（5）三个地区的蔬菜消费量均符合平衡膳食宝塔的摄入标准，其中山东农村地区的蔬菜日消费量最高，其次是西藏"一江两河"流域农区，内蒙古呼伦贝尔牧区相对较少。长久以来，西藏地区蔬菜瓜果供应紧缺，蔬菜消费严重不足。但随着生产力和生活水平的提升，居民在饮食消费上也逐渐注重营养搭配，蔬菜消费量的达标是西藏地区饮食结构优化的重要体现。

（6）在水果消费上，内蒙古呼伦贝尔牧区消费量最高，西藏"一江两河"流域农区次之，山东农村地区最少，且三个地区的消费量均远低于推荐值。目前，西藏 "一江两河" 流域农区的消费量仅为推荐摄入量的四分之一，是所列六种食物中摄入量最缺乏的种类。当地水果消费的自给率仅为 1.67%，自给能力的不足以及外部供应的短缺使西藏 "一江两河" 流域农区的水果消费严重匮乏。

总体来看，西藏 "一江两河" 流域农区饮食消费仅蔬菜一项符合合理膳食标准，食用油、畜禽肉两项高于推荐标准，奶及奶制品、蛋类、水果三项均低于推荐标准，与内蒙古呼伦贝尔牧区消费结构相似，均呈现出典型的牧区饮食消费特征，口味偏重，且以高蛋白、高脂肪食物为主，饮食搭配不均，与均衡营养膳食仍有一定差距。从营养学的角度来看，长期过量摄入高蛋白、高脂肪容易引起系列疾病，如胆结石等，藏族同胞的胆囊结石发病率远高于其他民族（秦红梅等，2003）。此外，受数据获取的限制，本次调研将土豆归入蔬菜进行统计，在一定程度上高估了西藏 "一江两河" 流域农区的蔬菜摄入量，未来有必要继续加强宣传，提升藏族同胞的蔬菜水果摄入量，科学合理调整当地的饮食行为。

如今，食物消费和营养问题不仅事关居民的生活健康，同时也是实现全面小康和健康中国战略目标的关键所在。从上述研究可以看出，尽管 21 世纪以来西藏地区的食物消费结构不断优化，但仍然存在膳食多样性较低、营养消费不均衡等问题，因此未来有必要从多个层面对西藏地区居民的食物消费进行引导和干预。针对西藏地区居民食物消费结构的特征，现提出以下建议：

（1）加强西藏地区的营养宣传教育，普及营养健康知识，培养当地居民的平衡膳食消费理念。鼓励当地居民多吃蔬菜、水果、蛋类、水产等食物，适当减少肉类消费，少油少盐，清淡饮食，遵循健康平衡的膳食结构原则，科学合理地调整饮食行为，进一步优化当地的饮食消费结构。

（2）丰富当地的食物供给，确保蔬菜、水果、蛋类、水产等鲜活食物的供应量。目前，食物结构性短缺是影响西藏地区饮食消费的主要原因，尤其是蔬菜瓜果等不易保存的鲜活食物。一方面，政府要多途径扩大市场供应量，丰富市场供应的种类；另一方面，加快当地农牧业供给侧结构性改革，调整当地的生产结构，加快大棚蔬菜、设施农业等新型养殖方式的发展，积极引导畜牧业发展，提升西藏地区蔬菜、瓜果、蛋奶等食物的自给能力。

（3）重点关注西藏地区青稞种植生产，确保青稞安全。青稞种植是西藏地区农业发展的必然选择，事关当地居民的温饱问题。目前，青稞依然在藏族同胞的食物消费中占有重要地位。尤其是近几年随着青稞酒工业的兴起，青稞的需求量不断增加。未来有必要加强青稞农业技术研发和推广，改善种植方式，提高亩产单产，保障藏族同胞的青稞消费需求。

（4）从经济发展、道路建设、技术改善等多方面加强居民的食物获取能力。一是要加强西藏地区的经济发展，促进城市化进程，提高当地居民的收入水平，增强其食物购买能力；二是要改善西藏地区的道路发展状况，提升路网密度，完善交通基础设施，提升食物流通能力；三是要发展物流技术、互联网技术、农产品冷藏技术等，完善农

产品供应链，优化产销对接功能，提升惠民服务能力。

参考文献

成升魁，闵庆文．2002.西藏农牧业发展若干战略问题探讨．资源科学，(5): 1-7.

成升魁，沈镭．2000.青藏高原区域可持续发展战略探讨．资源科学，(4): 2-11.

达瓦，冶秀敏，顿珠多吉，等．2006. 2002年拉萨市居民肉类和奶类食物消费量及消费频次研究．食品科技，(9): 32-34.

杜军，胡军，尼玛吉，等．2019. 1981—2017年西藏"一江两河"流域5cm地温及其界限温度时空变化特征．地理学报，74(9): 1821-1834.

段健，徐勇，孙晓一．2019.青藏高原粮食生产、消费及安全风险格局变化．自然资源学报，34(4): 673-688.

封志明，杨艳昭，张晶．2008.中国基于人粮关系的土地资源承载力研究：从分县到全国．自然资源学报，(5): 865-875.

高利伟，徐增让，成升魁，等．2017a.西藏粮食安全状况及主要粮食供需关系研究．自然资源学报，32(6): 951-960.

高利伟，徐增让，成升魁，等．2017b.农村居民食物消费结构对耕地需求的影响——以西藏"一江两河"流域为例．自然资源学报，32(1): 12-25.

高利伟，徐增让，成升魁，等．2017c.西藏农村居民食物消费结构及膳食营养特征分析．资源科学，39(1): 168-174.

谷树忠．2000.西藏食物保障度分析及对策．自然资源学报，(4): 305-314.

侯鹏，王灵恩，刘晓洁，等．2018.国内外食育研究的理论与实践．资源科学，40(12): 2369-2381.

黄季焜．1999.社会发展、城市化和食物消费．中国社会科学，(4): 102-116, 206-207.

李云云，王灵恩，刘晓洁，等．2018.基于入户跟踪调研的山东省农村居民家庭食物消费结构与特征研究．自然资源学报，33(6): 978-991.

李哲敏．2007.近50年中国居民食物消费与营养发展的变化特点．资源科学，29(1): 27-35.

刘键，李祥妹，钟祥浩．2004.西藏自治区居民食品消费结构与粮食对策．山地学报，(3): 286-291.

刘天平，卓嘎，旦巴．2011.藏民族饮食消费成因与变化分析初探．消费经济，27(2): 31-34, 61.

罗绒战堆，曾薇．2017.从粮袋餐桌试析西藏农牧民的生计变迁．青海社会科学，(2): 47-52.

马恩朴，蔡建明，林静，等．2020. 2000—2014年全球粮食安全格局的时空演化及影响因素．地理学报，75(2): 332-347.

马冠生，崔朝辉，胡小琪，等．2006.中国居民食物消费和就餐行为分析．中国食物与营养，(12): 4-8.

尼玛扎西．2000.西藏食物保障的自然资源相对优势分析．自然资源学报，15(4): 315-322.

秦红梅，张耀仓，王萍．2003.西藏地区藏族饮食特点与胆石病的关系．西藏科技，(4): 40-41.

孙倩，李晓云，杨志海，等．2019.粮食与营养安全研究评述及展望．自然资源学报，34(8): 1782-1796.

汪希成，谢冬梅．2020.我国农村居民食物消费结构的合理性与空间差异．财经科学，(3): 120-132.

王灵恩，倪笑雯，徐舒静，等．2020.北方牧区居民家庭食物消费结构与特征研究．中国农业资源与区划，

41(7): 1-13.

杨明智, 裴源生, 李旭东 . 2019. 中国粮食自给率研究——粮食、谷物和口粮自给率分析 . 自然资源学报,
　　34(4): 881-889.

余颖雅, 聂凤英, 董海军, 等 . 2018. 外出务工对农户食物消费的影响研究——基于中国西部 6 县的调
　　查 . 中国农业资源与区划, 39(9): 214-223.

翟凤英, 何宇纳, 马冠生, 等 . 2005. 中国城乡居民食物消费现状及变化趋势 . 中华流行病学杂志,
　　26(7): 485-488.

张进, 王诺, 卢毅可, 等 . 2018. 世界粮食供需与流动格局的演变特征 . 资源科学, 40(10): 1915-1930.

张盼盼, 白军飞, 刘晓洁, 等 . 2019. 消费端食物浪费: 影响与行动 . 自然资源学报, 34(2): 437-450.

赵贯锋, 余成群, 钟志明, 等 . 2016. 西藏食物安全战略初探 . 西藏科技, (5): 17-21.

第 5 章

西藏 "一江两河" 流域农区粮食
生产和消费结构及特征

西藏"一江两河"流域农区是西藏重要的粮食生产基地和生态屏障保护区，当地的粮食安全保障问题是国家和当地政府关心的焦点。从国家"八五"计划开始，该区在以农业开发为主体的发展规划指导下，修建了大批干渠水利，改造了中低产田，为粮食生产和发展打下了坚实的基础和良好的生态屏障（李丹等，2020）。近些年，西藏为保障区内粮食安全，实现粮食自给自足的需求，通过多种举措来提高当地粮食生产水平，使得粮食产量大幅上涨，该区农业（种植业）产值占西藏农业总产值的72.98%（高利伟等，2017）。但受自然条件和农业种植结构单一的限制，农民增收效益低下，生活水平未因粮食产量的增加而得到大幅提高。因此，摸清粮食供需格局，评估其发展潜力，研究农业转型发展成为研究区未来发展的根本出路。

5.1 科学考察的目标、内容及方案

5.1.1 科学考察的目标和内容

科学考察目标：厘清高原粮食生产和消费情况的演变情况及未来发展趋势，评估高原人口对青稞、小麦等主要粮食作物的基本需求，为青藏高原地区粮食产业转型发展的路径和居民食物绿色消费提供对策和建议。

科学考察内容：对"一江两河"流域农区进行了深入的科学考察、调研工作，重点以农业种植为主要考察对象，厘清粮食生产和消费情况的演变及未来发展趋势，评估高原人口对青稞等粮食作物的基本需求，估算高原耕地的盈余情况。

5.1.2 科学考察方案

鉴于"一江两河"流域农区在西藏自治区农业发展方面的重要地位，本研究选取了该流域的三个典型农区：拉萨市、山南市和日喀则市为调研区域，采取地区—县—镇—村—调研对象层层递进的模式。调研组与市、县政府相关部门开展座谈会，了解当地农业发展现状；县、乡镇相关单位人员协助入户和野外取样。以农户为基本考察单位，通过入户问卷访谈、田间走访、现场取样等方法，细致而全面地开展此次调研工作（图5.1）。

样本量及其分布：2019年8月1～26日，调研组组织调研的"一江两河"流域拉萨市、山南市和日喀则市三地粮食生产和消费情况，共获得入户调查问卷样本量343份。调研具体区域包括日喀则市5县区10乡镇的20个行政村，分别是拉孜县曲下镇和查务乡、桑珠孜区东嘎乡和江当乡、白朗县嘎东镇和强堆乡、江孜县江热乡和紫金乡、南木林县艾玛乡和卡孜乡；山南市5县区10乡镇的20个行政村，分别是桑日县的绒乡和桑日镇、琼结县的拉玉乡和下水乡、乃东区的颇章乡和多颇章乡、扎囊县的阿扎乡和桑耶镇、贡嘎县的桑果乡和岗堆镇；拉萨市5县区10乡镇的20个行政村，包括尼木县的普松乡和尼木乡、曲水县的才纳乡和曲水镇、林周县强嘎乡和松盘乡、墨竹工卡县的扎雪乡和尼玛江热乡、达孜区的唐嘎乡和雪乡。

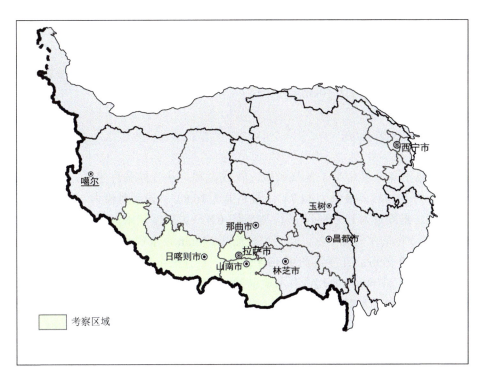

图 5.1 科考区位的示意图

调研内容：主要有西藏典型农区人口情况，包括人口数量、人口结构、职业和收入等情况；家庭收入情况；农业种植和粮食产量情况，包括种植结构、种植数量、粮食产量、粮食消费、农业投入等情况；畜禽养殖情况，包括畜禽结构、饲养规模、出栏情况、自食情况等；畜禽养殖费用；家庭生产设备和交通运输设备拥有量情况；家庭食物购买和消费情况等调研模块。

5.2 "一江两河"流域农区基本概况

5.2.1 "一江两河"流域农区位置

西藏"一江两河"流域指西藏自治区雅鲁藏布江、拉萨河和年楚河的中部流域地区，位于青藏高原中南部，东起桑日，西至拉孜，南接喜马拉雅山脉北麓高原湖盆区，北至冈底斯山—念青唐古拉山脉，是东西长约 500km 的狭长河谷地带，南北宽约 220km。"一江两河"流域农区属于藏南山原宽谷区的主体部分，总面积 6.67 万 km²，占西藏自治区面积的 5.55%，人口占西藏总人口的 1/3。在行政区划上，包括 18 个县区，辖 231 个乡、镇和办事处。

5.2.2　地势地貌

西藏"一江两河"流域农区平均海拔在 3200～4600m，地势西高东低，南北高中间低，形成高山、深谷和盆地相间的基本构造。流域内为河流冲击发育而成的宽阔的河漫滩、冲积阶地和冲洪积扇等地形。地势较为平坦，多为宽广谷地，宽度可达 2～6km，年楚河和拉萨河交汇处可达 10km 以上。

5.2.3　自然资源条件

该流域属于高原温带半干旱气候区，气候温和。从气候条件来看，该流域年均温为 7～9℃，平均日较差最低为 14.7℃，最高可达 16.8℃；最暖月份为 7～8 月，均温为 14.5～16.6℃，最冷月为 1～2 月，平均温度为 -0.8～4.7℃。从水资源条件来看，西藏"一江两河"流域农区的水资源丰富，年平均径流深 245mm，水资源总量为 161 亿 m^3，其中拉萨河流域 109.9 亿 m^3，年楚河流域 13.4 亿 m^3，雅鲁藏布江拉孜至羊村区间为 103.3 亿 m^3，人均占有水量 20160m^3，亩均占有水量 6098m^3，农业水资源条件优越。从降水方面考虑，降水稀少，年均降水量为 251.7～580.0mm，自东向西逐步减少；雨热同期，季节分配不均，集中在夏季的 6～9 月，占全年降水量的 83% 以上，且 80% 降水集中在夜间；年蒸发量为 2293～2734mm，较为干燥。从日照方面考虑，日照资源丰富，年日照时数达 3005h，比国内同纬度地区高 70%～150%（伦丹，2017；何万华，2018）。

5.2.4　土地资源条件

西藏"一江两河"流域农区是西藏自治区土地利用程度最高的区域，耕地面积占自治区总耕地面积的 60% 以上（赵彤彤等，2017）。地势坡度缓和的河谷以耕垦土地为主，土质肥沃；地势坡度较大的区域多属为宜牧土地。土壤发育具有明显的垂直地带性特点，海拔从 3500～6000m 依次分布着草毡土、黑毡土、寒钙土、冷钙土、棕冷钙土和寒冻土。因水热条件的差异性，不同流域的地区的土壤类型也有差别，拉萨河流域以黑毡土和棕冷钙土为主，河谷中心地带以潮土为主，上游地区则以寒钙土为主；雅鲁藏布江以南的年楚河流域以冷钙土和棕冷钙土为主，黑毡土较少；雅鲁藏布江沿岸的日喀则地区和山南河谷地区有较多的新积土和风沙土（陶娟平，2016）。

5.2.5　农业设施条件

"一江两河"流域农区经过 20 多年的建设，农田灌溉干渠设施达 800km；水库 12 座；实现保灌农田 100 多万亩（张华国，2015）。近些年，农业机械化发展迅速，拥有农机产品量的家庭比例逐渐增加。在地势较为平坦集中、农田基本建设较好区域，发展了机械化套复种作业（次仁央金等，2007）。但在一些高山梯田地区，仍采用较为原始的人力和畜力等方式进行耕作。总体上，该区受自然环境、地形地貌等因素的制约，农业机械化普及程度略微不足，农业方面仍呈现原始作业与机械化作业互相补充的局面（张华国，2015）。

5.2.6　农业人口、经济条件

根据《西藏统计年鉴 2020》，2019 年西藏总人口数 350.56 万人，乡村人口数 142.57 万人，占总人口的 40.7%，西藏乡村户数 57.08 万，乡村家庭户规模 2.5 人 / 户。拉萨、山南和日喀则地区乡村人口数分别为 15.94 万人、15.05 万人和 37.74 万人，分别占三个市总人口数的 22.12%、39.33% 和 47.17%。从 1965 年以来，农村人口呈直线增加，平均每年增幅约为 2.02%。

2019 年西藏人口性别比为 110.3，农区人口性别比为 117.05。"一江两河"流域农区人口性别比为 105.4，其中拉萨市农村人口性别比为 105.35，山南市农村人口性别比为 102.69，日喀则市农村人口性别比为 120.39。日喀则作为西藏粮仓，不仅农业人口占比最高，人口性别比也最高。

从人均可支配收入来看，2019 年末，西藏农村居民人均可支配收入为 12951 元，全国农村居民人均可支配收入为 30733 元，西藏农村居民人均可支配收入是全国的 42.14%，占西藏全部职工人均工资的 10.53%，农村居民的经济收入偏低。

从农业产值来看，2019 年末，西藏地区农林牧渔业总产值为 2128072 万元，其中农业产值占 40%，牧业产值占 50%。同年末，西藏地区年度人均生产总值为 48902 万元，年度人均农业总产值为 6129 元，仅占西藏地区人均生产总值的 12.53%。

5.3　调研基本情况

5.3.1　人口情况

三个地区总调研户数 343 户，其中日喀则市 119 户，山南市和拉萨市各 112 户，人口数 2153 人。根据入户调研数据，拉萨市乡村家庭户规模平均为 6.1 人 / 户，山南市乡村家庭户平均为 4.8 人 / 户，日喀则市乡村家庭户平均规模最大，为 7.9 人 / 户。在调研的 14 个县区中，日喀则市的桑珠孜区家庭户规模最大（9.7 人 / 户），南木林县次之（8.5 人 / 户）；山南市的桑日县家庭户规模最小（4.7 人 / 户）。务工人口占总人口 28.33%，户均为 1.8 人，日喀则市户均务工人口占户均人口的 26.2%，山南市为 30.7%，拉萨市为 29.7%（图 5.2）；学龄前和学龄儿童占 29.03%；务农人口占 42.64%。根据 2018 ~ 2019 年统计资料分析，人均年收入 1.21 万元，其中日喀则市为 1.74 万元，山南市为 1.16 万元，拉萨市为 1.07 万元。日喀则市人均年收入水平高于其他两个地区，主要原因是该区从事路桥基础建设行业的务工人员较多，收入水平较高。

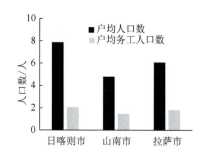

图 5.2   调研区域户均人口数和务工人口数

5.3.2   耕地情况

根据调研数据分析，三个调研区受访户人均耕地 3.37 亩，其中拉萨市人均耕地 3.57 亩，山南市人均耕地 2.49 亩，日喀则市人均耕地 4.06 亩（图 5.3）。

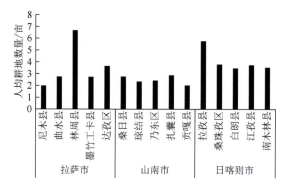

图 5.3   "一江两河"流域农区三个地区人均耕地数量

青稞是西藏主要粮食作物之一，统计资料表明，2010 ~ 2018 年西藏青稞种植面积增加了 17.8%。调研的农户数据统计结果如图 5.4 所示，西藏"一江两河"流域农区青

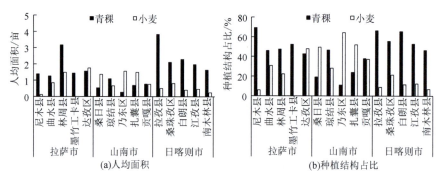

图 5.4   "一江两河"流域农区人均耕地面积和青稞、小麦种植结构

稞人均种植面积为 1.6 亩，占耕地面积的 45.46%。日喀则市作为西藏重要的粮仓，青稞人均种植面积为 2.59 亩，占耕地面积的 57.23%；拉萨市青稞人均种植面积为 1.99 亩，占耕地面积的 51.45%；山南市青稞人均种植面积为 0.93 亩，占耕地面积的 27.71%。

小麦在西藏粮食作物种植结构中占次要地位。调研的农户数据统计结果如图 5.4 所示，"一江两河"流域农区小麦人均种植面积为 0.83 亩，约为青稞种植面积的一半，占耕地面积的 26.57%。在调研的 15 个县区中，除拉萨市墨竹工卡县未种植小麦外，其他县域的种植规模略有差异。山南市小麦平均种植规模最大，人均种植面积为 1.17 亩，占耕地面积的 46.19%；拉萨市其他四个调研县人均种植面积为 1.05 亩，占耕地面积的 21.33%；日喀则市种植规模最小，人均种植面积仅为 0.49 亩，占耕地面积的 12.18%。

从农业种植结构来看（图 5.5），"一江两河"流域农区种植以青稞和小麦为主，拉萨市粮食耕地面积占该区总耕地面积的 72.78%，日喀则市粮食耕地面积占该区耕地面积的 69.41%，山南市粮食耕地面积占该区耕地面积的 73.90%。剩余 20%～30% 的耕地种植结构包括饲草、经济作物（不包括油菜）、蔬菜（以土豆和萝卜为主）和油菜。其中饲草占耕地的 10.79%，经济作物占耕地的 2.74%，蔬菜占耕地的 6.17%，油菜占耕地的 12.78%。

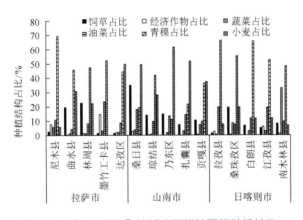

图 5.5　"一江两河"流域农区耕地面积种植结构

5.4　青稞供需现状分析

5.4.1　青稞生产现状

统计资料显示，从 20 世纪 60 年代以来，西藏粮食产量有了大幅增加，平均每年增幅约达 7%，其中 97.5% 的增幅来源于青稞（图 5.6）。尤其自"十二五"以来，西藏提出保障青稞为主的粮食安全，使得青稞产量得到更大幅度提高。2010～2018 年，青稞产量增加了 21%。

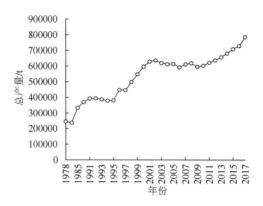

图 5.6　西藏青稞总产量的年际变化

农户调研数据表明，青稞亩均产量地区差异性不大，如图 5.7 所示，拉萨市为 406 斤 / 亩、山南市为 495 斤 / 亩、日喀则市为 489 斤 / 亩，平均为 471.9 斤 / 亩。受人均耕地面积数量影响，青稞人均产量存在一定的区域差异性，日喀则市最高，为 1190 斤 / 人；拉萨市为 798 斤 / 人；山南市最低，为 439 斤 / 人（图 5.8）。

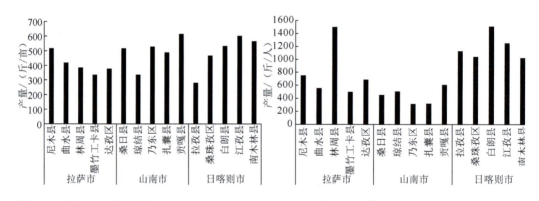

图 5.7　"一江两河"流域农区调研区青稞亩均产量　图 5.8　"一江两河"流域农区调研区青稞人均产量

5.4.2　青稞消费现状

西藏"一江两河"流域农区农村居民青稞消费总体上分为口粮消费即糌粑用粮、饲料用粮、青稞酒用粮、销售粮和囤粮五部分。如图 5.9 所示，"一江两河"流域农区青稞消费不仅消费结构不均衡，区域间也存在差异性。从消费结构来看，饲料消费和囤粮占比较高；从区域消费来看，饲料消费占比在区域间差别不大，其他的消费存在区域间的差异。

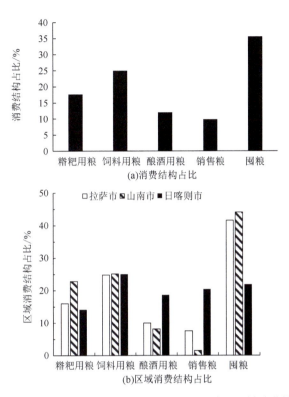

图 5.9　"一江两河"流域农区调研区青稞消费结构占比和区域消费结构占比对比

　　人均糌粑用粮是粮食消费结构中的重要组成部分，年均消费量约为 126 斤，占青稞当年人均总产量的 17.66%，与人均粮食产量正相关（图 5.10）。人均糌粑的青稞消费量在调研地区间存在较为显著的差异性。日喀则市最高，约为 167 斤；拉萨市次之，约为 116 斤；山南市最少，约为 95 斤。其中，日喀则市的桑珠孜区、山南市的乃东区和桑日县、拉萨市的尼木县和墨竹工卡县人均糌粑青稞消费量略高于同地区其他县域。

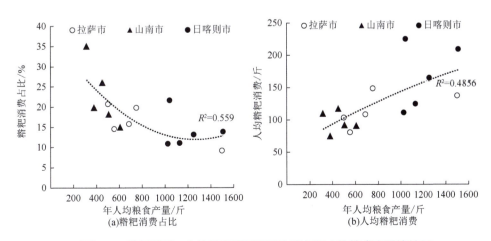

图 5.10　糌粑消费、人均糌粑青稞消费占比与年人均粮食产量的关系

如图 5.11 所示，饲料用粮消费量略高于人均糌粑粮食消费量，为 192 斤，约占青稞当年人均总产量的 24.99%。饲料用粮量与粮食产量之间存在显著的线性相关，随粮食产量的增加相对增加。日喀则市调研的五个农业县、山南市的扎囊县和桑日县、拉萨市除林周县外的四个调研县中饲料消费量普遍高于年均粮食产量的 20%。调研过程发现，拉萨市、山南市和日喀则市农区家庭养殖以牛羊等食草型牲畜为主，猪等耗粮型家畜较少，饲草需求量大。但农业种植结构以青稞、小麦、油菜和土豆等粮经二元种植为主，粮经饲三元种植不普遍。以秸秆和粮食为主的畜牧饲料结构，因粮食亩单产量远低于饲草产量，而可能降低了耕地资源的经济效益。

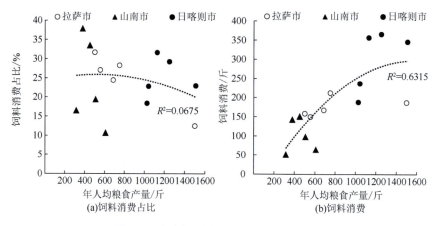

图 5.11 饲料用粮与年人均粮食产量的关系

除糌粑用粮和饲料用粮外，青稞酒用粮也是西藏地区青稞主要消费之一。三个调研区域人均酿酒的青稞消费量为 108 斤，占青稞年人均总产量的 12.01%。三个调研区域之间也存在差异性。拉萨市酿酒的青稞人均每年消费量约为 74 斤，占青稞年人均总产量的 10.03%；山南市酿酒的青稞人均每年消费量约为 34 斤，占青稞年人均总产量的 8.14%；日喀则市酿酒的青稞人均每年消费量约为 209 斤，占年人均总产量的 17.88%。酿酒的青稞人均每年消费量的区域性差异，推测与地区在历史上的粮食产量有密切关系。日喀则市作为西藏的"后藏粮仓"，青稞种植面积广，总产量高于其他地区，导致该区在传统的青稞消费结构方面除了保证糌粑消费外，青稞酒的粮食消费也占一定的比重。调研发现，传统的粮食消费结构对现代粮食消费有一定的影响。当前行政上隶属于拉萨市的尼木县，作为日喀则地区和拉萨地区的接合部，青稞酒的粮食消费量远高于拉萨地区的其他县。

"一江两河"流域农区三个调研农区人均囤粮 278 斤/a，占青稞年人均总产量的 35.53%，现有库存量 655 斤/人。囤粮占比受人均产量的影响，从占比来看，山南市高于拉萨市，日喀则市占比最低（图 5.12）；但从囤粮量来看，拉萨市高于日喀则市，山南市最低。拉萨市人均囤粮 367 斤/a，占青稞年人均总产量的 35.64%，现有库存量 806 斤/人；山南市人均囤粮 205 斤/a，占青稞年人均总产量的 44.06%，现有库存量 285 斤/人；日喀则市人均囤粮 263 斤/a，占青稞年人均总产量的 21.87%，现有库存量 875 斤／人。如图 5.13 所示，现有库存粮存储年限平均为 2.5 年，其中拉萨市平均为 2.7 年、山南市平均为 1.3 年、日喀则市平均为 3.5 年。按照当前青稞消费水平，库存粮消费年限平均为 1.5 年，其中拉萨市为 1.9 年，山南市为 1.5 年，日喀则市为 1.1 年。

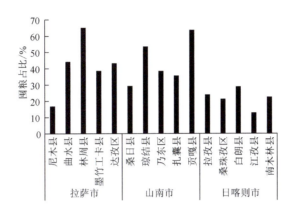

图 5.12　"一江两河"流域农区调研区青稞囤粮占比

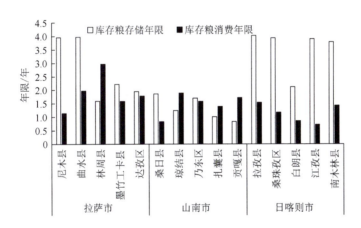

图 5.13　青稞库存粮存储年限和库存粮消费年限

存储年限＝家庭囤粮总数／当年囤粮数；消费年限＝家庭囤粮总数／当年消费量

　　西藏"一江两河"流域农区青稞生产商品化程度略低。拉萨、山南和日喀则三个调研农区的年人均售粮量为 106 斤，占青稞年人均总产量的 9.81%。拉萨市的年人均售粮量为 65 斤，占青稞年人均总产量的 7.45%；山南市的年人均青稞销售量为个位数，在青稞消费中可忽略不计；日喀则市是西藏重要的青稞经销区，青稞种植初具商业化模式，年人均售粮量为 244 斤，占青稞年人均总产量的 20.40%，数量和占比都远高于其他两个地区。

　　西藏青稞生产和消费之间存在不平衡。从生产规模来看，近十几年来原本在种植结构中占绝对优势的青稞播种面积进一步扩张，产量也随之增加。从消费结构来看，一是生产过剩引起囤粮比例和时限过高，降低了青稞的经济效益；二是青稞饲料消费在消费结构中占比过高，降低了粮食的利用效率。

"一江两河"流域农区的拉萨市、山南市和日喀则市是西藏农业种植的核心和主要区域，调研结果表明西藏青稞种植仍以满足家庭消费为主，按占比高低分别是囤粮、饲料用粮、糌粑用粮、青稞酒用粮和销售，饲料用粮是青稞在西藏农区农牧业耦合过程中转化增值的重要途径。整个农区的饲料用粮在青稞消费结构中占比的区域空间差异不大，表明青稞作为饲料是西藏农区畜牧业发展过程中低效但普遍的喂养模式。

5.5　小麦供需现状分析

5.5.1　小麦生产现状

统计数据显示西藏小麦耕地面积变化趋势与青稞播种面积扩张相反，从 2000 年开始呈缓慢收缩趋势，目前为 3.296 万 hm²，占粮食耕地面积的 23.7%。随着耕地面积的收缩，小麦产量也呈缓慢减少趋势（图 5.14）。

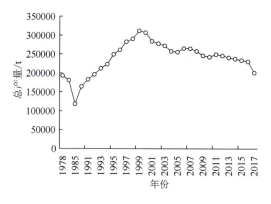

图 5.14　小麦产量年际变化

入户调研数据表明，西藏"一江两河"流域农区拉萨市、山南市和日喀则市人均小麦种植面积 1.02 亩，约为青稞种植亩数的一半，占耕地面积的 33.7%。图 5.15 显示，在调研的 3 个地区 15 个县区中，除拉萨市墨竹工卡县未有小麦种植外，种植规模在区域空间上略有差异，山南市小麦平均种植面积为 1.41 亩 / 人，日喀则市种植规模为 0.66 亩 / 人，拉萨市为 1.22 亩 / 人。亩均产量区域空间差异不大，拉萨市略低，为 420 斤 / 亩，山南市和日喀则市为 530 ~ 540 斤 / 亩。人均产量与种植规模相对应，山南市人均产量约为 727 斤，拉萨市人均产量约为 594 斤，而日喀则市人均产量仅约为 288 斤。

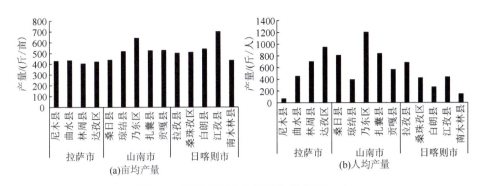

图 5.15　调研县域的小麦亩均和人均产量

5.5.2　小麦消费现状

与青稞消费依赖自产不同，西藏农区的小麦消费包括外调和自产两部分。外调小麦以面粉或食品的形式进入农户粮食消费链，消费结构比较单一，完全用于口粮消费。

"一江两河"流域农区的拉萨市、山南市和日喀则市入户调研数据显示（图 5.16），三个调研农区小麦平均自产量为 566 斤 / 人，占调研农区年小麦总消费量的 72.63%（数据来源于《西藏统计年鉴 2019》）。根据入户调研数据，小麦消费包括口粮消费、饲料消费、销售粮和囤粮。西藏"一江两河"流域农区自产小麦的消费结构中，人均口粮消费占 22.38%，人均饲料消费占 35.77%，人均囤粮量占 35.42%；小麦销售所占比例低，仅占小麦当年产量的 6.43%，多数家庭的小麦销售量为 0。

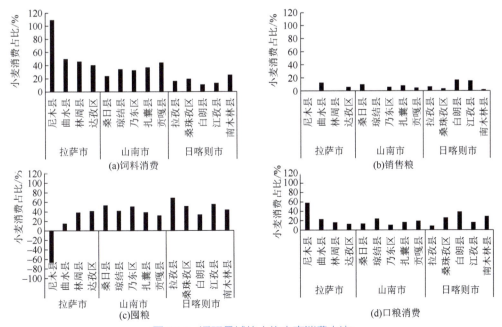

图 5.16　调研县域的人均小麦消费占比

消费占比超过当年小麦产量，是因为饲料用粮有部分来源陈粮和购买的粮食从图 5.17 可以看出，小麦口粮消费量的区域空间差异不大，口粮消费量比较少，年人均小麦口粮消费量仅为 96 斤。当小麦年人均产量达到 1000 ～ 1200 斤时，年人均小麦口粮消费量占比达到 10% 左右；小麦年人均产量达到 120 斤时口粮消费量最高。

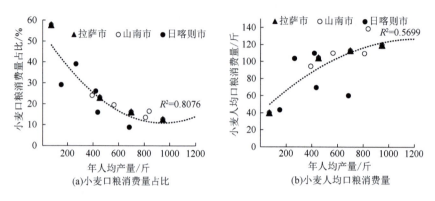

图 5.17　小麦口粮消费与人均产量的关系

"一江两河" 流域农区小麦饲料消费量和占比与年人均产量呈直线正相关（图 5.18）。就消费量而言，拉萨市和山南市区域之间没有差异性，年均为 250 斤左右。但从占比方面比较，拉萨市为 61.22%，山南市为 34.30%。拉萨市饲料消费量占比远高于山南市，究其原因，一是拉萨市尼木县小麦产量低，饲料消费量高，导致饲料总消费量超过产量，饲料消费量占比大于 100%；二是山南市种植规模和产量皆高于拉萨市，降低了饲料消费在消费结构中的比重。日喀则市饲料消费量偏低，为 63 斤，但因种植规模小，仍占年产量的 16.88%。

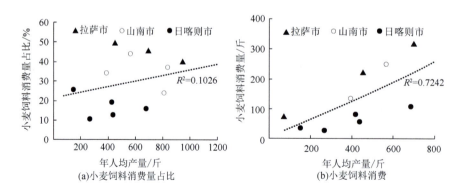

图 5.18　小麦饲料消费与人均产量的关系

三个区域间小麦人均囤粮量与小麦产量呈直线正相关，当年人均产量为 800 斤时，占比达最大，为 50% 左右（图 5.19）。日喀则市小麦人均播种面积最小，年人均囤粮量 216 斤，平均占比最高，为 50.58%；山南市人均播种面积最大，年人均囤粮量为 341 斤，平均占比为 43.12%。拉萨市小麦年人均囤粮量为 169 斤，平均占比为 6.83%。拉萨市小麦消费比较复杂，调研发现尼木县当年囤粮量为负。除尼木县外，曲水县、林周县和达孜区三个县域的年人均囤粮量为 241 斤，占当年人均产量的 31.42%。

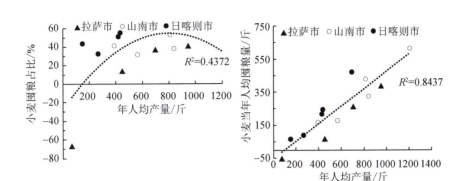

(a)小麦囤粮占比　　　　　　　(b)小麦当年人均囤粮量

图 5.19　小麦囤粮与人均产量的关系

总体上，三个调研农区小麦消费量存在区域差异性，日喀则市与其他两个调研区差异性尤为显著。日喀则市小麦年人均消费量不超过 130 斤，显著低于拉萨市的 251 斤和山南市的 360 斤。从当年小麦产量的消费结构占比看，拉萨市小麦消费以饲料消费为主，囤粮次之；日喀则市以囤粮为主，饲料消费和口粮消费次之；山南市饲料消费与囤粮持平，口粮消费次之。由此可见，小麦自产量以饲料消费和囤粮占绝对优势，囤粮的后续消费也以饲料消费为主，这也是囤粮比重偏高的主要原因。

入户调研数据表明，截至 2019 年，"一江两河"流域农区拉萨市、山南市和日喀则市小麦人均库存粮为 297 斤。其中，拉萨市人均库存粮为 320 斤、山南市为 644 斤、日喀则市为 62 斤。根据当前年囤粮量的标准（图 5.20），现有库存粮存储年限为 1.4 年，其中拉萨市和山南市平均为 2 年、日喀则市为 0.4 年。根据当前小麦的年消费量，库存粮周转年限平均为 0.9 年，其中拉萨市为 0.8 年、山南市为 1.4 年、日喀则市为 0.5 年。西藏农区小麦的生产量和消耗量在比较均衡的基础上，略有盈余。

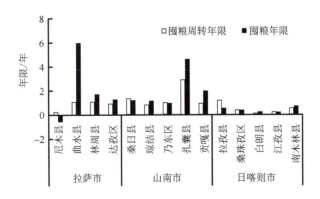

图 5.20　青稞总囤粮年限和囤粮周转年限

入户调研数据显示，小麦在西藏粮食生产中规模小于青稞，为青稞人均产量的 70%

左右。从消费方面分析，小麦的口粮消费量是青稞口粮消费量的 76%，小麦的饲料消费量是青稞饲料消费量的 96%，小麦囤粮量是青稞囤粮量的 89%，小麦的销售量是青稞销售量的 35%。在消费结构中，小麦和青稞的消费量也存在区域差异性。山南市小麦的各项消费量皆高于青稞消费量。而拉萨市和日喀则市小麦的各项消费量皆低于青稞的消费量。

由于传统耕种结构和近些年青稞安全政策导向的原因，"一江两河"流域农区小麦种植规模的区域分布不均衡，导致小麦的生产和消费也存在区域差异。山南市小麦生产量高于其他两个地区，拉萨市次之，日喀则市最少。山南市小麦消费结构中的各项消费量指标皆高于拉萨市和日喀则市；拉萨市小麦消费结构中的饲料和口粮消费高于日喀则市；日喀则市小麦消费结构中囤粮占主要优势。

由此可见，在西藏"一江两河"流域农区粮食种植生产中，小麦的主要用途是饲料、囤粮和口粮。与青稞产生的经济效益一致，小麦的主要经济效益间接地来源于农区畜牧业生产。

5.6 青稞和小麦供需现状分析

5.6.1 青稞和小麦生产现状

青稞和小麦是西藏两大主要种植作物，统计数据表明两种作物的耕地面积占全区耕地面积的 66.68%，年均产量占粮食年均总产量的 90% 以上。粮食产量的年际变化受青稞和小麦产量的变化影响，呈现一致的增减趋势（图 5.21）。

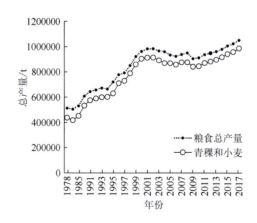

图 5.21　粮食产量与青稞和小麦产量年际变化的关系

调研数据表明，2018 年西藏"一江两河"流域农区拉萨市、山南市和日喀则市年人均粮食（青稞和小麦）产量为 1341 斤，拉萨市为 1231 斤，山南市为 1212 斤，日喀则市为 1581 斤（图 5.22）。日喀则市作为西藏重要的粮仓基地，年人均粮食产量比拉萨市和山南市高 30% 左右。山南市和日喀则市各县域的粮食产量分布较为均衡，而拉萨市的各调研县域之间的粮食年人均产量存在波动性差异，林周县粮食产量显著高于其他县域，墨竹工卡县因调研的样本农户未有小麦种植，粮食产量偏低。国际公认的粮食安全标准线是人均占有粮食 1000 斤（刘振伟，2004），我国粮食安全标准线为 800 斤 / 人，当人均粮食高于 800 斤时，粮食安全有保障，在 700 ～ 800 斤时平衡，当低于 700 斤时会发生粮食危机。西藏"一江两河"流域农区调研农区以小麦和青稞为主的粮食产量高于国际粮食安全标准线，更高于中国粮食安全标准线，日喀则市甚至高于中国粮食安全标准线的 97.6%。

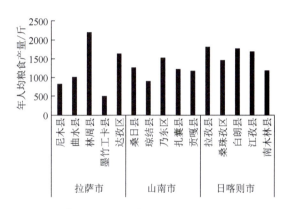

图 5.22　西藏"一江两河"流域农区拉萨市、山南市和日喀则市年人均粮食总产量

5.6.2　青稞和小麦消费现状

从入户调研数据分析结果可以看出，"一江两河"流域农区粮食消费结构中，青稞和小麦消费主要分布在囤粮（平均占比 36.45%）、饲料消费（平均占比 28.40%）、口粮消费（平均占比 16.83%）三部分，粮食销售和酿酒消费占比很低，分别为 9.61% 和 8.72%（图 5.23）。从粮食消费结构占比来说，西藏粮食生产和消费结构不对称，粮食产能远大于需求，导致囤粮占比过高。西藏农区粮食储存方式简陋，长期囤积的粮食质量下降，导致粮食的经济效益降低间接地造成耕地资源的浪费。

从区域粮食消费结构占比来看，各个地区也存在差异。拉萨市和山南市在囤粮方面更占优势，囤粮分别占粮食消费的 35.70% 和 45.21%，饲料消费分别占 32.12% 和 30.05%，口粮消费分别占 17.41% 和 17.49%，粮食销售分别占 6.32% 和 4.72%，酿酒消费分别占 8.46% 和 2.54%。相比前面两个地区，日喀则市粮食消费结构占比较为均衡，囤粮、饲料消费、粮食销售、口粮消费和酿酒消费占比分别为 28.44%、23.02%、17.79%、15.60%、15.15%。

从区域粮食年人均消费量来看，口粮年人均消费量和饲料年人均消费量的区域差异不大，而囤粮、粮食销售和酿酒消费区域差异性显著。年人均口粮消费量方面，拉萨市为 191 斤、山南市为 215 斤、日喀则市为 244 斤；年人均饲料消费量方面，拉萨市为 375 斤、山南市为 357 斤、日喀则市为 361 斤；年人均囤粮量方面，拉萨市为 502 斤，山南市为 545 斤，日喀则市为 480 斤；年人均销售量方面，拉萨市为 103 斤，山南市为 49 斤，日喀则市为 270 斤。

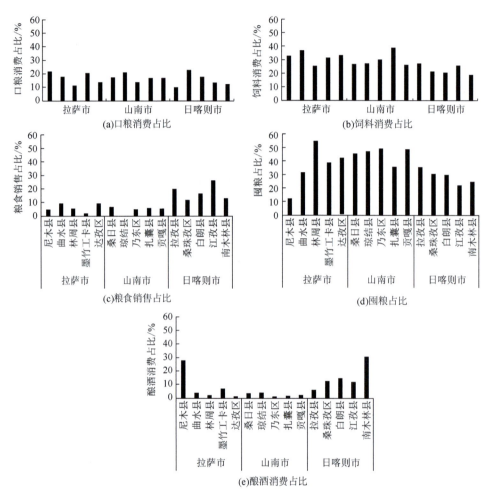

图 5.23　西藏"一江两河"流域农区拉萨市、山南市和日喀则市青稞和小麦总消费占比

　　青稞和小麦的口粮年人均消费量随人均粮食产量增加呈曲线增加，当人均粮食产量达到 1500～1800 斤时，年人均消费达到最大量 250 斤（图 5.24）。较之消费量随产量的曲线变化不同，口粮消费在粮食消费中的占比随人均粮食产量的增加呈直线减少趋势（图 5.24）。在粮食安全中，口粮安全是底线，目前我国城乡居民口粮年人均消费量为 254 斤（刘振伟，2020）。西藏"一江两河"流域农区居民的口粮消费与当前我国居民口粮年人均消费量持平，据此推算人均耕地面积约 0.41 亩就可满足当前农区口粮消费水平。

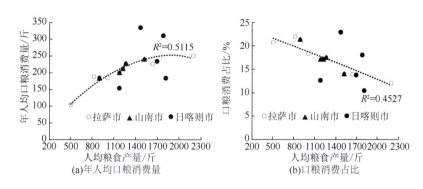

图 5.24　人均口粮消费量和占比与人均产量的关系

　　年人均饲料用粮随人均粮食产量的增加接近线性增长, 其占比随人均粮食产量的增加表现为线性缓慢降低 (图 5.25)。虽然西藏 "一江两河" 流域农区是西藏主要的农业种植基地, 但也是典型的 "农牧交错区", 畜牧业的发展也占据重要地位 (赵贯锋等, 2016)。从 2007 年以来, 农区畜牧业的产值在增长速率和规模上超过了牧业县, 成为西藏畜牧业最重要的组成部分 (秦基伟, 2014)。调研发现, 农区牲畜的饲料结构中, 粗饲料以青稞等粮食作物秸秆为主, 远远达不到牲畜的基本需求; 饲料配比不合理, 粮食饲喂比例过高, 优质饲草 (燕麦、苜蓿等) 饲喂比例低, 导致粮食饲料消费量和占比都维持在较高水平。人均耕地面积最高的日喀则市牲畜占全区的 25%, 但青饲料种植比重仅为 14%, 青饲料产能低于需求可能是饲喂比例不合理、粮食饲料消费过高的重要原因之一 (黄清雄和姬云飞, 2018)。

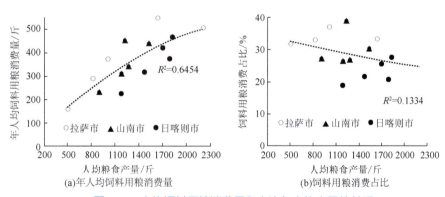

图 5.25　人均饲料用粮消费量和占比与人均产量的关系

　　西藏粮食产量远高于消费量, 但仍需大量的区外调粮, 这可能与西藏农区农户囤粮不售和粮食品质不佳密切相关 (赵贯锋等, 2016)。首先, 调研发现囤粮量和囤粮占比与人均粮食产量呈直线增长关系。西藏 "一江两河" 流域农区虽然是西藏地区主要的农业种植区, 但因高原生态环境形成的传统的风险规避种植方式和粮食消费方式, 农业种植结构以单一粮食种植为主。粮食产量大幅提高, 而口粮和饲料消费增长达到阈值或增加较为稳定, 售粮比例小, 使得较大比例的结余粮食通过农户简易的囤粮方式进行积压，导致粮食因霉变、鼠害污染等损失严重，降低了农区在粮食生产方面的经济效益（杨阳，2017；魏娜等，2018）。其次，由图 5.26 可以看出，西藏农区粮食进入粮食市场和周边地区交易的总量很低，占比也不高。通过调研和其他相关文献究其原因，一是受传统自给自足的消费观念影响，农户储粮意愿高于卖粮意愿；二是包括区内粮食流通系统和粮食生产系统在内的粮食保障系统未完全开放，农户售粮行为受政府相关部门的价格信号引导为主（赵贯锋等，2016）。

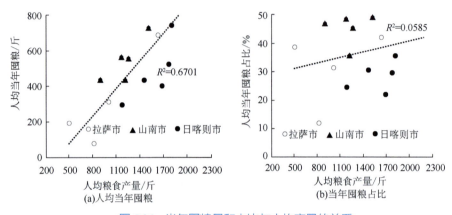

图 5.26　当年囤粮量和占比与人均产量的关系

根据调研，2019 年西藏"一江两河"流域农区青稞和小麦人均囤粮持有量约为 1000 斤，而同年我国人均粮食占有量为 940 斤（王晓君等，2020）。如图 5.27 所示，粮食最长囤积年限可达 5～6 年，平均为 2.4 年。拉萨市平均囤粮年限为 3 年，山南市平均囤粮年限为 1.8 年，日喀则市平均囤粮年限为 2.2 年。而在当前消费水平下，囤粮可以周转 1.2 年。

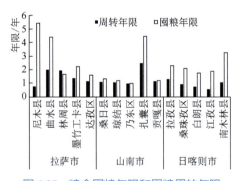

图 5.27　粮食囤粮年限和囤粮周转年限

历年统计数据显示，从 1978 年起，西藏总耕地面积稳中略有增加，以粮食种植为主，粮食耕地面积占总耕地面积的 80.6%。在 2000 年之前，粮食耕地面积保持较为稳定的状态，而从 2003 年后略有减少并保持稳定。从西藏自治区的粮食作物播种面积来看，青稞耕地面积占据了主要位置，其次是小麦（图 5.28）。

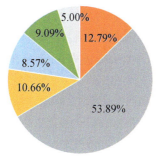

图 5.28　西藏主要农作物播种面积比例

　　粮食消费结构的变化,首先以口粮的消费量变化为主(王巧军,1997)。在西藏地区,主要的粮食消费结构为青稞、小麦和大米。近 30 年来统计数据表明,农村居民人均粮食消费量逐年增加,当增加到 600 斤/a 时(图 5.29),趋于平稳。随生活水平的提高和青藏铁路通车后物流运输便利性的增加,西藏地区农村居民粮食消费结构趋向多元化,青稞消费量(统计数据中的粗粮)逐渐减少,小麦和大米消费量相对增加(图 5.30)。

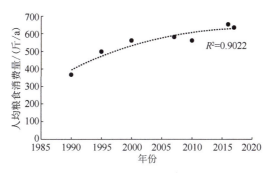

图 5.29　近 30 年人均粮食消费量走势

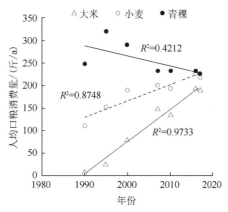

图 5.30　近 30 年大米、小麦和青稞人均口粮消费量走势

参考文献

次仁央金，李军，金涛．2007．试论西藏农业资源状况与种植制度发展．中国农学通报，23(5): 371-380.

高利伟，徐增让，成升魁，等．2017．西藏粮食安全状况及主要粮食供需关系研究．自然资源学报，32(6): 951-960.

何万华．2018．气候变化背景下西藏"一江两河"流域作物种植区分布变化研究．重庆：西南大学．

黄清雄，姬云飞．2018．日喀则市农区饲草种植业的演进与发展初探．西藏农业科技，40(2): 52-56.

李丹，田沛佩，罗红英，等．2020．西藏"一江两河"耕地生态安全时空格局与障碍诊断．农业机械学报，51(10): 220-229.

刘振伟．2004．我国粮食安全的几个问题．农业经济问题，25(12): 8-13.

刘振伟．2020．关于粮食安全的几个问题．农村工作通讯，785(21): 11-14.

伦丹．2017．西藏"一江两河"流域农作物种植区时空分布特征研究．重庆：西南大学．

秦基伟．2014．西藏农区畜牧业生产效率研究——以"一江两河"地区为例．北京：中国科学院地理科学与资源研究所．

陶娟平．2016．过去300年西藏"一江两河"地区耕地变化．西宁：青海师范大学．

王巧军．1997．粮食消费变化趋势及结构变动分析．粮食科技与经济，2:10-11.

王晓君，何亚萍，蒋和平．2020．"十四五"时期的我国粮食安全：形势，问题与对策．改革，319(9): 27-39.

魏娜，张飞龙，张一帆．2018．西藏高原主要粮油作物真菌毒素污染分布研究．农产品质量与安全，93(3): 66-70.

杨阳．2017．科学储粮，保证西藏储粮不"减量"．中国农村科技，(7): 28-31.

张华国．2015．西藏"一江两河"农业生态流域发展高原现代农业问题．西藏农业科技，(3): 1-5.

赵贯锋，余成群，钟志明，等．2016．西藏食物安全战略初探．西藏科技，5: 17-21.

赵彤彤，宋邦国，陈远生，等．2017．西藏一江两河地区人口分布与地形要素关系分析．地球信息科学学报，19(2): 225-237.

第6章

西藏区域间农牧系统耦合的资源基础

青藏高原是重要的国家安全屏障和生态安全屏障，也是我国重要的战略资源储备基地、高原特色农产品基地、中华民族特色文化保护地和世界旅游目的地。保护和建设好青藏高原"两屏四地"，须走绿色发展之路。2021 年 7 月习近平总书记在西藏考察期间特别强调，要抓好稳定、发展、生态、强边四件大事。要抓好这四件大事，就必须把握好四者之间的辩证关系，摸清高原绿色发展现状及制约因素，提出可行路径和具体建议，以期推进青藏高原区域融入国家"双循环"发展大格局，实现青藏高原生态保护和高质量发展。农牧业是青藏高原地区的支柱产业，是农牧民生计和可持续发展的基础。长期以来，青藏高原地区农业农村经济发展仍处在我国后列，人地矛盾较为突出，如何实现青藏高原农牧业绿色高质量发展青藏高原面临的长期而艰巨的任务。青藏高原农牧业绿色发展的核心是生产、生态、生活协调发展，传统的农区和牧区各自为政、封闭发展的模式已不可持续，必须另辟蹊径，寻找兼顾遏制草地退化和促进农牧民增收双赢的绿色发展之路。根据第二次青藏科考成果及长期高原研究的积累，基于青藏高原农区和牧区的资源分异特征，利用农区水热条件好、牧草产量高、牧区牦牛等特色牲畜资源丰富的优势，采取区域间双向流动和优势互补的方式，建立农牧区域联动耦合绿色发展模式，开展青藏高原特色农牧经济，可以减压增效，遏制草地退化的同时增加农牧民收入，最终实现青藏高原农牧业绿色高质量发展。

"一江两河"流域农区位于青藏高原南部（图 6.1），辖 18 个市县级行政单位，占地面积约 667 万 hm²。该地区属高原气候，年均温 7℃，年均降水量 400 mm，低海拔河谷地带有效累积温度可达 1500℃·d（Duan et al.，2019）。畜牧业和农业生产是农户生计的主要来源，牲畜以黄牛、牦牛和绵羊为主，粮食作物种植长期以来在农业生

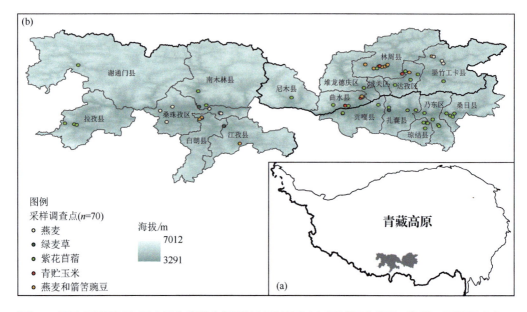

图 6.1　研究区地图（a）研究区在青藏高原所处地理位置（b）区域行政范围、海拔及野外调查点

产中占据主导地位，主要有春青稞、冬小麦、油菜和豌豆等作物。虽然目前粮食作物生产取得高产和经济上的成功，但单一化的粮食种植制度所带来的较低的农业收入和意外的负面环境结果越来越引发关注，这促使当地政府有意于以农牧结合的方式来促进粮食和饲料生产。特别是通过人工种草途径来提高牧草产量和农牧业利润，相较于藏北牧区的地理环境，农区更为有利的土地、水热、交通资源，进行牧草生产具有巨大的潜力。因此，"一江两河"流域农区是实行西藏农牧耦合绿色发展饲草产品供给的关键。

6.1　"一江两河"流域农区宜草边际土地识别技术研究

6.1.1　人工草地土地适宜性评价标准

在高寒环境条件下建立人工草地应当考虑各方面的影响因素，因此选址必须满足以下条件（表 6.1）。基于人工草地建立准则，构建了针对建立人工草地的土地适宜性评估（图 6.2），主要包括以下三个步骤：①根据影响因素所涉及的环境变量识别条件有利的边际土地；②利用模糊逻辑建模和映射可耕作的土壤条件；③通过整合多个因素条件和野外验证确定适宜人工种草的潜在边际土地。

表 6.1　高寒地区人工草地建立准则

影响因素	人工草地建立准则
土壤	土壤条件利于耕作
地形	海拔相对较低，坡度平缓，坡面向阳
气候	区域热量条件能够满足牧草生长需求
土地利用	边际土地（未利用或退化土地，不能占用耕地、林地、草地等）
灌溉	靠近水源地，便于建立灌溉条件
管理	靠近居民点和道路，便于交通和经营管理

6.1.2　数据收集与预处理

根据人工草地建立准则，本研究用于评估土地适宜性的数据集中包括土壤、气候、地形、植被和土地利用数据（表 6.2）。土壤属性指标从土壤数据集中计算并提取，数字高程模型用于计算海拔、坡度和坡向，土地利用类型以及水源和道路距离从 2015 年的土地利用与土地覆被数据中提取。

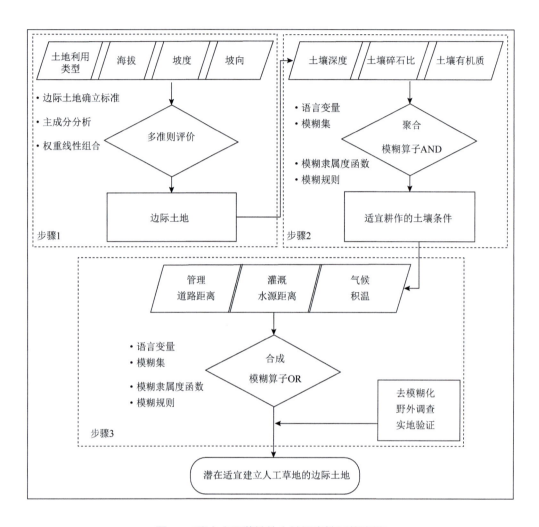

图 6.2　建立人工草地的土地适宜性评估流程

2000 ～ 2015 年的日平均温度用于计算有效积温，即生长度日（growing degree days，GDD），具体计算见式（6.1）。ANUSPLIN 4.3 用于将 GDD 插值成空间分辨率 1 km 的栅格数据（Hutchinson，2004）。

$$\text{GDD} = \sum \left[\frac{T_{\max} + T_{\min}}{2} \right] - T_{\text{b}} \tag{6.1}$$

式中，$T_{\max}$ 和 $T_{\min}$ 分别为每日最高和最低温度；T_{b} 为植物生长的基准温度，本研究取 5℃ 作为基准。

中分辨率成像光谱仪（Moderate Resolution Imaging Spectroradiometer，MODIS）的植被指数数据集（MOD13A3）用于计算植被覆盖度以及反映 2000 ～ 2015 年的草地植被变化趋势。草地植被变化趋势计算公式如下：

$$\text{Slope} = \frac{n \times \sum_{i=1}^{n}\left(i \times \text{NDVI}_i\right) - \sum_{i=1}^{n}i \times \sum_{i=1}^{n}\text{NDVI}_i}{n \times \sum_{i=1}^{n}i^2 - \left(\sum_{i=1}^{n}i\right)^2} \qquad (6.2)$$

式中，Slope 为植被覆盖在某一段时期的变化趋势，植被覆盖退化的草地以 Slope<0 来表示，也就是草地植被覆盖在这一段时期呈减少趋势；NDVI_i 为第 i 年的植被覆盖；n 为研究时期（2000 ～ 2015 年，16 年）。每年植被覆盖由逐月的归一化植被指数（normalized difference vegetation index，NDVI）合成。本研究将植被覆盖度低于 20% 且植被覆盖呈退化趋势的草地划为边际土地。

表 6.2　本研究所用的数据集

影响因素	指标	来源
土壤	土壤深度、有机碳和碎石比	Shangguan 等（2013）
气候	有效积温	http://data.cma.cn
地形	海拔、坡度和坡向	http://www.resdc.cn
植被	植被覆盖和变化趋势	https://lpdaac.usgs.gov
土地利用	土地利用类型	http://www.resdc.cn
灌溉	水源距离	http://www.resdc.cn
管理	道路距离	http://www.resdc.cn

6.1.3　边际土地多准则评价

多准则评价（multi-criteria evaluation，MCE）方法被广泛应用于环境评估中，尤其是和地理信息系统（geographic information system，GIS）技术的集成（Carver，1991；Jiang and Eastman，2000；Akbari et al.，2019），基于 MCE-GIS 集成的土地适宜性评估可以很好地将地理数据和多个准则的偏好结合起来。在基于 MCE-GIS 的土地适宜性评价方法中，加权线性组合法是最常用的方法，它考虑了多个指标的相对重要性。加权线性组合具体的计算公式如下：

$$S = \sum_{i=1}^{n}X_i W_i \qquad (6.3)$$

式中，S 为土地适宜性级别；X_i 为影响因素 i 的值；W_i 为影响因素 i 的权重值；n 为影响因素个数。根据海拔、坡度、坡向、土地利用类型等指标来确定适宜边际用地的土地基础（表 6.3）。主成分分析（principal component analysis，PCA）法用来计算权重，该方法已在诸多的生态因子权重计算研究中应用（Parinet et al.，2004；Kotzee and Reyers，2016；Liyun et al.，2018；Tripathi and Singal，2019）。

表 6.3　识别边际土地的指标和权重

指标	类值范围	语言变量	权重
海拔	>4500 m 4000～4500 m <4000 m	不适宜 中度适宜 高度适宜	0.301
坡度	>25° 15°～25° <15°	不适宜 中度适宜 高度适宜	0.319
坡向	北坡、西坡、西北坡和东北坡 东南坡和西南坡 南坡和平坡	不适宜 中度适宜 高度适宜	0.179
土地利用类型	耕地、林地、草地和建设用地等 沙地和盐碱地 荒地、严重退化草地和未利用土地	不适宜 中度适宜 高度适宜	0.201

6.1.4　模糊逻辑评价

模糊逻辑模型评价过程主要包括三个步骤：模糊化、模糊规则推理和去模糊化。首先，将各个环境变量的数值转化为土地适宜性的三个语言变量，即高度适宜、中度适宜和不适宜，然后用一组模糊规则和模糊算子描述系统过程。采用 MATLAB 的模糊逻辑工具来建立模糊规则，执行模糊推理系统和去模糊化。最后，通过去模糊化将输出的数据转化为观测的数据，利用 ESRI ArcGIS 软件将输出结果绘制成图。

表 6.4 中列出了土地适宜性评价指标的类值范围、模糊集和模糊隶属度函数。在本研究模糊推理系统中，每个指标的隶属度在 0～1 范围之间，如土壤砾石比例 > 20%，那么模糊集中为 0，就表示不适宜。此外，利用线性模糊隶属度函数对土壤有机质、土壤深度、生长度日等指标进行模糊化，而土壤砾石比，水源地和道路距离采用模糊较小值进行模糊化分类。模糊隶属度函数用于指标的标准化已经得到广泛的应用，模糊线性和较小值的具体图示在以往的研究中已经给出说明（Ki and Ray，2014；Araya-Muñoz et al.，2017）。对于线性模糊隶属度函数而言，输入栅格的最小值将在隶属度函数集中分配为 0，输入的最大值分配为 1，如果最小值小于最大值，线性函数的斜率为正。模糊较小值的函数方程计算如下：

$$u(x) = \frac{1}{1+\left(\dfrac{x}{f_2}\right)^{f_1}} \tag{6.4}$$

式中，f_1 为模糊较小值函数的散度，范围为 1～10，值越大从中点开始的分布就越陡峭，f_1 在本研究中取 5；f_2 为输入栅格值范围的中点。

模糊规则推理通常包括三个部分：条件（IF）、语言连词（AND 和 OR）和推论（THEN），如 IF 土壤深度＝中度适宜 AND IF 土壤砾石比＝高度适宜 AND IF 土壤有机碳＝高度适宜 THEN 可耕作的土壤条件＝中度适宜。应用模糊规则有一个聚合和合成的过程（步骤 2～步骤 3，图 6.2），聚合决定了规则中条件的满足程度，而合成则是将模糊规则合并到输出结果的单个模糊子集中（Joss et al.，2008）。本研究采用最小 - 最大（minimum-maximum，MIN-MAX）模糊规则法来执行模糊规则，模糊算子 AND 来进行聚合，模糊算子 OR 来进行合成。

6.1.5　野外调查与验证

于 2018～2019 年秋季进行人工种草现状野外调查，野外采样和实地访谈内容包括现有人工草地的海拔、坡度、坡向、经纬度，种植的牧草物种、产量、面积、出售价格、经营利润、种植年限和生产成本（即耕种、施肥、灌溉和管理等成本），共调查 70 个点。

表 6.4　土地适宜性指标的分类、语言变量和模糊隶属度函数

指标	类值范围	语言变量	模糊集	模糊隶属度函数
土壤有机质	< 3 g/100g 3～6 g/100g > 6 g/100g	不适宜 中度适宜 高度适宜	0 0.45 1	线性
土壤深度	<30 cm 30～60 cm > 60 cm	不适宜 中度适宜 高度适宜	0 0.5 1	线性
土壤砾石比	>20 % 10%～20% <10%	不适宜 中度适宜 高度适宜	0 0.6 1	较小值
生长度日	<500℃·d 500～1000℃·d >1000℃·d	不适宜 中度适宜 高度适宜	0 0.55 1	线性
水源距离	10～15 km 5～10 km 0～5 km	不适宜 中度适宜 高度适宜	0 0.5 1	较小值
道路距离	10～15 km 5～10 km 0～5 km	不适宜 中度适宜 高度适宜	0 0.5 1	较小值

6.1.6　建立人工草地土地适宜性评估与结果验证

经过筛选符合人工草地建设条件的边际土地空间分布格局，如图 6.3 所示，大部分区域位于海拔较低、环境和交通条件较好的河谷地带。整个研究区潜在的适宜建立人工草地的总面积约 4.2 万 hm²（表 6.5），占整个区域面积的 0.63%。其中桑珠孜区、曲水县、贡嘎县和扎囊县的潜在面积最多，面积占比高于 8%，至少 3000hm² 的潜在面

积可供人工草地建设。而城关区、林周县、江孜县和琼结县，能够用于开发建设的区域极其有限，面积占比均小于 3%，不足 1000hm²。通过野外调查对潜在区域进行了验证（图 6.4），70 个调查点中约一半（33 个点）的边际土地已被开垦建设为人工草地。目前虽有小部分荒地被开垦建设为人工草地，但由于灌溉设施条件不足，大部分适宜人工种草的边际土地依然未被开垦建设。

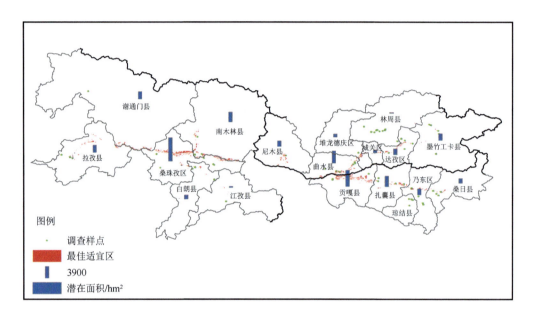

图 6.3　符合人工草地建立条件的优先区域

表 6.5　县域建立人工草地的潜在面积

县域	潜在面积 /hm²	比例 /%
桑珠孜区	7795.68	18.55
拉孜县	2432.48	5.79
谢通门县	2149.39	5.11
南木林县	3320.10	7.90
白朗县	1350.98	3.21
江孜县	439.94	1.05
城关区	896.36	2.13
尼木县	1846.71	4.39
堆龙德庆区	1023.60	2.44
达孜区	1994.05	4.74
曲水县	4050.15	9.64
林周县	158.42	0.38

续表

县域	潜在面积 /hm²	比例 /%
墨竹工卡县	2155.76	5.13
乃东区	2037.47	4.85
贡嘎县	5376.85	12.79
扎囊县	3474.96	8.27
琼结县	0	0
桑日县	1524.08	3.63
合计	42026.98	100.00

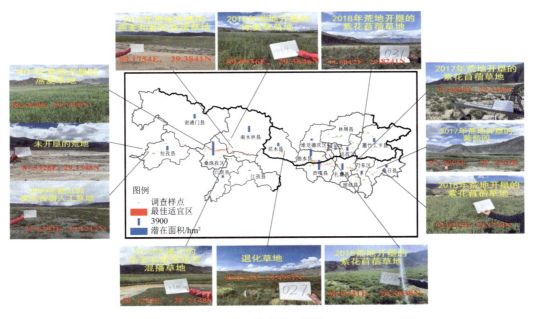

图 6.4　输出结果验证

6.2　"一江两河"流域农区作物收获后的牧草复种潜力研究

6.2.1　调查数据与研究方法

1. 数据来源与处理

本研究使用的数据集中包括气象数据（http://data.cma.cn）、土地利用数据（http://www.resdc.cn）、统计数据（http://tongji.cnki.net）和遥感数据（https://lpdaac.usgs.gov），

所有的数据经过预处理用于后续的分析。气象数据主要是提取 2000 ～ 2017 年的日平均温度用于计算有效累积温度，即 GDD。采用 ANUSPLIN 4.3 的薄板平滑样条法将 GDD 插值成 1 km 空间分辨率的栅格数据（Hutchinson，2004）。利用 2015 年土地利用数据确定耕地有效利用面积。NPP 来源于遥感数据（MOD17A3H）。利用粮食产量和牲畜数量统计数据估算各行政单位内农作物秸秆提供的饲料产量和牲畜数量。

2. 牲畜承载力

本研究中牲畜承载力是指天然草地和农作物秸秆作为饲料所能承载的牲畜数量。其中草地牲畜承载力根据中华人民共和国农业农村部发布的《天然草地合理载畜量的计算》（NY/T 635—2015）进行计算。

根据 Fan 等（2010）的研究，天然草地产量计算公式为

$$Y_i = \frac{\text{NPP}}{0.45 \times \left(1 + \frac{\text{BNPP}_i}{\text{ANPP}_i}\right)} \times A_i \tag{6.5}$$

式中，Y_i 为草地年产草量，kg；ANPP_i 和 BNPP_i 分别为某一草地类型 i 的地上生物量和地下生物量；A_i 为草地类型 i 的面积，m^2，由 1 ∶ 1000000 比例尺的草地类型图获取，草地类型主要包括高寒草甸和草原。NPP 为 2000 ～ 2015 年的净初级生产力，$kg\ C \cdot m^2$；0.45 为单位碳的转换因子（Tian et al.，2017）。ANPP_i 和 BNPP_i 根据 Zeng 等（2015）的研究进行计算。

草地承载力的计算公式如下：

$$R_c = \sum \frac{Y_i \times U_i \times E_i \times H_i}{I \times D} \tag{6.6}$$

式中，R_c 为草地承载力，指草地在可持续放牧情况下能够承载的牲畜数量，羊单位；U_i、E_i 和 H_i 分别为草地类型 i 的合理草地利用率、牧草可食比例和标准干草的转化系数；I 为羊单位的牧草日食量，这里取 1.32 kg/d；D 为放牧天数，这里取 365 天。根据《天然草地合理载畜量的计算》（NY/T 635—2015），高寒草甸和草原的标准干草转化系数分别为 1 和 0.95，草甸的合理利用率为 50%，草原为 45%。高寒草甸和草原的可食牧草比例分别为 78% 和 76%（杨鹏万，2015）。

青藏高原农区作物收获后的秸秆通常会当作饲料来喂养牲畜，根据杨正礼和杨改河（2000）定义的计算公式，由作物秸秆所提供的饲料承载力为

$$F = \frac{\sum P_i \times C_i \times U + \sum P_i \times S_i}{I \times D} \tag{6.7}$$

式中，F 为作物秸秆作为饲料所能够提供的牲畜承载力，羊单位；P_i 为农作物 i 的年产量，kg，从 2000 ～ 2015 年的统计数据中获取；C_i 为农作物 i 的转换系数（即作物秸

秆和种子比例）；U 为秸秆作为饲料的利用率；S_i 为作为精饲料的转换系数（即谷物麸皮等），粮食作物为 20%、油菜籽为 60%（杨正礼和杨改河，2000）。I 和 D 同式（6.6）。研究区秸秆利用率取 30%，秸秆作为饲料的转换系数分别为粮食作物取 1.6、油菜取 1.8、豌豆取 1.6（马兴林等，2001）。

3. 放牧压力指数

各行政单位内实际牲畜数量计算公式如下：

$$L_n = \sum L_i \times (1 + R_i) \tag{6.8}$$

式中，L_n 为实际牲畜数量总和；L_i 为某一牲畜种类 i（即黄牛、牦牛和绵羊）的年末数量，羊单位；R_i 为牲畜种类 i 的屠宰率。根据政府提供的 2000 ~ 2015 年的统计数据获取牲畜数量和屠宰率。

放牧压力指数用来评估放牧强度是否超过草地和农作物秸秆所能提供的牲畜承载力，具体计算公式为

$$G_p = \frac{L_n}{L_c} \tag{6.9}$$

式中，G_p 为放牧压力指数；L_n 为实际牲畜数量，羊单位；L_c 为牲畜承载力，即草地和农作物秸秆作为饲料所能供给的牲畜数量，羊单位。$G_p > 1$ 表示处于超载状态，$G_p < 1$ 表示处于可持续状态。

4. 生长度日计算

生长度日（GDD）的计算公式见式（6.1）。

对于青藏高原作物和牧草生长，5℃通常是开始生长的临界温度。因此，本研究选取 5℃作为计算作物和牧草 GDD 的基准温度。生长期是牧草在一定以上的温度条件下不同生长阶段所需要的有效累积天数，这和温度条件有着密切联系。本研究中牧草不同生长阶段生长期由文献中发表的实验数据获得。

5. 牧草产量估算

本研究所采用的牧草产量数据均来自中国知网（www.cnki.net）上发表的文献，所有产量数据都是基于在青藏高原的田间实验获得。根据作物收获后适宜牧草复种的耕地面积统计和青贮饲料平均产量统计，计算牧草复种能够提供的饲料并将其纳入到之前计算的草地和作物秸秆提供的牲畜承载力中，用于估算实行牧草复种后的放牧压力变化。

6.2.2 区域牲畜承载力

各县域牲畜承载力计算结果表明除了尼木县、堆龙德庆区、琼结县和桑日县外，

大部分县区处于超载状态 [图 6.5（a）]。尤其是桑珠孜区、南木林县、白朗县、达孜区、贡嘎县的放牧压力超过可持续牲畜承载力的 0.5 倍以上。而其他九个县区处于轻度超载状态，放牧压力指数均小于 1.5。区域 2000 ～ 2015 年平均牲畜数量为 900 万羊单位 [图 6.5（b）]。然而，自 2004 年以来草地和作物秸秆作为饲草所能提供的牲畜承载力平均只能满足区域总牲畜量 90% 的需求。尽管研究期间区域牲畜数量有所下降，但放牧压力指数却呈上升趋势。

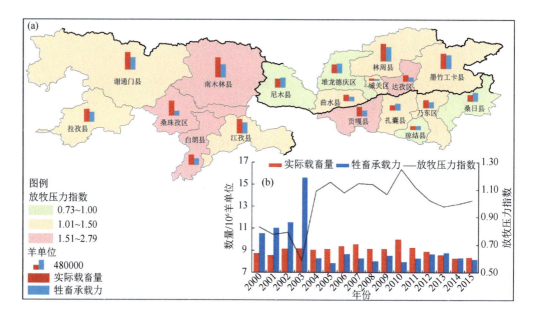

图 6.5　研究区牲畜承载力、牲畜数量和放牧压力 （a） 各县域放牧压力、牲畜数量和牲畜承载力空间格局 （b） 区域 2000 ～ 2015 年牲畜数量、牲畜承载力和放牧压力变化

6.2.3　作物收获后的牧草复种

以研究区通常种植的一年生牧草（燕麦和箭筈豌豆）为例，作为青贮的牧草栽培时间平均不超过 80 天（表 6.6）。燕麦和箭筈豌豆完成营养生长期的平均天数分别为 62 天和 75 天。生长度日的空间格局表明研究区河谷地带的耕地可以为一年生作物 - 牧草复种提供充足的热量（≥ 1500℃·d）需求 [图 6.6（a）]。而根据 2000 ～ 2017 年的日温度观测，日均温≥ 5℃通常从每年的第 113 天（即 4 月 22 日）开始，持续到第 313 天（即 11 月 8 日）结束，能够为作物 - 牧草复种提供有效积温的天数共 200 天。春播作物生长到成熟期的平均天数为 120 天，即从 4 月 22 日～ 8 月 20 日，因此还剩余约 80 天可以为春播作物收获后的牧草复种提供有效积温（即 8 月 21 日～ 11 月 8 日）。但是，冬播作物生长到成熟期需要 280 天（即从 10 月 20 日到次年 7 月 31 日），而剩余 80 天可以提供有效积温供牧草生长到最大营养生长期（即 8 月 1 日～ 10 月 20 日）。

表6.6　牧草不同生长期的周期长度

牧草物种	生长期*	周期长度/天
燕麦 (*Avena sativa*)	分蘖期	32
	拔节期	17
	孕穗期	13
箭筈豌豆 (*Vicia sativa*)	分枝期	27
	现蕾期	35
	初花期	15

＊牧草在成熟期前收获作为青贮饲料。

　　根据牧草复种的有效积温和生长周期需求，整个研究区约有15.84万 hm² 的耕地适宜作物收获后的牧草复种，占全部耕地面积的74.41%。其中适宜春播作物收获后牧草复种的耕地面积为90200hm²，适宜冬播作物收获后牧草复种的耕地面积为68177hm²（表6.7）。此外，考虑到GDD在海拔梯度上的差异和农作物生长的生境，农作物种植在不同的海拔梯度上应采取不同的春播或冬播模式。研究区西部拉孜县、白朗县和江孜县等海拔较高的耕地更适宜采用冬播作物收获后的牧草复种模式，复种期可提供超过550℃·d供牧草生长 [图6.6(b)]。而在东部区域如曲水县、贡嘎县和乃东区等海拔较低的耕地更适合采用春播作物–牧草复种模式，其间至少有500℃·d供牧草完成营养生长期。

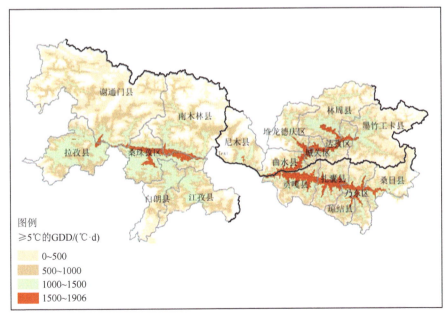

(a)

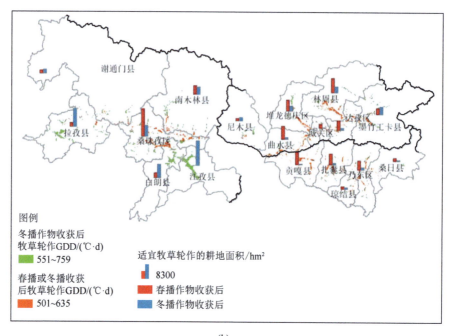

(b)

图 6.6　生长度日和适宜作物 – 牧草复种的耕地空间格局

(a)2000 ～ 2017 年区域年均生长度日；(b) 各县域作物 – 牧草复种的耕地面积和生长度日。研究区青贮饲料生产有两种模式：一种是春播作物收获后的一年生牧草复种，另一种是冬播作物收获后的牧草复种。春播作物 – 牧草复种主要分布在海拔较低的东部区域，而冬播作物 – 牧草复种的模式主要分布在海拔较高的西部区域

表 6.7　县域作物 – 牧草复种模式土地面积

县域	春播作物 – 牧草		冬播作物 – 牧草		总面积 /hm²
	面积 /hm²	占比 /%	面积 /hm²	占比 /%	
谢通门县	2100	2.33	2533	3.72	4633
拉孜县	2500	2.77	10931	16.03	13431
南木林县	5300	5.87	4376	6.42	9676
白朗县	3100	3.44	8103	11.89	11203
江孜县	0	0.00	14554	21.33	14554
日喀则市	16500	18.29	6567	9.63	23067
尼木县	1600	1.77	2081	3.05	3681
堆龙德庆区	6700	7.43	2995	4.39	9695
曲水县	7900	8.76	1218	1.79	9118
林周县	8700	9.65	3639	5.34	12339
墨竹工卡县	3900	4.32	4674	6.86	8574
达孜区	5800	6.43	1328	1.95	7128
拉萨市	2500	2.77	361	0.53	2861

续表

县域	春播作物 - 牧草		冬播作物 - 牧草		总面积 /hm²
	面积 /hm²	占比 /%	面积 /hm²	占比 /%	
贡嘎县	7700	8.54	454	0.67	8154
扎囊县	6600	7.32	1119	1.64	7719
乃东区	5600	6.21	1525	2.24	7125
琼结县	1700	1.88	985	1.44	2685
桑日县	2000	2.22	734	1.08	2734
合计	90200	100.00	68177	100.00	158377

因此，我们分析并确定了耕地适宜春播或冬播模式的海拔范围（图 6.7）。春播和冬播后牧草复种的耕地海拔上限分别为 4044 m 和 4520 m，其中 99% 的耕地处于 4000 m 和 4500 m 的上限范围。也就是说，海拔在 3533 ~ 4000 m 范围的耕地适宜春播或者冬播作物收获后的牧草复种，但海拔在 4000 ~ 4500 m 范围的耕地只适合在冬播作物收获后进行牧草复种。

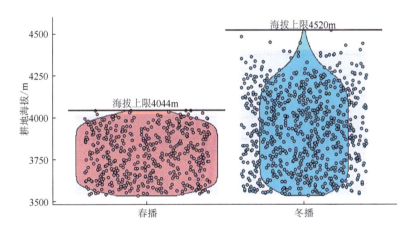

图 6.7　"一江两河"流域农区生产青贮饲料耕地的海拔范围

6.2.4　基于牧草复种的农牧耦合潜力

主要牧草物种的产量数据获取自文献中青藏高原田间实验。其中，燕麦和箭筈豌豆混播产量明显高于单播，混播模式成熟期平均干草产量可以达到 1.06 万 kg/hm²，而各类青贮饲料在营养生长期的平均产量为 7170 kg/hm²[图 6.8（a）]。通过将牧草复种生产的青贮饲料纳入草地和作物秸秆提供的饲料中，那么区域牲畜承载力将会大幅提高。因此，与 2000 ~ 2015 年的放牧压力指数相比，在青贮饲料补饲后的放牧压力指数将会明显下降 [图 6.8（b）]。研究区大部分行政区（18 个中的 13 个）将会解决饲料短缺问题并保持牲畜数量在承载力范围内。而在剩余五个县中，虽然放牧压力指数都会大幅下降，但桑珠孜区和南木林县放牧压力指数依然保持在 1.2。

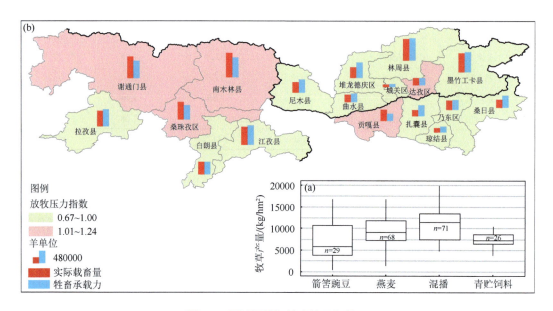

图 6.8　县域饲草与牲畜的平衡状况

（a）青藏高原牧草成熟期产量和营养生长期青贮饲料产量（干草）。数据获取自发表文献中的田间实验。青贮饲料包括燕麦和箭筈豌豆混播，燕麦或箭筈豌豆单播，以及营养期的青贮农作物，n 表示样本量。（b）青贮饲料补饲情况下县域牲畜承载力（包括草地牲畜承载力，作物秸秆提供的饲料和青贮饲料）和放牧压力指数

6.3　西藏区域农牧耦合的基础与潜力

对于西藏自治区来说，地域分异更为凸显。藏北羌塘地区和"一江两河"流域农区分别是西藏最重要的畜牧业基地（近西藏 70% 的草地面积）和粮食主产区（人口占西藏的 1/3）。这两个地区的资源基础共同决定了未来西藏农牧业耦合绿色发展的模式以及乡村振兴的路径。因此，对藏北羌塘地区和"一江两河"流域农区进行分区域的综合科学考察研究，详尽掌握当地草原和耕地资源保护与利用现状，剖析农牧民食物消费结构及其演变规律，引导构建绿色健康食物消费模式，对保障西藏粮食安全、推进乡村振兴战略具有重要意义。

藏北高原包括那曲市和阿里地区的色尼、安多、双湖、尼玛、班戈与改则、革吉、日土等 18 县区和拉萨市的当雄县，共计 19 个县区，是我国典型的高寒草原牧区。在国家主体功能区中的定位为限制开发区和禁止开发区。藏北高原生态安全屏障功能重要但生态本底敏感脆弱，生态保护与农牧业发展的矛盾十分尖锐。20 世纪 80 年代以来，藏北高原气候呈现暖干化，同时人口、家畜数量增幅明显，多数地区超载过牧严重，导致草地质量和生产力下降，草地生态退化。尤其是冬季饲草短缺、气候严寒雪灾频发，家畜越冬能力差，畜牧业生产季节性波动大。近十年来，国家陆续实施了退牧还

草、草原生态保护补贴与奖励政策等一系列草原保护政策，草畜矛盾有所缓解。而由于地面监测资料的稀缺，藏北高原产草量的估算目前还没有较为准确的模拟。因此，本次科考采用实地调查观测、遥感和模型技术相结合的方法，评估了西藏各县域水平的草产量、载畜量、饲草供给与补饲需求的时空分布特征，解析了藏北高寒草地草畜平衡状况。

基于多年实地调研数据，科考团队以目前常用的标准羊单位日食量 1.6 kg 标准干草 [《草食家畜羊单位换算》（NY/T 3647—2020）] 核算了藏北高原的草畜平衡状态，发现近 20 年来（2000 ～ 2018 年），整个藏北高原的理论载畜量为 2368.16 万羊单位，而实际载畜量为 2003.36 万羊单位，因此，藏北高原草地整体上并不超载，略有盈余（18.2%）。

从超载率的年际变异来看，2000 ～ 2006 年超载程度趋于严重。2006 年以后，随着藏北高原气候暖湿化和国家一系列生态保护政策、措施的深入实施，尤其是退牧还草工程、"草奖" 等政策的有序落实，藏北高原的超载趋势逐步被遏制，2015 年之后整个藏北高原已经达到草畜平衡状态（超载率 >0）（图 6.9）。

但是，从不同地区来看，局部地区超载情况依然存在，超载地区主要集中在东部部分草原和草甸地区，其中班戈县、当雄县、色尼区和聂荣县超载相对较为严重(>15%)，而安多县和申扎县也略有超载（<10%）（图 6.9）。整体核算，过去 20 年来，藏北高原东部超载县域的年均牧草缺口大约为 132.55 万 t。

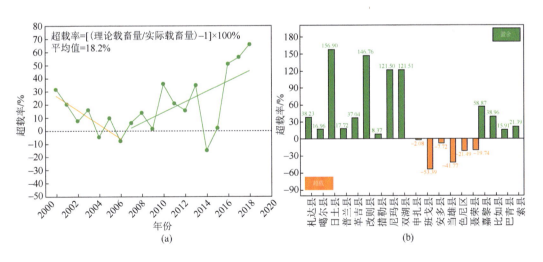

图 6.9　藏北高寒草地超载率的变化情况

基于地理信息系统的模糊逻辑和多准则评价方法识别了 "一江两河" 流域农区潜在的适宜建立人工草地的边际土地。结果表明整个研究区潜在的适宜建立人工草地的总面积约 4.2 万 hm²，占区域总土地面积的 0.64%，且潜在的适宜区大部分位于海拔较低、环境和交通条件较好的河谷地带。其中桑珠孜区、曲水县、贡嘎县和扎囊县的潜在面积最多，至少有 3000hm² 以上潜在面积可供人工草地建设。而城关区、林周县、江孜县和琼结县,能够用于开发建设的区域极其有限,面积不足1000hm²。野外调查验证表明,70个调查点中约一半(33个点)已经被开垦建设为人工草地。目前虽有小部分荒地被开垦建设为人工草地,但由于灌溉设施条件不足,大部分适宜人工种草的边际土地依然未被开垦建设。

研究证实作物收获后的牧草复种在"一江两河"流域农区实现牧草自给自足和缓解放牧压力具有广阔的应用前景。河谷地带的耕地可以提供超过500℃·d来确保作物收获后的牧草复种积温需求。春播作物收获后的牧草复种适宜种植期为8月20日~11月8日,冬播作物收获后的牧草复种适宜种植期为8月1日~10月20日(80天)。适宜春播作物-牧草复种的海拔上限为4000 m,冬播作物-牧草复种的上限为4500 m。此外,大部分县域的放牧压力指数在通过牧草复种补饲后将明显下降。因此,农作物-牧草复种对于研究区扩大饲草来源和缓解放牧压力将是一个好的解决方法。然而,未来还需要进一步鼓励农民的积极性以及通过相关政策环境的扶持来更广泛地推广牧草复种。

西藏"一江两河"流域农区人均耕地3.37亩,其中拉萨市人均耕地3.57亩,山南市人均耕地2.49亩,日喀则市人均耕地4.06亩。粮食种植以青稞和小麦为主,其中,青稞人均种植面积为1.6亩,占耕地面积的一半左右,日喀则地区最高(近60%)。从20世纪60年代以来,西藏粮食产量有了大幅增加,平均每年增幅约达7%,其中97.5%的增幅来源于青稞。尤其从"十二五"以来,西藏提出保障青稞为主的粮食安全,使得青稞产量得到更大幅度提高。2010~2018年,青稞产量增加了21%。

青稞种植亩均产量地区差异性不大,平均为471.9斤/亩。其中,拉萨市为406斤/亩、山南市为495斤/亩、日喀则市为489斤/亩。农村居民青稞消费总体上分为口粮消费(即糌粑用粮)、饲料消费、酿酒消费、销售粮和囤粮五部分。其中,人均糌粑用粮是粮食消费结构中的重要组成部分,年均消费量约为126斤,占青稞当年总产量的17.66%。饲料用粮消费量高于人均糌粑粮食消费量,为192斤,约为青稞当年总生产量的1/4(24.99%)。人均青稞酒消费量为108斤,占青稞当年总产量的12.01%。农区人均年囤粮较多(278斤),占青稞当年总产量的1/3以上(35.53%)。整个农区现有库存量为655斤/人,库存粮存储年限平均为2.5年。

在年人均产量方面,农区青稞和小麦的总和为1341斤,日喀则市为1581斤,高于国际粮食安全标准线(800斤)。因此,粮食生产过剩引起囤粮比例和囤粮年限过高,降低青稞的经济效益。再加上青稞饲料消费在消费结构中占比过高,从而降低粮食的利用效率。

西藏全区现有耕地面积为660多万亩(第三次全国国土调查数据),国家2023年下达的粮食播种面积为280.8万亩(西藏自治区农业农村厅,2022),永久基本农田面积为480多万亩。因此,在不改变现有粮食种植红线和基本农田的基础上,还有180多万亩的耕地可供发展饲草经济。实际上,2020年全区人工种草保留面积已经达到了157万亩,草产品加工企业和基地年加工能力达10万t以上(西藏自治区农业农村厅,2021)。

　　首先，科考团队基于对"一江两河"流域农区人工草地产草量（干草产量）的实地观测，发现种植燕麦、绿麦草、燕麦和箭筈豌豆混播、一年生黑麦草的牧草年平均产量能达到 800 斤以上。因此，若能调配出 150 万亩的耕地用来种植牧草，按照耕地亩产饲草 800 斤计算，至少可生产优质牧草约 60 万 t。

　　其次，科考队根据粮草复种的有效积温和生长周期需求，发现农作物收获后还剩余约 80 天（$\geqslant 500\ ℃\cdot d$）可供牧草复种生长，而一年生牧草燕麦和箭筈豌豆完成营养生长期的平均天数分别为 62 天和 75 天，因此，整个"一江两河"中游流域满足粮草复种条件的潜在耕地面积约 237.6 万亩。

　　最后，科考团队基于遥感、土壤、气象、地形和土地利用数据，选取土壤、有效积温、海拔、坡度和坡向、植被、水源距离等要素作为评价指标，利用多准则评价和模糊逻辑评价方法，识别出"一江两河"中游流域适宜建设人工草地的潜在边际土地约 61 万亩。

　　考虑到边际土地质量及复种产草能力的限制，保守按照亩产 600 斤计算，可生产 89 万多吨的牧草。因此，通过农区的种植结构调整和宜草边际土地的合理开发，至少可以生产 149 万多吨优质牧草，完全可以填补藏北高原的牧草短缺（132.55 万 t），西藏具备资源空间优化配置的基础。

　　因此，针对西藏现有农牧业发展的诸多问题，亟须发展高原农牧耦合绿色发展模式，即利用该区域间的差异，以饲草的生产和供给为途径，采用互补的方式进行农区和牧区的耦合发展，使高原内农区和牧区联动发展，进而使得两大经济体系的叠加效应得到充分开发利用。实现由数量型传统畜牧业向以质量效益型的现代畜牧业转变，增强高原畜牧业发展的稳定性，从而实现生态保护和农牧民收入增加的双赢，以此巩固生态文明高地建设，带动脱贫攻坚成果和乡村振兴战略的有效衔接，助力完善"稳定、发展、生态、强边"四件大事，促进高原农牧业高质量发展。

参考文献

段呈，石培礼，张宪洲，等 . 2019. 藏北高原牧区人工草地建设布局的适宜性分析 . 生态学报，39(15)：5517-5526.

方精云，白永飞，李凌浩，等 . 2016. 我国草原牧区可持续发展的科学基础与实践 . 科学通报，61(2)：155-164, 133.

方精云，景海春，张文浩，等 . 2018. 论草牧业的理论体系及其实践 . 科学通报，63(17)：1619-1631.

高清竹，李玉娥，林而达，等 . 2005. 藏北地区草地退化的时空分布特征 . 地理学报，(6)：87-95.

何永涛，张宪洲，余成群 . 2016. 西藏高原农牧系统耦合发展及其生态效应 . 中国科学院院刊，31(1)：112-117.

马兴林，李征，邓坤枚 . 2001. 西藏中部地区种植业生产现状与发展对策 . 中国农业资源与区划，(1)：40-43.

王欧 . 2006. 退牧还草地区生态补偿机制研究 . 中国人口·资源与环境，(4)：33-38.

杨鹏万 . 2015. 藏北高原毒杂草的空间分布格局及治理研究 . 北京：中国科学院地理科学与资源研究所 .

杨正礼, 杨改河. 2000. 中国高寒草地生产潜力与载畜量研究. 资源科学, (4): 72-77.

余成群, 钟志明. 2015. 西藏农牧业转型发展的战略取向及其路径抉择. 中国科学院院刊, 30(3): 313-321.

张宪洲, 何永涛, 沈振西, 等. 2015. 西藏地区可持续发展面临的主要生态环境问题及对策. 中国科学院院刊, 30(3): 306-312.

张新时, 唐海萍, 董孝斌, 等. 2016. 中国草原的困境及其转型. 科学通报, 61(2): 165-177.

Akbari M, Neamatollahi E, Neamatollahi P. 2019. Evaluating land suitability for spatial planning in arid regions of eastern Iran using fuzzy logic and multi-criteria analysis. Ecological Indicators, 98: 587-598.

Araya-Muñoz D, Metzger M J, Stuart N, et al. 2017. A spatial fuzzy logic approach to urban multi-hazard impact assessment in Concepción, Chile. Science of the Total Environment, 576: 508-519.

Carver S. 1991. Integrating multi-criteria evaluation with geographical information systems. International Journal of Geographical Information Systems, 5(3): 19.

Duan C, Shi P, Zong N, et al. 2019. Feeding solution: crop-livestock integration via crop-forage rotation in the southern Tibetan Plateau. Agriculture, Ecosystems & Environment, 284: 106589.

Fan J W, Shao Q Q, Liu J Y, et al. 2010. Assessment of effects of climate change and grazing activity on grassland yield in the Three Rivers Headwaters Region of Qinghai-Tibet Plateau, China. Environmental Monitoring & Assessment, 170(1-4): 571-584.

Harris R B. 2010. Rangeland degradation on the Qinghai-Tibetan Plateau: a review of the evidence of its magnitude and causes. Journal of Arid Environments, 74(1): 1-12.

Hutchinson M. 2004. Anusplin Version 4. 3. Centre for Resource and Environmental Studies. Canberra: The Australian National University.

Jiang H, Eastman J R. 2000. Application of fuzzy measures in multi-criteria evaluation in GIS. International Journal of Geographical Information Systems, 14(2): 173-184.

Joss B N, Hall R J, Sidders D M, et al. 2008. Fuzzy-logic modeling of land suitability for hybrid poplar across the Prairie Provinces of Canada. Environ Monit Assess, 141(1-3): 79-96.

Ki S J, Ray C. 2014. Using fuzzy logic analysis for siting decisions of infiltration trenches for highway runoff control. Science of the Total Environment, 493(5): 44-53.

Kotzee I, Reyers B. 2016. Piloting a social-ecological index for measuring flood resilience: a composite index approach. Ecological Indicators, 60: 45-53.

Li L, Zhang Y, Wu J, et al. 2019. Increasing sensitivity of alpine grasslands to climate variability along an elevational gradient on the Qinghai-Tibet Plateau. Science of the Total Environment, 678: 21-29.

Li X L, Gao J, Brierley G, et al. 2013. Rangeland degradation on the Qinghai-Tibet Plateau: implications for rehabilitation. Land Degradation & Development, 24(1): 72-80.

O'Reagain P, Bushell J, Holmes B. 2011. Managing for rainfall variability: long-term profitability of different grazing strategies in a northern Australian tropical savanna. Animal Production Science, 51(3): 210-224.

O'Reagain P, Scanlan J, Hunt L, et al. 2014. Sustainable grazing management for temporal and spatial variability in north Australian rangelands: a synthesis of the latest evidence and recommendations. The Rangeland Journal, 36(3): 223.

O'Reagain P J, Scanlan J C. 2013. Sustainable management for rangelands in a variable climate: evidence and insights from northern Australia. Animal, 7 Suppl 1: 68-78.

Parinet B, Lhote A, Legube B. 2004. Principal component analysis: an appropriate tool for water quality evaluation and management-application to a tropical lake system. Ecological Modelling, 178(3): 295-311.

Shang Z, Cao J, Guo R, et al. 2017. Effect of enclosure on soil carbon, nitrogen and phosphorus of alpine desert rangeland. Land Degradation & Development, 28(4): 1166-1177.

Shangguan W, Dai Y, Liu B, et al. 2013. A China data set of soil properties for land surface modeling. Journal of Advances in Modeling Earth Systems, 5(2): 212-224.

Tian G, Xu B, Yang X, et al. 2017. Aboveground net primary productivity of vegetation along a climate-related gradient in a Eurasian temperate grassland: spatiotemporal patterns and their relationships with climate factors. Environmental Earth Sciences, 76(1): 56.

Tripathi M, Singal S K. 2019. Use of Principal Component Analysis for parameter selection for development of a novel Water Quality Index: a case study of river Ganga India. Ecological Indicators, 96: 430-436.

Wu L Y, You W B, Ji Z R, et al. 2018. Ecosystem health assessment of Dongshan Island based on its ability to provide ecological services that regulate heavy rainfall. Ecological Indicators, 84: 393-403.

Xu H, Wang X, Zhang X. 2016. Alpine grasslands response to climatic factors and anthropogenic activities on the Tibetan Plateau from 2000 to 2012. Ecological Engineering, 92: 251-259.

Zeng C, Wu J, Zhang X. 2015. Effects of grazing on above- vs. below-ground biomass allocation of alpine grasslands on the Northern Tibetan Plateau. Plos One, 10(8): e0135173.

第7章

特色城市（拉萨市）乡村振兴路径与模式

乡村振兴战略是中国共产党第十九次全国代表大会贯彻部署新发展理念和建设现代化经济体系的核心内容之一，事关我国实现"两个一百年"奋斗目标和实现中华民族伟大复兴的中国梦，事关我国决胜全面建成小康社会征程和构建现代农业产业体系、生产体系和经营体系，事关新时代背景下根本性地解决"三农"问题。因此乡村振兴成为我国未来区域社会、经济和生态文明建设的基本遵循。

乡村振兴是战略性的宏观部署，也是全国纲领性的指导遵循。然而我国地域辽阔，乡村类型千差万别，区域内社会、经济、文化和生活习俗均存在较大差异，这注定了乡村振兴战略总体设计应分门别类、分类施策、分区推进，需要分别研究适于不同地区乡村振兴的模式和路径。只有适合区域社会、经济和资源的乡村振兴模式，才能够将区域内乡村的自然资源禀赋、社会经济发展水平、产业发展趋势及民俗文化传承有机融合。因此，贯彻和落实乡村振兴战略不能采用统一模式和路径，而是需要紧紧依托各个省（自治区、直辖市）的自然环境特征、社会经济发展水平、文化和生活习俗，创建适于该区域特色的路径和模式，以谋在深处，干在实处的基调，提出适合区域特色的乡村振兴路径和模式。

拉萨市是高海拔地区人口密度最大的城市，也是西藏的政治、经济、文化和科教中心，更是藏传佛教圣地和具有高原民族特色的国际旅游城市，还是首批国家历史文化名城和全国文明城市，拉萨市风俗民情独特，因此被评为中国优秀旅游城市、中国和世界特色魅力城市。但拉萨市的高寒气候、脆弱环境和区域经济发展的不均衡和不充分性，导致拉萨市乡村农牧业基础设施依然薄弱，乡村经济依然滞后，农牧民持续增收压力较大，"三农"问题依然严重，严重制约着现代农牧业建设、和谐美丽农村发展、农牧民对美好生活的向往和"两个一百年"奋斗目标的实现。

乡村振兴战略为全面和系统解决拉萨市乡村地区农业生产要素的高速非农化、乡村土地的严重空废化、农村社会主体的快速老弱化、乡村发展滞后、农村水土环境的污损化等乡村问题提供了契机，也为拉萨市推进乡村产业升级转型，乡村经济提质增效、高质量发展提供了战略机遇期。因此，基于拉萨市自然环境特征和当前社会经济发展实况，研究拉萨市乡村振兴路径和模式，是拉萨市贯彻落实乡村振兴战略的基础性任务，是拉萨市实施以"神圣国土守护者、幸福家园建设者"为主题的乡村振兴战略的顶层设计需求，更是认认真真、踏踏实实地研究拉萨市乡村"发展不平衡不充分"的需要。因此，研究拉萨市乡村振兴的路径和模式具有重要的现实和理论意义。

7.1 研究内容与方法

7.1.1 研究内容

1. 构建高原特色城市乡村振兴战略研究理论框架

以拉萨市为例开展典型高原特色城市乡村振兴研究，重点研究拉萨市乡村振兴战略的科学内涵与理论逻辑，按照"产业兴旺、生态宜居、乡风文明、治理有效、生活富裕"的总体要求，分析乡村振兴的本质性、相似性、特征性、关联性以及平衡性等，从而构建高原特色城市乡村振兴战略研究理论框架。

2. 建立高原特色城市乡村振兴发展评估体系

基于所构建的高原特色城市乡村振兴战略研究理论框架，依据"产业兴旺、生态宜居、乡风文明、治理有效、生活富裕"的总体原则，从社会可持续发展、农业农村经济可持续发展、资源的合理利用与生态环境保护等四个层面，筛选与乡村振兴有关的驱动力指标、状态指标以及响应指标等，建立乡村振兴发展评估指标体系，开展高原特色城市乡村振兴可持续发展的定性和定量评估。

3. 探索拉萨市乡村振兴发展路径

基于前期构建的高原特色城市乡村振兴战略研究理论框架分析不同类型乡村综合体发展现状和特征；基于建立的乡村振兴发展评估指标体系，筛选不同类型乡村综合体发展的路径，开展综合评估，分析不同类型乡村综合体存在的问题，提出有效的解决途径。在此基础之上，结合拉萨市地处高原和多民族聚居区这一特色，选择适宜拉萨市不同类型乡村综合体开展实证研究，探索适宜拉萨市乡村振兴发展的路径。

4. 制定拉萨市乡村振兴发展模式

在前期调研和总结的基础上，基于构建的高原特色理论框架和评估体系，结合拉萨市作为高原特色城市这一特点，凝练拉萨市乡村振兴科技创新战略方向与重点领域，制定适合拉萨市不同乡村综合体的振兴发展模式，进而为拉萨市制定乡村振兴科技创新行动计划提供政策建议。

7.1.2　研究方法

采用三种方法相结合，分四个阶段执行（图7.1）。项目采用收集数据和材料的方法主要有文献法、调研法（问卷调查、深度访谈）、专家咨询三种。根据项目计划分为四个阶段研究拉萨市乡村振兴战略路径和模式：第一，采用文献法构建高原特色城市乡村振兴战略研究理论框架；第二，通过文献法建立高原特色城市乡村振兴发展评估体系；第三，基于前期文献资料，结合调研筛选适合拉萨市乡村振兴发展路径和模式；第四，通过专家咨询法实施拉萨市乡村振兴科技创新行动计划。

技术路线为首先通过查阅国内其他地区关于乡村振兴理论研究的案例和理论成果，结合拉萨市的社会、经济、自然环境特征凝练高原都市型乡村振兴战略的理论框架，丰富我国乡村振兴理论的研究内容；在高原都市型乡村振兴战略理论的指导下，以科学性、代表性、可比可操作性和突出重点的原则构建高原都市型乡村振兴战略指标评价体系；然后依托拉萨市已有的成效显著的调查案例分类提出拉萨市乡村振兴战略的路径和模式，并界定各种路径和模式的应用空间范围和应用条件，最后提出支撑这些路径和模式的科技创新行动计划（图7.2）。

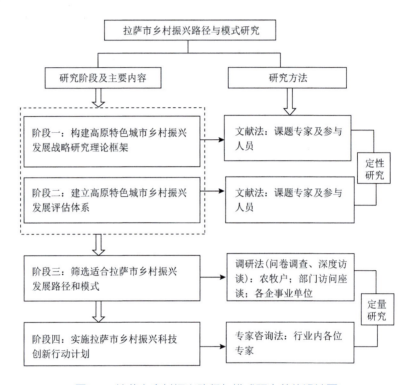

图 7.1　拉萨市乡村振兴路径与模式研究总体设计图

1. 文献法

首先通过中国知网、当地统计局等渠道搜集各类相关资料，然后研读与研讨大量文献资料，对现有理论和框架进行梳理，构建高原特色城市乡村振兴战略研究理论框架，建立高原特色城市乡村振兴发展评估体系。其中搜集资料主要有：各省市乡村振兴路径与模式研究资料、拉萨市"十三五"时期规划、各县区"十三五"时期规划、拉萨市及各县区国民经济统计资料（2017年）、各县区2017年底建档立卡贫困人口分村统计数据（人口、劳动力、户数、人口，包括一般贫困户、低保贫困户、五保户）。

2. 调研法

深入拉萨市各县区、各乡镇、各部门围绕农业发展新动能的农业基础设施建设、三大现代农业体系（产业、生产、经营）建设等；科技局、农业产业园区——乡村振兴的科技行动计划，新技术引进、推广、示范等；旅游局——乡村旅游发展；城市规划局、城乡建设局——小城镇建设设想和模式；人事局——劳动力培训；乡村振兴局——低收入人口状况、分布，乡村振兴、农业农村现代化前景。

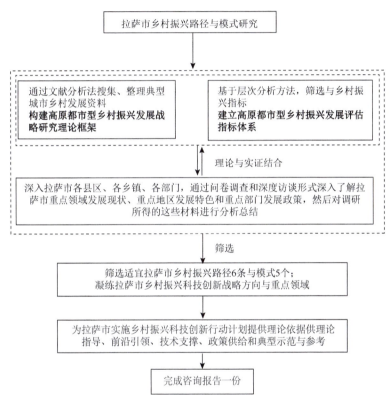

图 7.2　技术路线图

通过问卷调查和深度访谈等形式深入了解拉萨市重点领域发展现状、重点地区发展特色和重点部门发展政策，然后对调研所得的材料进行分析总结，结合文献法构建的高原特色城市乡村振兴战略研究理论框架和建立的高原特色城市乡村振兴发展评估体系，筛选出适合拉萨市乡村振兴发展的路径和模式。以问卷调查和深度访谈的形式紧紧围绕 2018 年的中央一号文件关于"实施乡村振兴战略"工作上"产业兴旺、生态宜居、乡风文明、治理有效、生活富裕"20 字要求来考察拉萨市相关重点领域和重点地区。

3. 专家咨询法

组织行业内相关专家，形成专家组讨论筛选适合拉萨市乡村振兴发展的路径与模式。为确保专家评定的内外部一致性，采用多人交叉和多次评定相结合的方法。

7.2 拉萨市乡村振兴路径与模式

7.2.1 拉萨市乡村振兴的主要路径

1. 稳步推进乡村产业振兴

充分依托拉萨市三区五县的资源禀赋以及地理区位优势，进行产业发展的总体布局。拉萨市近郊区依托净土产业，在沟域地区要大力发展集生态休闲、旅游观光、餐饮娱乐、鲜果采摘、民宿、传统手工业加工为一体的产业，通过建立电商平台，打造优势品牌，逐渐形成以城市居民周末游和外地旅游者观光为一体的综合旅游服务产业；在拉萨市外围河谷平原地区乡镇要大力发展现代有机农业、设施农业，尤其是有机绿色蔬菜种植，精心打造拉萨市的菜篮子工程。在远离河谷平原地区，要发展现代规模化养殖业，尤其是牦牛短期育肥、奶牛养殖，通过引进新品种，提升畜产品品质，打造高原特色牧业品牌。在拉萨市远郊县依托净土产业，在河谷平原地区，如林周县，要大力发展牧草种植、有机青稞种植，为拉萨市及其近郊区县以及当雄县提供优质牧草和青稞；通过立足黑颈鹤自然保护区优势发展集休闲、度假、旅游为一体的旅游产业；在山谷和沟域地区，依托本地优势产业，发展以产业带动的旅游业、运输业等第三产业的发展。在牧区当雄县，重点发展养殖小区、家庭牧场和净土牧场，引进优良畜禽品种，大力发展畜禽产品加工业，拓展销售渠道，增加牧民收入。此外，在拉萨市要大力发展实体经济，如有机青稞深加工、牦牛肉深加工、饮用瓶装水加工、传统服装加工等，拓宽销售渠道，通过与内地市场接洽，建立长期合作关系，增加农牧民收入。

2. 逐步壮大乡村集体经济

壮大乡村集体经济是解决农村发展不充分的主要路径，各单位应该因地制宜，统筹规划，切实做到一村一规划，一村一目标。

第一，强化发展意识，增强发展农村集体经济意识。坚持从实际出发，制订发展村级集体经济的具体实施意见，并指导各乡镇、村理清发展思路，推动村级集体经济健康发展。第二，依托资源优势，拓宽发展集体经济主渠道。拉萨市各村根据不同的实际情况选择不同的发展模式，重点探索出"资源依托型、产业带动型、服务创收型、城市拉动型、招商引资型、乡村旅游型、互助合作型"等多种实践形式，并不断总结经验进行推广。第三，继续打好各部门帮扶的"组合拳"，助推村级集体经济发展。加大各部门对村级集体经济发展的扶持力度，形成助推村级集体经济发展的合力。第四，加大新型农牧民培训力度，加快发展农村经济合作组织。要加大在村农牧民的培训力度，尤其是加大针对村干部、党员干部、村致富能手的培训，通过培训推广农村实用致富技术，不断提高广大农牧民群众的科学文化素质，争取使每个村有一个科技明白人，有两三个致富能手，有一批在种植业、养殖业、农村自然资源利用等方面的致富带头人。第五，加大招商引资力度，增强发展动力。招商引资是放大资源优势，取得显著经济效益，发展壮大村级经济的最有效方式和措施。

3. 创新农村基础设施投融体制机制

创新农村基础设施投融资体制机制可以有效解决融资渠道单一的问题。拉萨市应当坚持投融资的原则，构建多元化的投融资机制，创新投融资合作方式，进而解决融资渠道单一的问题，最终解决拉萨市乡村产业发展、基础设施建设、公共服务、社会管理、生态建设以及环境保护等政策的顺利实施和资金保障。

4. 加强特色旅游村镇建设

加强特色旅游村镇建设是乡村振兴战略的重要抓手。2016 年初，拉萨市被列入国家首批"全域旅游示范区创建单位"名单，为拉萨市旅游发展带来新的发展机遇，而特色旅游村镇建设成为核心内容之一。拉萨市应当立足实际，从基础设施、民族文化资源和人才引进等方面，加强特色旅游村镇的建设，并大力促进旅游业与文化产业、民族手工业等特色产业融合发展，不断提高拉萨旅游知名度、美誉度，有效解决旅游产业发展模式单一的问题。

5. 推进绿色发展，完善生态补偿机制

坚持绿色发展，核心是建立和完善生态补偿机制。构建西藏高原国家生态安全屏障，建立生态补偿机制，形成保护生态环境的长效机制，是解决西藏环境问题的有效措施。拉萨市作为西藏自治区的首府，不仅要完善生态综合补偿机制，强化森林生态效益补偿、草原生态保护补助奖励机制等，而且要探索建立流畅地、水生态和地质足迹保护补助奖励机制，不断提高主体功能区广大农牧民群众的生态保护意识。

6. 促进农牧民就业创业，增加农牧民收入水平

加大农牧民职业技能培训，首先应当全力实施在岗农牧民就业技能培训工程，突出建筑行业、餐饮服务、交通运输、加工企业等重点领域，对企业各岗位农牧民工进行技能培训，并探索有效的就业培训长效机制和资金筹集渠道，切实保证农牧民培训工作正常开展。其次，提高农牧民转移就业的组织化程度，切实解决好失地农牧民的就业问题，根据市场需求和农牧民本人培训要求，组织开展各类技能培训，促进其稳定就业增加收入。最后，做好农村劳动力资源数据库等基础工作，全面摸清全区农村劳动力的年龄结构、文化程度、培训情况、职业技能、就业意愿等，以乡（镇）为单位建立农村劳动力资源数据库，实行统一台账管理，建立涵盖全市农牧民个人培训档案的动态管理系统及就业档案。

7. 完善体制机制，推进农地制度创新

积极探索建立农地使用权流转机制和公平公正的农地制度改革是推进农地适度规模经营的重要举措。拉萨市应当在结合自己土地流转和经营方式的基础上，建立健全农村土地流转服务体系，加快培育带动力强的新型农业经营主体，助力乡村振兴。

8. 多措并举巩固脱贫成果

第一，必须加强政府在乡村振兴工作中的职能建设。准确识别目标群体，进行发展滞后地区的发展状况监测；制定振兴帮扶战略，提供宏观经济政策支持；保持宏观经济的稳定和持续快速增长，组织公共工程的建设，适时对旧的帮扶相关标准进行调整。

第二，要完善乡村振兴管理体制，提高资金使用效益。通过强化乡村振兴领导机构，消除部门之间的目标偏差。整合各部门的乡村振兴资源，统一规划，统一使用。加强对乡村振兴财政资金使用的绩效考核，监督与问责制度。严格项目申报条件和审批程序，确保乡村振兴资金流向发展滞后地区，特别是重点帮助、重点扶持低收入人口；加强事前事后的乡村振兴工作管理，监督乡村振兴投资的投放，评价乡村振兴项目的效果；鼓励低收入人口参与项目的规划和管理。

第三，实现农村由道义性扶贫向制度性乡村振兴的转变。财政乡村振兴的重点领域应该是城乡一体化的社会保障体系和发展滞后地区基本的教育、卫生和科技推广等公共服务；各项农业的补贴政策要适当地向低收入的农户倾斜，与科技振兴政策相结合，使得低收入农户从增加产出和劳动效率中获得收益；在继续利用财政资金进行发展滞后地区基础设施建设的同时，大力加强发展滞后地区的人力资本开发，同时减少直接的生产性投资，将生产领域更多地留给专门的金融部门来做会更有效率。

第四，通过发展集体经济增加农牧民收入。发展集体经济，提高农牧区党支部为群众办实事办好事的能力，从而保证农牧区政治与经济的良性发展，提高党在农牧区的威信，巩固党的基层政权。建议有关部门要继续坚持开发式乡村振兴的方针，把乡村振兴资金向发展滞后农牧区集体经济倾斜，帮助发展滞后农牧区发挥集体经济优势，抓好基础设施建设，改善落后的生产生活条件，大力发展投入少、效益好的种植业、养殖业和农副产品加工业。

第五，寻求家庭经济发展与区域经济发展的结合点。因地制宜选择适合当地发展的主导产业和支柱产业，尤其是立足当地的特色产业，增加低收入人口的参与度，为低收入人口创造更多的就业机会，充分调动和发挥低收入人口和发展滞后地区在乡村振兴中的积极性、主动性和创造性，提高低收入人口自身增收致富能力。

7.2.2 拉萨市乡村振兴的主要模式

根据拉萨市各县区土地流转模式、产业空间布局、可供采用的路径，在乡村振兴理论框架的整体指导下，结合各县区的自然资源和社会经济水平，凝练和筛选出适合

拉萨市乡村振兴的五种类型，分别为城镇带动型、生态旅游和特色文化带动型、农牧业综合发展带动型、水电工矿企业带动型和移民搬迁型。针对每种类型，实施差异化管控和分类引导。

1. 城镇带动型

城镇带动型乡村综合体主要分布于县城、中心镇周边一定范围内的乡村。乡村振兴的主要思路是根据分布面积和主体产业，将较有潜力的区域中心乡、工矿企业所在乡、旅游景区所在乡、交通枢纽和传统集市所在乡等撤并为建制镇，增加西藏建制镇数量，培育和发展特色小城镇。在县城或镇总体规划层面系统考虑，通过和城镇的交通对接、基础设施延伸、公共服务整合、产业互动融合等途径，形成依托城镇带动发展的动能机制。

2. 生态旅游和特色文化带动型

生态旅游和特色文化带动型乡村综合体一般位于旅游景区内部、周边或旅游线路沿线的乡村，主要的发展思路为严格保护自然生态、民族文化和村落风貌，发展"农家乐""藏家乐"等特色民宿，开发装饰服饰、手工艺品、藏戏歌舞等文化产品。探索自身整体经营、与景区联动经营等方式，形成有竞争力的西藏乡村生态文化旅游带动发展机制。

3. 农牧业综合发展带动型

农牧业综合发展带动型乡村综合体是指农林牧业发展条件较好，距离县城和中心镇较远的乡村。主要的发展内容为定向扶持形成一村一品特色，鼓励开展农林牧产品的产地初加工、精深加工和综合利用加工，延伸产业链，促进一三产融合发展。发展农牧业产业园区，强化金融支持与龙头企业培育引进扶持工作机制，形成"金融＋龙头企业＋生产基地＋合作社＋农户"合作链条，引导西藏农牧民从分散生产转向有组织规模化园区型生产经营。推进西藏乡村物流网络体系建设，大力发展西藏农业农村电子商务，打造高原特色绿色农产品品牌。

4. 水电工矿企业带动型

水电工矿企业带动型乡村综合体主要是指水电矿产等资源开发企业周边的乡村。乡村振兴的发展思路是依托水电工矿企业，协调引导水电工矿企业与所在区域乡村形成援建帮扶机制，通过土地流转租赁、吸纳农牧民到企业就业、组建集体企业经营、农户入股分红等多种途径，将通过国有资源开发获取的企业效益，转化为周边农牧民的补偿性收益。鼓励企业对周边乡村文化旅游、农牧产品开发、人居环境整治项目进行投资建设，形成乡村与企业互动互惠发展格局。

5. 移民搬迁型

移民搬迁型乡村综合体主要位于生态敏感区、地质灾害隐患区、工程移民区、偏远山区的乡村。乡村振兴的核心路线是在尊重农牧民迁并意愿基础上，通过生态移民、牧民定居、易地搬迁等路径，向城镇、周边中心村或用地条件较好的沟谷地区聚集，并入既有乡村或形成新的农牧民定居点。重点解决搬迁后居民的生计问题，通过政策引导，为本地及迁入的居民解决好集体产权权属划分及分配、就业、医疗、教育、住房等问题，限制搬迁后继续经营原有土地等生产资料行为，保证易地搬迁顺利实施。

7.3 拉萨市实施乡村振兴战略的政策建议

7.3.1 共性政策建议

新时期，拉萨市实施乡村振兴战略需要重点考虑以下几个问题。

首先，加快推进农村一二三产业的融合发展。改革开放以来，虽然西藏农村一二三产业得到了迅速发展，尤其是特色产业发展迅猛，但是无论与全国平均水平还是西部欠发达地区相比仍相对落后，产业发展不平衡的矛盾依旧突出。西藏产业结构布局不合理，农村重农牧生产，轻农产品加工，农产品营销创新不足，农村一二三产业融合不够。未来西藏实施乡村振兴战略过程中，一方面要依托当地资源禀赋继续做大做强农村特色产业，加大科技在特色产业发展中的贡献力量，注重特色产业集群的建设，积极推进特色产业体系的建设，加快推进特色产业结构调整、转变发展方式；另一方面要大力发展具有高原特色的农牧林水产品深加工，链接农产品生产、加工、流通和销售环节，延伸农产品产业链，促进农产品的顺利交易，提高农产品附加值，加快推进农村一二三产业的融合。

其次，建立健全人才激励政策。一是建立农业科技人员激励机制，深化农业科研成果权益改革，允许科研人员通过持股、兼职开展科技服务，充分调动农业科技人员积极性。二是建立新型职业农民培育制度，主动在新兴职业农业的基础上培育新型主体。三是建立"土专家"认定评价制度，对于有一技之长的农村能人，建立认定评价制度，激发其示范带动农民的主体意识。四是建立社会人才到农村创业创新激励机制，通过财政扶持、用地保障、税费减免等优惠政策，吸引社会人才向农村流动。

最后，大力提升农业农村的信息化水平。信息化是农业现代化的制高点。大力发展农业农村信息化，是加快推进农业现代化、全面建成小康社会的迫切需要。西藏自治区农业信息基础设施与建设相对薄弱，农业信息资源开发利用不够，农业信息化网络和传播体系不健全，农业信息化服务水平偏低，信息难以进村入户。未来西藏实施乡村振兴战略过程中，必须着重加强农业农村信息化建设，深入推进网络基础设施建设，大力推进信息进村入户工程，加快农村信息化服务普及，通过搭建信息化平台，重点围绕西藏特色农牧产品、藏药、天然饮用水、高原绿色食品加工业以及乡村旅游业等，规划和打造西藏现代农牧业综合信息服务平台，推动互联网与农牧产业的融合发展，通过线上线下交易解决农产品流通困境，促进农牧民增收致富，助力乡村振兴，推进西藏传统农牧产业转型升级，全面提升农牧业信息化水平。

7.3.2 精准政策建议

1. 城镇带动型

重视乡村振兴与农牧民持续增收之间的关系。新时期党的十九大确立的乡村振兴战略成为西藏破解反贫困瓶颈的重要突破口，通过实施贫困户安居工程、特色产业扶贫、整乡推进扶贫、连片及定点扶贫等工程，西藏农村地区的反贫困工作获得重大进展。但是西藏农村地区的乡村振兴仍然面临着诸多问题，如发展滞后区集中连片分布、发展滞后的区域性与分散性并存、返贫现象突出等进一步制约了农牧民的持续增收。因此，西藏自治区未来实施乡村振兴战略过程中，应该围绕农牧民巩固脱贫成果与持续增收的路径与模式做足文章。

2. 生态旅游和特色文化带动型

保护生态环境是生态旅游发展的重要前提。把自然环境保护放在优先战略地位，作为生态旅游发展的前提条件和基础工作，全面落实建立项目环境评价制度，严格环境准入要求。建立政府监测、预测、预警和干预机制，确保西藏自然生态环境优势地位。按照主体功能区规划和生态功能区规划要求，依法保护好国家重点保护野生动植物资源。有效保护和合理利用文化遗产资源。坚持"保护为主，抢救第一，合理利用，加强管理"的文化遗产保护方针，严格执行国家文化遗产保护政策，提高文化资源开发利用水平，建立政府投资主导机制，做好世界文化遗产等的保护工作。对列入国家非物质文化遗产名录的传承人实行政府扶持政策，对其从事非物质文化遗产传承活动在土地、税收、贷款等方面给予支持。

3. 农牧业综合发展带动型

协调好现代农牧业发展与保护生态之间的关系。发展经济和保护生态是西藏自治区长期面临的两大任务。西藏自治区现代农牧业发展既要遵循科学发展规律，又要因地制宜、合理规划，有计划、有重点、有阶段地深入推进。首先，西藏现代农牧产业项目必须通过严格审批，选址、布局和规模要符合国家环境评价的要求，对不符合环评要求的项目实行一票否决制；其次，农牧产业生产过程中要提供各种污染物最终排放的治理措施和综合利用方案，最大限度降低污染物排放对生态环境的影响，尤其是规模化养殖业生产过程中的畜禽废弃物处理与资源化问题要特别关注；最后，农牧产业发展要循序渐进，符合市场发展的规律，不能好高骛远、不切实际，导致产能过剩

等问题的出现。

4. 水电工矿企业带动型

加强矿产资源规划与可行性研究。针对拉萨市各县区内的资源特点,将本辖区内的资源进行分类。大型矿床应该按省级矿产资源规划执行,由具有相应资质的矿业公司或法人组织进行正规开采。中小型矿床宜鼓励投资主体多元化,由中小企业、法人、自然人获得矿业权,进行探矿采矿活动。严格审查矿产产业资质和矿产利用流程。政府审查过程中,要把好三关:一是资源利用关,即采矿方法和选矿工艺要充分回收利用资源;二是安全关,其开拓系统和采矿方法要确保作业人员的安全;三是环境保护关,即"三废"达标排放,不造成环境污染和矿地的复垦利用。

5. 移民搬迁型

控制城市规模,合理发展小城镇。目前,拉萨市的城市规模偏大,环境资源的人口承载力较低。每年旅游季节大量人口的涌入,已经给拉萨市的交通、生活设施、能源供应造成很大压力,应该严格控制移民的迁入。其他移民区的发展应该以小城镇为主。要改善移民生活的能源消费结构,大力发展太阳能、沼气、天然气等清洁能源,减少对薪材林、牛粪的需求,完善城镇功能,搞好废水、废气和固体废弃物的无害化处理,加强对移民区生态保护的力度。

附　录

科考日志

一、西藏农牧耦合绿色发展科考分队农区调查小组科考日志

(2019 年 8～9 月)

科考第 1 天：2019 年 8 月 7 日；天气：晴

1. 科考路线：拉萨市—日喀则市，行程约 360km
2. 科考目标：到达日喀则市，准备开展日喀则市各县区的科考工作
3. 科考人员：张宪洲、何永涛、范玉枝、王灵恩、段呈、张燕杰、刘芳、王芳、阿旺
4. 考察过程、内容和体会描述

拉萨市的雨季本来多为夜雨，前几天却反常地连续阴雨。经过几天的准备工作，我们今天从拉萨市前往日喀则市，由日喀则市开始本次科考工作。也许是我们的热情冲破了拉萨市上空盘桓了多日的乌云，早晨 9 点出发时，拉萨市的阳光已明亮而耀眼（附图 1.1）。

附图 1.1 科考分队合影

从拉萨市出发途经拉萨河流域的曲水县，海拔约 3600m，以青稞、小麦和油菜为主的农田斑块状分布在河谷的村落周围（附图 1.2）。青稞已到收获季节，可以见到农民收割青稞的场景，田边撑着大大的遮阳伞，伞下是青稞酒、酥油茶，

供游客们休息时饮用。

附图 1.2　拉萨河流域曲水县农田

　　过了雅鲁藏布江，山路蜿蜒曲折（附图 1.3）。来来往往的自驾车、旅游小巴车在高原高山上盘旋，正值西藏的旅游旺季，游客们选中这个好时节蜂拥至此，这些人迹罕至的高原秘境倒也变得拥挤和局促。

附图 1.3　盘山公路

　　途经距离拉萨市区 120km 左右的羊卓雍错，为西藏的三大圣湖之一，隶属于山南市浪卡子县，海拔 4438m。雨季的羊卓雍错与旱季碧蓝色纯净的湖水不同，山上的雨水带着泥沙汇集入湖中，使边缘湖水呈现土黄色，与碧蓝色的湖水形成一条明显的分界线，景象颇为奇特。

继续行驶，经过著名的卡若拉冰川，其是西藏三大大陆型冰川之一，为年楚河东部源头（附图 1.4）。由于冰舌位于海拔 5000m 以上，终年冰冻。但这次我们经过山下，竟然发现如注的冰川融水沿沟谷倾泻而下。冰川的融化可能是全球变暖在西藏最直观的体现。世界第三极正在以大自然独有的方式警示我们，很多独一无二的景观如果失去，将不可复制和挽回。

附图 1.4　卡若拉冰川

进入年楚河流域的江孜县和白朗县则是另外一番景象。江孜县和白朗县属于日喀则市，由于粮食种植面积大，被称为"西藏粮仓"。沿途可以见到在西藏少有的大片农田景观，以青稞、小麦和油菜为主（附图 1.5）。与拉萨市不同的是，这里的农田还是一片绿油油，没到收获季节，主要原因还是这里海拔比较高，约 4000m。

看到大片青稞田我们开始跟藏族师傅聊起青稞酒，从而得到一个很有趣的信息，拉萨市很多藏族人已经很少喝青稞酒，取而代之的是啤酒。师傅说主要原因是人们生活水平普遍提高，有经济能力购买啤酒；啤酒口感均匀，而青稞酒则由于手工酿制口感浓淡不均匀。同时，我们还和师傅聊到藏族传统食物——糌粑，发现拉萨市的藏族人很少吃糌粑，反而是外来汉族人开始吃糌粑。我们从中得到启发，可以将青稞酒和糌粑的食用情况补充列入调研表中，分析汉藏食谱的融合对青稞及其他作物的生产是否存在影响。

附图 1.5　年楚河流域白朗县大片农田景观

拉萨市到日喀则市虽然路程并不长，但由于山路崎岖，限速较低，所以今天主要时间都在路上，晚上七点才到日喀则市。大家坐了一天的车都很疲惫，休息了两个小时后简单吃过晚饭，便开会讨论和细化明天的科考方案。会议强调了科考的重点：人工种草情况；每户基本情况状况；粮食种植结构、产量、自用及销售情况；牲畜存栏、出栏、饲草来源及销售情况；食物消费现状和动态变化等。最后全体队员细化路线及分组，为明天的科考做好了充分准备，会议结束时已是晚上 11 点半。

5. 本区域考察获得样品、数据、资料等：无

6. 现场照片、视频等数量：6 张照片

科考第 2 天：2019 年 8 月 8 日；天气：小雨

1. 科考路线：日喀则市—拉孜县曲下镇和查务乡—日喀则市，行程约 320km

2. 科考目标：两个乡镇的人工草地调查；入户进行四个村共 24 户的生产生活情况调研

3. 科考人员：张宪洲、何永涛、范玉枝、王灵恩、段呈、张燕杰、刘芳、王芳、阿旺

4. 考察过程、内容和体会描述

上午 7 点，天蒙蒙亮，科考队员冒小雨从宾馆出发赶往 150km 外本次科考的第一个县——拉孜县。10 点半与该县科技部门负责人会谈，获取地方支持。随后分为两组，第一组为人工草地考察组，第二组为入户调研组，前往该县曲下镇和查务乡开展考察工作。

1）人工草地考察组

首站是曲下镇拉曲村。拉曲村共有人工草地 8000 亩，全部种植紫花苜蓿（附图 1.6）。其中 3000 亩是在村委会的带领下种植的，还是非常成功的；另外的 5000 亩是由公司承包，大概是因为当时没有灌溉条件，种植的紫花苜蓿并不太成功。拉曲村每年收获的紫花苜蓿由萨迦县农业农村局收购。由于政府的扶持，拉曲村人民的生活得到了很大的改善。我们在 3000 亩的人工草地取了 3 个 1m×1m 的植物样，并且取了 5 钻土样（附图 1.7）。

附图 1.6　拉曲村人工草地

附图 1.7　人工草地取样

下午 1 点半左右到达曲下镇土林村。土林村从 2008 年开始种植紫花苜蓿，共有 800 亩人工草地。但与拉曲村不同的是，土林村种植人工草地不是为了卖牧草挣钱，而是为了在夏天补饲村民自己饲养的牛羊。冬天村民会从其他地方来购买饲料补饲牛羊。由于土林村的人工草地处于放牧状态，所以我们没有取样。但此地块是人工草地，验证了我们对人工草地进行遥感解译的准确性。

下午 3 点我们到达查务乡查务村，由于查务村没有人工草地，所以我们去验证 29.1348°N，87.5326°E（位于卡充村）是否为荒地，验证结果为此地块的确为荒地。

2）入户调研组

入户调研组入户进行问卷访谈，通过与农牧民的访谈，获取关于农户耕地、草地、粮食种植、畜牧养殖、农牧业发展政策等生产方面的信息，以及农牧民日常食物结构、生活消费等消费方面的信息，全面了解"一江两河"流域农区农牧民的生产生活与消费生活的特点，客观了解种植农业与畜牧产业在"一江两河"流域农区的发展现状，从而为探索西藏实现绿色发展获取一手资料和客观数据。

我们随机每村访问六户村民，然后由我们自带的藏族学生、村干部及汉语较好的藏族司机进行翻译，开展访问工作。并对有代表性的农户进行更详细的入户访谈，尽可能全面了解农牧民的生活现状和存在的问题，使调研样本更具有代表性和客观性。

首站是曲下镇拉曲村，由镇到村是坑坑洼洼的泥泞土路。拉曲村全村位于河谷平地，没有山地。拉曲村位于黑颈鹤国家级自然保护区内，是青稞良种繁育基地，在作物生长季节不允许放牧。在访谈一户农家大叔时发现，他家种植的青稞和养殖的几头肉牛全部用来自给自足，保证了粮食和肉类的基本生活需求后，基本不再购买各类食物，而家庭主要收入来源为农业机械和交通工具的租赁。大叔家有两辆大小卡车、一台挖掘机、一台铲车、两台拖拉机、三辆摩托车，这些设备的购置费用超过 200 万元，大叔与两个儿子通过租赁工程车（4.8 万元 / 月），农忙时节租赁农机用具（人工费加机械费），每年的收入达到 30 万元左右。农牧民的增收增产，简单地依靠传统的种植和养殖方式可能收效略缓，农牧业现代化可以更有利于改善农村生产和生活现状。

我们午饭后前往曲下镇土林村。虽然每户有天然草场、人工草地（附图 1.8），但草场周围都是耕地或荒地（附图 1.9），所以并不放牧，而是租用部队草场进行放牧。家庭较困难的农户会销售自家生产的粮食、酥油和奶渣。在土林村访谈到的一位女户主是一名村医，丈夫常年外出打工，她在家通过种地、养牛、做一些手工产品以及日常行医来补贴家用，并抚养两个上小学的孩子。生产的粮食和肉类产品基本自给自足，生活平淡安逸。

考察的第二个乡是查务乡，查务乡的乡长是位年轻有为的干部，对查务乡的各种事务都非常了解，带着我们进村入户，并详细讲解乡村的基本状况。农村的发展需要干部起到积极的带头作用，并发挥自身才干致力于农村事业，这位乡长大学毕业回到家乡从基层做起，用自己的才干在工作岗位上兢兢业业，为西藏农村的发展带来新的希望。

附图 1.8　土林村人工草地

附图 1.9　荒地

查务乡查务村比较大，全村有 221 户 866 人（附图 1.10）。与其他村不同的是访问得到"一户秸秆自用剩余会销售"的说法，昂仁县有人来收购，每袋 25 元，一年可以卖 30 袋左右。

附图 1.10　查务村

我们在访谈过程中发现每户存粮很多，因此从查务乡达尔村开始在问卷中加入存粮一项，发现达尔村家有存粮几千斤甚至几万斤的有很多户（附图 1.11 ～附图 1.13）。另外，还了解到村民的主食饮食习惯多为早晨吃青稞、中午吃大米、晚上吃小麦面食。由于西藏不产大米，我们着重访问了一下村民从什么时候开始吃大米，有村民说 1976年第一次吃到大米，也有村民说是二十年前开始吃大米。我们还访谈到达尔村的一位六十多岁的老阿妈，三个儿女外出打工或者求学，只在每年寒暑假回家。老两口平时依靠种青稞、油菜获得微薄的收入，供养儿女上学。仅在儿女放假回家时才购买蔬果肉蛋，平时基本没有消费。农村这种留守老人的现象屡见不鲜，生活水平和质量不能保证，留守老人能力有限，农业生产能力有限，也是当地重要的社会问题。

通过今天的考察，我们了解到的一些主要情况总结如下：

（1）曲下镇人工种草已形成一定的规模，农户自己种草较少，但各村可开发的边际土地、流转荒地面积较大，具有一定的开发利用潜力。

（2）曲下镇和查务乡主要的种植作物是青稞和油菜，多采用混播方式。

（3）畜禽养殖以牛为主，包括肉牛、奶牛。牲畜放牧会受到农作物生长期的影响，在作物收获前以圈养为主，主要饲草和饲料是自家生产的秸秆和青稞，还有田间杂草，购买的牧草数量较少；作物收获后在田间和天然草地放牧，采食作物留茬和天然草地的牧草。

（4）所有的农产品均以自产自用为主，能够保证自给自足，售卖产品较少，销售收入较低。

（5）今天我们也特地调查了村民饮用青稞酒的情况，发现与拉萨市不同的是，村民还是主要喝青稞酒而很少喝啤酒，我们会在后续调查中继续关注。

（6）很多民房是一楼圈养牲畜二楼住人，人畜没有达到完全分离，人居环境还有待改善。

晚上9点返回日喀则市区，第一天考察工作顺利完成。今天的考察分组合理，充分利用了时间，增加了调研样本数量；并在访谈过程中及时补充访问重要的信息，完善了调研问卷。

5.本区域考察获得样品、数据、资料等：人工草地样品和24份入户问卷

6.现场照片、视频等数量：8张照片，若干视频

附图 1.11　入查务村前了解情况

附图 1.12　查务村入户调研 1

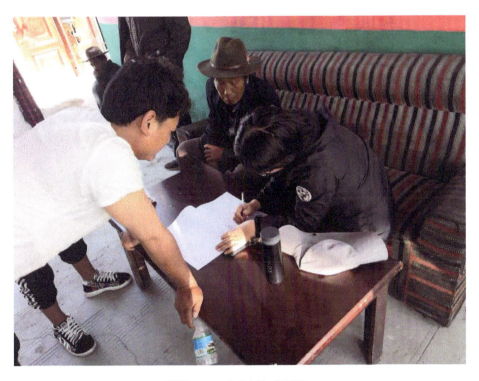

附图 1.13　查务村入户调研 2

科考第 3 天：2019 年 8 月 9 日；天气：多云

1. 科考路线：日喀则市—桑珠孜区东嘎乡和江当乡—日喀则市，行程往返约 140km

2. 科考目标：两个乡的人工草地调查；入户进行四个村共 24 户的生产生活情况调研

3. 科考人员：张宪洲、何永涛、范玉枝、王灵恩、段呈、张燕杰、刘芳、王芳、阿旺

4. 考察过程、内容和体会描述

科考第 3 天，目的地是日喀则市桑珠孜区的东嘎乡和江当乡。早晨 9 点 15 分出发去农业农村局，地图导航五分钟的路程，但到达后没有找到农业农村局，跟着导航兜兜转转找不到，最后还是通过问路找到了。看来现在普遍准确的电子地图在日喀则市还并不完全适用，以后在这样的地区还是要靠问路这样传统的方式。9 点 40 分与农业农村局负责人碰头后随即开展科考工作。

1）人工种草考察组

向日喀则市桑珠孜区林业和草原局局长咨询过后，了解到东嘎乡、聂日雄乡、曲美乡有人工草地和荒地（附图 1.14）。

在局长的带领下，我们在上午 10 点 15 分左右到达东嘎乡色顶村。色顶村共有 500 亩人工种草，种植的是燕麦，并且配有灌溉渠，主要的农作物是青稞和油菜。在人工草地旁（29.36640°N，88.78754°E）确实存在一片荒地。

附图 1.14　东嘎乡色顶村荒地

我们在 11 点左右到达聂日雄乡甲庆则村。甲庆则村于 2015 年开始人工种草，共种

植燕麦草 3000 亩，为合作社所有（附图 1.15）。种子、开垦、水费均由区政府出资，并且配有水井灌溉。但由于管理问题，近几年甲庆则村的燕麦草只供应自己村庄的牛羊食用，并不向外销售。我们在燕麦草地取了 3 个 1m×1m 的植物样和五钻 0 ～ 30cm 的土样。

我们在 12 点 50 分到达曲美乡曲美村，曲美村于 2017 年开始人工种植燕麦草，共 2000 亩，为合作社所有（附图 1.16）。曲美村的燕麦草收成很好，主要销往那曲市，在 2018 年销售额达到 60 多万元，为村民的生活带来了极大的改善！

附图 1.15　聂日雄乡甲庆则村人工草地

附图 1.16　曲美乡曲美村人工草地

我们在下午 3 点 15 分到达江当乡雪琼村（附图 1.17），此村在 2005 年开荒地为耕地，主要农作物为青稞和油菜，在 2019 年开始人工种植雀麦草，种植面积为 320 亩，施有机肥。雀麦草长势好，但无法成熟，所以收割两次。雪琼村的人工草地为村民所有，都用于补饲自家牛羊。

附图 1.17　江当乡雪琼村人工草地

我们在下午 4 点 47 分到达江当乡雄卓村（附图 1.18），雄卓村人工草地占地 900 多亩，2018 年部分草地种雀麦草，部分草地休耕，2019 年全部草地都种雀麦草。雄卓村的人工草地修有水渠，可从雅鲁藏布江引水灌溉。

人工种草是解决牛羊饲料短缺问题的一个重要手段，政府也会提供种子、肥料、修水渠等，给予一定的经济补贴。能否灌溉是人工种草是否成功的关键，所以修建人工草地时一定要考虑到灌溉问题。

2）入户调研组

入户调研组于上午 9 点 50 分左右前往东嘎乡的色定村和楚贵村、江当乡的雪琼村和雄卓村开展调研工作（附图 1.19～附图 1.23）。东嘎乡位于日喀则市西北方向约 25km。虽然路程不远，但是跨越雅鲁藏布江时路上遇到断桥和塌陷，雨季水量增加，河水汇入狭窄桥口时越发湍急汹涌，年久失修的石桥怕是承受不住这样的冲击，浑浊的河水汇成一个个危险的旋涡，仿佛要将万物吞没，路上经过的一座小桥两边栏杆已经冲毁，露出生锈的钢筋，勉强还有 2m 宽的土墩铺垫，可以容一车通行，眼看着都甚

附图 1.18　江当乡雄卓村人工草地

附图 1.19　入户调研

附图 1.20　乡村景观

附图 1.21　独立牛圈

附图 1.22　烧火薪柴

附图 1.23　用于饲喂牛羊的田间杂草

是危险。过河不远，还有一座桥，中间的桥墩有一半已经陷入河中，桥面下陷，成了一座歪斜的"V"形地物。交通道路是连接不同地域的纽带，是信息、资源传播的渠道。在西藏这样广阔的地域，自然环境条件相对恶劣的情况下，要与外界联系起来，道路桥梁此类的基础设施建设还应该更加推进和完善。

今天调研的东嘎乡和江当乡生产和生活状况有很多相似的特点。

大量的存粮：严苛的生存环境使村民形成存粮的习惯，由于水灾、雪灾和地震等灾害多发，存粮是保障生存的必要手段，延续至今。

青稞酒消耗量大：青稞作为该地区主要的农作物，种植面积和产量都相对较高，除了家庭食用和喂养牲畜之外，另外一个主要的用途就是酿制青稞酒。青稞酒可以算是西藏农牧民日常主要的饮品，今天一位乡干部就说道："不喝青稞酒，农民就不爱下地干活。"在调研中发现，很多农户每年酿制青稞酒都要消耗上千斤青稞，最多的一户一年酿酒消耗 3000 斤以上的青稞，占青稞总产量的 10% 左右。

种植大量的萝卜供自家食用：当地除主要种植青稞、小麦和土豆外，还种植大量的萝卜，有些农户可达 5 亩。因为萝卜与牛羊肉一起煮是当地常吃的菜，因此消耗量也比较大。

休耕现象：在楚贵村访问到一些耕地有休耕现象，耕种一年，休整一年，目的在于"养地"，这种现象在楚贵村也较为常见，是否具有代表性及其作用和影响还待进一步考查。

养殖蛋鸡：与拉孜县不同的是，今天访问的两个乡除饲养牛羊之外还养蛋鸡，提供鸡蛋，大部分用于做鸡蛋面。

以物易物：今天的调查中还发现了以物易物的现象，用自产的青稞换牧区的牛羊肉。

外出务工：家里主要的劳动力一般会在农闲时间（每年 5～9 月，以及 12 月到来年的 2 月）去外地打零工、做工程建筑、跑运输等工作。而在农忙（播种和收割）时期，3 月、4 月和 10 月、11 月回到农村种地和收割。农村劳动力流动性较强，使农牧业发展比较缓慢，农牧业收入变化不大，主要用于自给自足。但外出务工使家庭总收入增加后生活水平有所提高。例如，调研中雄卓村的一户村民，购买一辆翻斗卡车，常年在工地跑运输，年收入可以达到 15 万元，远超过在家务农的收入。

晚上 7 点，一天的考察圆满完成。人工种草考察组考察了东嘎乡、聂日雄乡、曲美乡的人工草地和荒地；入户调研组访问了东嘎乡的色定村和楚贵村、江当乡的雪琼村和雄卓村，共收集到 24 份问卷。

5. 本区域考察获得样品、数据、资料等：人工草地样品和 24 份入户问卷

6. 现场照片、视频等数量：11 张照片，若干视频

科考第 4 天: 2019 年 8 月 10 日; 天气: 晴

1.科考路线: 日喀则市—白朗县嘎东镇和强堆乡—江孜县, 行程约 100km

2.科考目标: 两个乡镇的人工草地调查; 入户进行四个村共 24 户的生产生活情况调研

3.科考人员: 张宪洲、何永涛、范玉枝、王灵恩、段呈、张燕杰、刘芳、王芳、阿旺

4.考察过程、内容和体会描述

夜雨过后, 天亮放晴, 我们早上 8 点半出门从日喀则市区赶往白朗县, 开始新的行程(附图 1.24)。

白朗县号称"西藏粮仓, 蔬果之乡"。在平均海拔 4000m 以上的高原上, 年楚河川流而过, 形成了面积广阔的平原灌溉农业区, 行车沿途就是成片的青稞麦地, 与牧区形成鲜明对比。

附图 1.24　入户后村委合影

1)人工种草考察组

我们在上午 10 点 10 分到达白朗县嘎东镇扎西村。扎西村在 2016 年建了一个"白朗哲丹林娟姗牛养殖农民专业合作社"(附图 1.25)。合作社共有 120 头奶牛, 并且

有 600 亩人工草地，全部用来喂养奶牛，但还是不够，其主要通过购买青稞秸秆来补饲奶牛。

附图 1.25　扎西村养牛场

600 亩人工草地大部分种植的是雀麦草和箭筈豌豆混播，收成较好，每年收割两次，分别为 8 月和 10 月；还有少部分种植的是紫花苜蓿，每年收割三次，分别为 6 月、8 月、10 月。我们分别在种植紫花苜蓿的人工草地及雀麦草和箭筈豌豆混播的人工草地取了 3 个 1m×1m 的植物样和 5 钻土样（附图 1.26 和附图 1.27）。

我们在下午 2 点半左右到达白朗县强堆乡当嘎村，当嘎村从 2009 年就开始种植紫花苜蓿，种植面积为 1000 亩（附图 1.28），但土壤中沙石较多，也从不灌溉，所以紫花苜蓿的长势并不太好，村民仍需购买青稞秸秆来补饲牛羊。

2）入户调研组

白朗县嘎东镇位于白朗县北部 30km，以农业种植为主。经了解，嘎东镇是白朗县较为富裕的乡镇，今天我们也能通过扎西村和马义村的村容村貌、乡村道路等看出，其的确比前两天调查的村子富裕很多。而且，与前两天调查的几个村不同的是，这里的人居环境也得到了改善，不再是"楼下牲畜楼上人"的房屋结构，而是人畜分离，大部分家庭的牲畜围养在院子四周，居住环境更卫生。同时，村民还有很多副业，如村里有手工制作藏装和藏靴的裁缝小厂，还有较大型的超市，以及粮油加工厂等（附图 1.29）。

附图 1.26　扎西村紫花苜蓿草地取样

附图 1.27　扎西村雀麦草和箭筈豌豆混播草地取样

附图 1.28   当嘎村紫花苜蓿草地

附图 1.29   村里的家庭作坊

　　我们的午饭在县里的职工食堂解决，吃饱立马启程，大家还是心系工作，奔向下一站——强堆乡。

　　强堆乡是白朗县相对较小的乡镇，全乡只有 307 户人家，调研组首先来到当嘎村（图 1.30）。村头小广场上的阿妈阿姐们带着自家酿的青稞酒，就在树荫下开喝起来，看她们推杯换盏的，好不惬意，她们还一直邀请我们品尝，热情好客（附图 1.31）。访谈到的当嘎村一户家里有 15 口人，劳动力多。2017 年新建了"豪宅"，院子和房子都非常大，一楼是一间大的储存室，二楼是客厅和卧室，极具藏族特色的家具格外引人注目，电视机、冰箱、洗衣机等家电也很齐全（附图 1.32）。

附图 1.30　当嘎村村容村貌

　　最后一个调研村是扎西普村，扎西普村离县城较远，一半道路还是土路，不利于出行。

　　调研中发现青稞种子卖往昌都地区，价格 3.2 元 / 斤，有的农户销售 1000 斤左右，还有的销售 3000 斤左右。农民种粮也可以带来较好的收入，这是农民所喜闻乐见的（附图 1.33）。

　　今天还访谈到一个很有意思情况：嘎东镇一户人家有两只犏牛用于耕地，每年夏天会把这两只牛送到亚东县放牧两个月。村里统一组织租车把一批牛送过去，租车的费用为每头牛 100 元，给牧羊人每头牛 100 元，亚东草场使用的费用为每头牛 75 元。也就是说两头牛在亚东水草丰茂的草场放牧两个月的总费用是 550 元。不但价格实惠，牛在那里还能吃到很好的天然牧草。

附图 1.31　村民在喝青稞酒

附图 1.32　村里的新房子

附图 1.33　入户调研家庭储粮情况

　　访谈中聊到村民一天三顿饭的食物结构，一般是早晨吃糌粑，中午吃米饭和菜，晚上吃小麦粉做的面条或面疙瘩，而十年前则绝大部分是青稞。可见汉族的食谱正慢慢渗透到藏族食谱中，本来是主食的青稞在一些农户中已经仅占主食的 1/6 左右，更多的青稞用于饲喂牛羊和酿制青稞酒。就像今天访谈过程中一位大叔说的：现在的生活有了翻天覆地的变化。

　　另外，我们还了解放生羊的情况，强堆乡有一户人家共有 192 只绵羊、15 只山羊，而这 15 只山羊都是放生羊。放生羊和其他羊一起正常放牧和饲养，但不宰杀，养到老死。同样，这里的鸡也是不杀的，只吃鸡蛋，直到鸡老死；而昨天调研的相隔并不是很远的桑珠孜区则是会杀鸡吃鸡肉的。

　　不同乡镇及之间的经济水平差距及农户家庭条件差距相对较大，可能主要在于各乡镇的农业发展条件不同，以及农民参与积极性和发展意识有所差距；贫困的农民主要是由于经济收入来源少，粮食牲畜等农产品多用于自给自足。白朗县以农业乡为主，畜牧乡只有两个，农业乡养殖牲畜较少，因此多余的粮食秸秆和牧草，政府也不鼓励售卖，而是集中调控，在畜牧乡遭受饲料牧草危机时，运输到两个畜牧乡应急减灾，这也是在县域内保持农牧协调发展的途径。

　　晚上结束了白朗县的考察我们赶往江孜县，为明天江孜县的考察做准备。江孜县城海拔已超过 4000m，酒店在晚上 10 点半开始供应氧气。我们在上半夜都因呼吸困难，几次被憋醒，直到下半夜房间氧气含量逐渐增加才开始睡得特别好。

5. 本区域考察获得样品、数据、资料等：人工草地样品和 24 份入户问卷

6. 现场照片、视频等数量：10 张照片，若干视频

科考第 5 天：2019 年 8 月 11 日；天气：小雨

1. 科考路线：江孜县—江热乡和紫金乡—日喀则市，行程约 95km

2. 科考目标：两个乡的人工草地调查；入户进行四个村共 24 户的生产生活情况调研

3. 科考人员：张宪洲、何永涛、范玉枝、王灵恩、段呈、张燕杰、刘芳、王芳、阿旺

4. 考察过程、内容和体会描述

早晨 8 点，阴雨，天更冷了，科考队员简单吃了点早餐后，开始一天的科考工作。

江孜县地处西藏南部、日喀则东部，年楚河上游。江孜县是国家历史文化名城之一，有著名的江孜宗山抗英遗址。江孜县气候条件适宜，水热充足，因此也是西藏重要的粮食产区。

1）人工种草考察组

我们在上午 10 点左右到达江孜县江热乡班觉伦布村。江孜县阿香糖醋大蒜加工厂从 2015 年开始在班觉伦布村承包了 1000 多亩荒地种植燕麦和箭筈豌豆，每年给村民土地承包费（附图 1.34）。我们在草地取了 3 个 1m×1m 的植物样和 5 钻土样。

附图 1.34　班觉伦布村人工草地

　　我们在上午 11 点左右到达江热乡仁庆林村，该村是一个半农半牧村。2016 年，江孜县农业农村局在仁庆林村开始修建大约 400 亩的人工草地（附图 1.35），该人工草地 2017 年和 2018 年被江孜县阿香糖醋大蒜加工厂所承包，但在 2019 年又重新被农业农村局种植。农业农村局会给村民提供草种、肥料等，村民种植、收割的草喂养该村牛羊。

附图 1.35　仁庆林村人工草地

　　西藏农区大多数都会成立村镇合作社来开垦荒地种草，调动村民的积极性，政府会提供种子、化肥或有机肥，修水渠，并且会派驻村干部来协助指导村民如何种植牧草。合作社的形式使村民的生活得到了很大的改善！

2）入户调研组

　　首站是江孜县的江热乡，由乡镇干部带着我们进村入户访谈。班觉伦布村和帕贵新村各访谈五户。班觉伦布村有人工种草合作社，2019 年开始天然草地由合作社统一管理支配，合作社会按牲畜头数给村民分红。访谈的农户家庭状况相对一般，粮食产量多，但家庭人口也不少，自给自足，囤足粮食之后，所剩无几。家庭劳动力农忙时务农、农闲时务工，以增加收入。

　　随后考察帕贵新村。之所以称为新村，是因为这是一个搬迁村，1997 年从 35km 之外的龙马乡搬迁至此，也已经 20 年了。全村的村容村貌跟原始村落有些差异，房屋道路更加整齐有序。访谈的一户人家从龙马乡搬迁而来，他家在龙马乡有 2300 亩天然牧场，因此家里近百只绵羊全部在龙马乡的天然牧场放养。羊群的放养和管理也很有意思，全村的羊群都在龙马乡牧场放养，雇用专门的牧羊人，同时村里的农户按固定的排班时间与牧羊人一同管理羊群。据了解，在龙马乡，他们村还有几万亩天然草场，因为气候不适宜，只能放羊养牲畜，村民早早搬迁至江热乡，从事农业种植活动了。因此畜牧业还是该村主要的经济收入来源和生活消费供给源，该农户一年就消耗自家 25 只羊提供肉类食品，也在一定程度上提高了他们的消费水平和生活质量。农牧产业的共同经营和发展，为农户家庭生活带来更好的经济效益。

午饭结束后，还在下小雨，全队冒雨去考察了江孜县著名的帕拉庄园。

帕拉庄园是展现西藏地区封建时代及农奴时代的家族庄园生活生产的一处代表性的建筑群（附图 1.36）。庄园主帕拉原是不丹国的一个酋长，之后迁到西藏并获得政府官衔，后来帕拉家族权势不断扩大，庄园经济繁盛，因此庄园规模也不断提升，并加强了对农奴的统治和压迫，到西藏民主改革前，帕拉庄园已经拥有 22 座园区，占有农奴 2000 多人。帕拉庄园作为西藏十二大庄园之一，具有特殊的历史意义，保存至今。帕拉庄园主体建筑有三层，有纺织室、农奴大灶、经堂、会客厅、卧室等数十间房间。庄园主的生活受英国人的影响，吃穿用度非常奢侈。精美的瓷盘、足球、羽毛球、裘皮服饰、珠宝首饰、进口食品、舶来药品一应俱全，无法想象这是农奴时代的生活状态。同时展示的庄园主管理农奴的刑罚工具，都是西藏贵族统治农奴的证明。西藏作为世界屋脊和中国高地，独特的自然环境赋予了它独特的历史发展进程，是值得更多的人来了解和探索的。

下午访谈紫金乡嘎西村和努堆村。紫金乡也是重要的粮食生产地区，生产的青稞多被作为良种，以 2.8～3.5 元/斤的价格被收购，也直接增加了农民的收入。另外，一部分农户种植玉米和青稞作为青贮饲料，因青贮玉米和青贮青稞产量不高，所以这种种植模式对耕地的利用效率比较低。

嘎西村是小康村，但在这个小康村我们访问到一个贫困户，他家里有一位老母亲，还有妻子和三个孩子，靠青稞和几只牛羊基本上只够自给自足，偶尔在村子附近打零工补贴家用，他说也想出去打工赚钱，但是他没有办法出去，家里有老母亲和孩子需要照顾。所以因地制宜发展当地经济，把农村人口留在当地致富可能是最好的解决办法。

乡政府的一位工作人员给我们做翻译，她 2016 年从西南民族大学毕业后，通过公务员考试回到西藏的乡镇政府工作。她说工作还是挺辛苦，脱贫攻坚任务重，需要经常驻村工作。问她为什么不留在成都，她摇了摇头说不喜欢。近些年来，考公务员成了西藏年轻大学生的主要就业渠道，接触到的大学生都要考公务员，导致西藏的公务员竞争激烈，在一般的地区录取比例都高达 1∶10。

访谈中一位藏族大爷，基本不懂汉语，但在和他磕磕绊绊的聊天中，他如数家珍地说出了历届国家主席的名字，边说边伸大拇指；用磕磕绊绊的汉语夹杂藏语说共产党帮他们脱离了悲惨的没吃没喝没衣服穿的奴隶社会，给了他们好生活，非常朴素的感激溢于言表（附图 1.37）。

附图 1.36　帕拉庄园考察

附图 1.37　调研中的藏族大爷

晚上返回日喀则市，为明天的考察工作做准备。

5. 本区域考察获得样品、数据、资料等：人工草地样品和 24 份入户问卷

6. 现场照片、视频等数量：5 张照片，若干视频

科考第 6 天：2019 年 8 月 12 日；天气：晴

1. 科考路线：日喀则市—南木林县艾玛乡和卡孜乡—日喀则市，行程约 135km

2. 科考目标：两个乡的人工草地调查；入户进行四个村共 24 户的生产生活情况调研

3. 科考人员：张宪洲、何永涛、范玉枝、王灵恩、段呈、张燕杰、刘芳、王芳、阿旺

4. 考察过程、内容和体会描述

早上 8 点半，天气一如既往的万里无云、盈蓝碧澄，从日喀则市出发，向南木林县去。又一次跨越雅鲁藏布江，为防止雅鲁藏布江及其支流旱季裸露的河床沙被风吹走，在河床上植树的情况非常普遍（附图 1.38）。

我们 9 点 30 分到达南木林县艾玛乡，沿途可见大片的正在开花的土豆苗（附图 1.39）。艾玛乡是日喀则市重要的土豆生产基地，已经形成了有名的农产品品牌"艾玛土豆"，入户调研也发现家家种土豆，户户有良田。此处的水源和沙质土壤尤其适宜土豆的生长，因此作为本地的特色农产品，亩产量可达到 5000 ~ 6000 斤，既可作为粮食补充，又可作为粮种推广。

附图 1.38 雅鲁藏布江

附图 1.39　花期的"艾玛土豆"

1）人工草地考察组

在南木林县农业农村局局长的帮助下，我们找到了对艾玛乡人工草地非常了解的工作人员。由艾玛乡德庆村、拉布村、夏嘎村等 7 个村成立的合作社来种植牧草，总面积达到 10000 亩，其中 9000 亩种植绿麦草，1000 亩种植紫花苜蓿，并且都配有灌溉渠。紫花苜蓿一年收割 2 ～ 3 次，绿麦草只在 10 月收割 1 次（附图 1.40）。收割的牧草会卖到附近的养牛场，以及萨茄、申扎、那曲、阿里等地。

附图 1.40　艾玛乡绿麦草地

艾玛乡还有 5000 亩左右的荒地已经完成客土翻耕，并且修有一个很大的水库（附图 1.41），但由于资金不够，种子、肥料、水库的电力设施等都供应不上，所以这片荒地还没有种草。我们调查发现，荒地开荒种草的确会在一定程度提高藏族人民的生活质量，但开荒的成本较高，主要靠政府给予一定的帮助和补贴。

附图 1.41　艾玛乡水库

2）入户调研组

在艾玛乡我们访问了拉布村和德庆村的农户，农户拥有的耕地量普遍较高，以种植青稞和土豆为主。由于耕地面积较广，再加上土地肥力的培育和农作物生长方面的需求，化肥的需求量相对较大，因此该乡在施用政府补贴化学肥料的同时，生物肥料的使用量也相当高，多使用农户自家的马、牛、羊粪。因此在农田里实现的物质循环，有利于实现环境的保护和资源的充分利用。

到达第二个村德庆村时已是中午 12 点，太阳很大，早晨冻得瑟瑟发抖的我们现在开始脱外套，在村头树荫下边纳凉边访问。入户到一户人家比较有特点的是门口挂的不是牛头，而是猫头鹰头。

吃午饭已是下午 2 点左右，我们在乡里的一家藏餐馆喝酥油茶、吃藏面。既然到了土豆之乡就非常想尝一下当地人很爱吃的炸土豆，结果发现在土豆之乡居然找不到一家店卖炸土豆，也许炸土豆在日喀则市没有在拉萨市那么受欢迎。于是草草吃两口饭，奔向下一站。

卡孜乡是最近几天调查的乡镇里相对比较富裕的地方。在调研的农户里，基本都有外出打工务工的现象，打工经济对农村的经济发展和农民生活水平提高方面起到很大的作用（附图 1.42）。

附图 1.42　西藏普通家庭环境

访问到一家农户，家里有 18 口人，劳动力多，因为开公司承包工程而年收入 100 多万元，家里耕地也很多，销售土豆每年也有几十万元的收入，另外还把藏鸡蛋以 3 元 / 个的价格卖给附近的村民，虽然这个价格比 5 元 / 个的市场价要低，但也是一部分收入；还有一家农户年收入也达到 100 多万元，收入来源就是兄弟两人在城市建筑工地开挖掘机和运输车，家里的农田面积少，产量少，仅有留守农妇耕种，用于自家食用和喂养牲畜，整体生活水平很高（附图 1.43）。这也体现了一个农村普遍的社会现象：打工经济流行，农户精壮劳动力外出打工相当频繁，因此农村留守的老幼妇人较多，空心村现象较为突出。如何引导农村劳动力的合理流动，保障农区生产秩序，还是需要着重关注。

附图 1.43　入户调研

下午 6 点左右访谈结束返回日喀则市，为明天日喀则市政府座谈会做准备。

5. 本区域考察获得样品、数据、资料等：人工草地样品和 24 份入户问卷

6. 现场照片、视频等数量：7 张照片，若干视频

科考第 7 天：2019 年 8 月 13 日；天气：多云

1. 科考路线：日喀则市—山南市，行程约 320km

2. 科考目标：日喀则市座谈会，赶往山南市为山南市科考做准备

3. 科考人员：张宪洲、何永涛、范玉枝、王灵恩、段呈、张燕杰、刘芳、王芳、阿旺

4. 考察过程、内容和体会描述

座谈会于 8 月 13 日上午 11 点开始，由日喀则市科技局党组书记主持，市统计局、发展和改革委员会、农业农村局、公安局、林业和草原局和商务局的领导参加（附图 1.44）。

附图 1.44　日喀则市各部门座谈会

座谈会结束已是下午 1 点，日喀则市的考察工作告一段落。吃过午饭后，下午 2 点我们从日喀则出发赶往下一个考察目的地——山南市。沿雅鲁藏布江一路向东，遇到很多塌方和修路，进入山南市迎接我们的是电闪雷鸣的暴雨，入住酒店时，已是晚上 9 点。

5.本区域考察获得样品、数据、资料等：无

6.现场照片、视频等数量：1张照片

科考第8天：2019年8月14日；天气：多云

1.科考路线：山南市，行程约10km

2.科考目标：山南市座谈会

3.科考人员：张宪洲、何永涛、范玉枝、王灵恩、段呈、张燕杰、刘芳、王芳、阿旺

4.考察过程、内容和体会描述

山南市位于雅鲁藏布江干流中下游，2016年西藏自治区撤销山南地区和乃东区，设立地级山南市，政府驻地乃东区。雅砻江发源于喜马拉雅山北麓的措美县，在山南市乃东区泽当镇附近注入雅鲁藏布江，是西藏古文明的发祥地之一。山南市平均海拔在3700m左右，市区海拔3500m左右，明显感觉比日喀则市热很多，庄稼也已经成熟收割。

雅鲁藏布江流经山南市，江面变宽，江水趋缓。旱季水量骤减，河床裸露，大风刮起沙尘落在比较开阔的岸边，长期积累形成一个个沙丘，有些地方甚至连绵如沙漠。因此，山南旱季沙尘暴比较严重。为了从源头减少沙尘，山南的雅鲁藏布江河道里植树更为普遍。为防止黄沙肆侵、沙丘蔓延，山南市不断探索治理沙丘的方法和模式，开始在沙地上栽种防风固沙的绿色植被，同时探索出树草结合、以树护草的方法，使得大面积的流动沙丘变成了绿洲（附图1.45）。

附图1.45 雅鲁藏布江山南段河谷

从城市环境和生活氛围看来，山南市也更大更热闹。我们此行正赶上雅砻文化节，

从今天开始山南市放假七天。

下午 4 点在山南市科技局召开本次科考的座谈会，山南市科技局、统计局、发展和改革委员会、农业农村局、公安局、林业和草原局、自然资源局和商务局的领导参加会谈（附图 1.46）。各部门对于本次科考的重要性都给予了肯定，表示会全力配合科考工作。农业农村局还表示曾经讨论过人工种草和种青稞的收益问题，而且有草业规划资料可以提供；自然资源局表示有空间化的基本农田数据可以提供；等等。这些重要的基础数据和资料有利于我们结合实地考察数据进行更深入的分析。

附图 1.46　山南市座谈会

5. 本区域考察获得样品、数据、资料等：无

6. 现场照片、视频等数量：2 张照片

科考第 9 天：2019 年 8 月 15 日；天气：多云

1. 科考路线：山南市—桑日县绒乡、桑日镇—山南市，行程约 70km

2. 科考目标：两个乡镇的人工草地调查；入户进行四个村共 24 户的生产生活情况调研

3. 科考人员：何永涛、范玉枝、王灵恩、段呈、张燕杰、刘芳、王芳、阿旺

4. 考察过程、内容和体会描述

早上 8 点半，沿雅鲁藏布江向东出发前往桑日县，"桑日"是藏语"铜山"的意思，顾名思义桑日县的铜矿等资源丰富，路上我们也远远看到了矿山。

今天考察了绒乡江塘村和巴朗村、桑日镇比巴村和雪巴村。

1）人工草地考察组

我们通过向桑日县农业农村局局长咨询，对该县的人工种草有了初步的了解。桑日县的人工草地较少，草料基本上不会对外销售，都用于喂养本村的牛羊。

我们一共考察了 3 个村庄的人工草地。第一个是绒乡江塘村，江塘村从 2017 年开始在弃耕地上种植紫花苜蓿，共有 160 亩左右，一年收割三次，并且配有灌溉设施（附图 1.47 和附图 1.48）。我们在江塘村的紫花苜蓿草地取了 3 个 1m×1m 的植物样和 5 钻土样。

附图 1.47　村委会及晾晒的苜蓿

第二个是绒乡巴郎村，该村共有 85 亩人工草地，种植的也是紫花苜蓿，村民也会在自家的房前屋后种植少量的紫花苜蓿来补饲牛羊。我们在 11 点左右到达第三个村庄——桑日镇雪巴村，雪巴村在 2017 年开始种植紫花苜蓿，大约 60 亩，并且每年都会灌溉和施肥。村民一年收割两次紫花苜蓿，也都用于喂养自家牛羊（附图 1.49 和附图 1.50）。

2）入户调研组

调研过程中发现桑日县农牧民的生产和生活情况与日喀则市差别非常大。

家庭人口少：相对于日喀则市动辄十口人以上的家庭来说，这里家庭人口大部分为 3～6 口人。人口少则家庭耕地也比较少，以十几亩居多。生产的青稞、小麦和油菜一般都是自己食用和喂牛羊，很少买卖。

附图 1.48　绒乡江塘村紫花苜蓿草地

附图 1.49　绒乡巴郎村紫花苜蓿草地

附图 1.50　割掉重新长出来的苜蓿

青稞种植少：种植农作物以小麦为主，只种少量青稞或者不种青稞，人们的青稞消费主要靠购买或者用小麦换，一袋小麦换一袋青稞。当地村干部说是因为青稞在这里产量很低，冬小麦产量可达 1000 斤 / 亩，所以一般选择种小麦。

每家有少量牧草种植：基本上每家都有 1 ～ 3 亩的苜蓿或青贮玉米，喂养自己牲畜。苜蓿种植较多，一年收割 2 ～ 3 次，四年播种一次，一般是政府发种子；玉米一年收一次。

青稞酒消费量低：相比日喀则市大量的青稞酒消耗量，这边青稞酒的消费量很低，一般一年消耗 100 斤左右青稞用于酿酒，甚至有些家庭不喝青稞酒，啤酒的消费量已经超过青稞酒。

糌粑食用量低：一般只有老人吃糌粑，年轻人和小孩很少吃，所以糌粑的食用量很低。

年收入较低：由于家庭人口少，耕地和牲畜都比较少，粮食和肉类最多满足自家消费，很少销售，因此没有收入；而劳动力一般只有 1 ～ 2 个，打工收入也不多，因此家庭年收入不高，一般在 2 万～ 5 万元。

由于人口比较少，家庭生产生活方式比较简单，访问时间比日喀则市短一些，下午五点左右就完成了今天的考察任务。虽然完成的时间比较早，但由于连续高强度的工作大家都很疲惫，蜿蜒的山路和修路绕行的颠簸便道上我们也一样呼呼入睡，到酒店也是倒头就睡着了。

5. 本区域考察获得样品、数据、资料等：人工草地样品和 24 份入户问卷

6. 现场照片、视频等数量：4 张照片，若干视频

科考第 10 天：2019 年 8 月 16 日；天气：晴

1. 科考路线：山南市—琼结县—山南市，行程约 70km
2. 科考目标：两个乡的人工草地调查；入户进行四个村共 24 户的生产生活情况调研
3. 科考人员：何永涛、范玉枝、王灵恩、段呈、张燕杰、刘芳、王芳、阿旺
4. 考察过程、内容和体会描述

今天，我们继续考察山南市。今天出门发现湛蓝的天上没有几朵云彩，所以阳光格外毒烈，似乎要把人烤焦。高原的防晒工作无论做得多么全面完备，紫外线都会像针一样穿透各种纤维和化学防晒物，直达肌肤，"高原红"是一种独特的美，但是"高原黑"是真的扎心了。

行程半个小时，到达琼结县，"琼结"的藏语意思是"悬起多层的房角"。从第 9 代到第 15 代的赞普时期，琼结县青瓦山上先后兴建了 6 座王宫，其比布达拉宫更为久远，但如今却是连遗址也所剩无几；较为有名的还是琼结县的藏王墓群，第 8 代藏王的墓就建在琼结县，之后吐蕃王朝时期的第 29～第 40 代赞普的墓也修于此地。大概就是因为这里位于雅鲁藏布江南岸，宗山脚下，地面开阔，气候宜人，土地肥美，山川秀丽，自然条件优越，算是古代藏族文明的发祥地之一。

1）人工草地考察组

在琼结县农业农村局工作人员的带领下，我们去了 3 个有较大面积人工草地的村庄，分别是拉玉乡的堆巴村和白那村、下水乡的下水村。

堆巴村从 2015 年开始种植紫花苜蓿，占地 400 多亩，每年收割 3 次（附图 1.51）；白那村从 2006 年开始种植紫花苜蓿，有 70 亩左右，也是每年收割 3 次（附图 1.52）；下水村有 500 亩紫花苜蓿是从 2015 年开始种植的，每年收割 2 次，另外还有 300 亩左右的雀麦草与箭筈豌豆混播的人工草地是今年（2019 年）才开始种植的（附图 1.53）。这三个村种植的牧草都不对外销售，都只是喂养本村的牛羊，偶尔还会从外地买一些牧草。在收割牧草时，亲友都会来帮忙，大家在田间有说有笑，其乐融融。

2）入户调研组

上午考察的是琼结县拉玉乡的堆巴村和白那村。到达白那村时发现村里静悄悄的，空无一人，村委会主任说现在正是收割小麦时节，农户都在劳作，于是就把我们的调研放到了田间地头。跨过一条宽阔的河基，爬到村子对面的山坡农田里，几户农民正在背着"光头强"收割机收割小麦，麦垛已经拢起数堆，于是我们借老乡休息时间，抓紧访谈询问，这才是真正的"上山下乡"（附图 1.54～附图 1.58）。

与昨天考察的桑日县大同小异，这里家庭人口较少，普遍为 3～7 口，以中青年劳动力和学生组成结构为主，家庭负担相对较小。种植农作物以青稞、小麦为主，家庭饲养牲畜数量也不多，普遍每家有少量的人工草地，产量不高，饲草以苜蓿为主，自给自足以及赠送交换，售卖数量少。同样，本地青稞产量少，青稞酒的酿造也很少，每年只消耗几十斤青稞；主食以大米和小麦为主；肉类明显的变化是羊肉比较少，随之而升的是猪肉的食用量，访谈农户猪肉的消费量最高可达到每年 600 斤；基本上每家农户都有 1～2 人外出务工，以建筑工、工程运输工为主，是家庭收入的主要来源。

附图 1.51　拉玉乡堆巴村紫花苜蓿收割图

附图 1.52　拉玉乡白那村紫花苜蓿草地

附图 1.53　下水乡下水村紫花苜蓿草地

附图 1.54　进入田间调研农户

附图 1.55　农户收割青稞

附图 1.56　村民称为"光头强"的收割机

附图 1.57　科考队员田间调研 1

附图 1.58　科考队员田间调研 2

　　下午到达下水乡的下水村和错杰村进行调研，赶上错杰村在"过林卡"。"过林卡"是藏族人民的传统娱乐项目，是指在风景优美的树林里一起野餐娱乐。一般 6 ~ 8 月气候宜人时，亲朋好友在树林里搭起帐篷，带上各种食物和酒，一起唱歌跳舞、玩藏族骰子、喝酒等（附图 1.59）。

附图 1.59　"过林卡"打扮成汉族书童的藏族小朋友

　　我们就在村民的"林卡"里进行了访谈（附图 1.60 和附图 1.61）。相对于其他村民的好奇，有位老人很热情地用汉语招呼我们坐下。寒暄两句，得知他在山南市当保安。在访谈中我们发现：关于家庭人口状况，数据基本准确；但关于收入和耕地情况，数据前后矛盾，可能并不准确。旁边他家亲戚说他们有所担心，不敢说实话。给他普及了十几分钟我们调研的目的，无奈他总是绕圈子。此时三四十分钟已过，嗓子疼得厉害，只能更换调研对象重新进行。信息的不对等，一些调研对象在调研中会隐瞒个人家庭生产生活实际情况，导致调研样本中存在误差，同时增加了后期数据分析和撰写报告的难度。

　　还好其他家庭的访谈进行得比较顺利。我们还得知错杰村由于耕地地块太小不容易发展农业机械化，所以今年（2019 年）春天政府将所有耕地进行了推平处理，进行机械化播种，但也因此错过了最好的播种时间，直到现在青稞和小麦还没有成熟。

附图 1.60　在藏族同胞休息地进行调研

附图 1.61　户外调研

下午 5 点半基本完成了今天的考察任务。回程的时候经过了著名的昌珠寺，已经没有力气参观。传说文成公主曾在此驻足修行，是吐蕃时期修建的第一批格鲁派寺院。白墙红檐，肃穆有方。而昌珠寺的镇寺之宝，就是全世界唯一一幅有 800 多年历史的珍珠唐卡《珍珠观音菩萨憩室图》。全画以近 3 万颗珍珠，以及红蓝宝石、绿松石、珊瑚和黄金串联而成，画中菩萨神秘的目光和历经近千年都依然璀璨的珍珠光泽，受万人敬仰，闻名于世。西藏隐藏了太多不为人知的光环和秘密，经历千百年的岁月洗礼，依然是我们可望而不可达的圣境迷宫。

5. 本区域考察获得样品、数据、资料等：人工草地样品和 24 份入户问卷

6. 现场照片、视频等数量：12 张照片，若干视频

科考第 11 天：2019 年 8 月 17 日；天气：晴

1. 科考路线：山南市—乃东区颇章乡和多颇章乡—山南市，行程约 75km

2. 科考目标：两个乡的人工草地调查；入户进行四个村共 24 户的生产生活情况调研

3. 科考人员：何永涛、范玉枝、王灵恩、段呈、张燕杰、刘芳、王芳、阿旺

4. 考察过程、内容和体会描述

今天考察的是山南市政府所在地乃东区的两个乡——颇章乡和多颇章乡。一直不下雨的山南市又干又热，在日喀则市穿毛衣都冷的我们现在恨不得穿短袖。顶着大太阳前往颇章乡，路过西藏的第一座宫殿——雍布拉康。据说雍布拉康是西藏第一位藏王聂赤赞普的宫殿，雅砻江岸的部落民众聚居至此，开垦了西藏第一块农田，由此开始从游牧生活向农耕生活的转变（附图 1.62）。来不及参观这些重要的古迹，我们前往颇章乡开始考察工作。

1）人工草地考察组

我们上午去了山南市乃东区颇章乡的两个村庄，分别是雪村和哈鲁岗村。这两个村庄人工种草的面积都不多，分别为 50 亩和 37 亩，种植的都是紫花苜蓿，一年收割 3～4 次，都用于喂养本村牛羊，不对外销售（附图 1.63 和附图 1.64）。紫花苜蓿虽然是多年生植物，但种植 7～8 年之后就需要重新翻耕播种。

我们在下午 3 点左右到达多颇章乡布麦村，布麦村从 2016 年开始种植人工牧草，分别为紫花苜蓿 100 多亩、青贮玉米 90 多亩和绿麦草 300 多亩（附图 1.65）。索朗村从 2012 年开始种植紫花苜蓿，共 60 亩左右，一年收割三次，也都用于喂养自家牛羊（附图 1.66）。

2）入户调研组

在颇章乡的雪村和哈鲁岗村，我们发现这里常用的粮食计量单位并不是斤或公斤，而是藏语称为"开"的计量单位，同时也是一种计量器皿，一开为 28 斤（附图 1.67）。我们的翻译用计算器将"开"计算为"斤"再翻译给我们，我们询问了一下缘由，才得知"开"仍然是现在常用的计量器皿。

调研中我们也经常发现语言不通使我们在访问中获取的信息不够丰富，翻译有时会过滤掉一些信息，只简单回答我们的问题，因此在访问过程中需要我们时刻留意，向翻译询问一些问卷以外的问题。在多颇章乡布麦村和索朗村的调查中也都发现了以"开"为计量单位的情况，有些村民直接估算为斤后提供以斤为单位的数据。

附图 1.62 西藏第一块农田

附图 1.63 雪村人工草地

附图 1.64　哈鲁岗村人工草地

附图 1.65　布麦村人工草地

附图 1.66　索朗村人工草地

附图 1.67　28 斤的计量器皿"开"（也称为"包"）

另外，在颇章乡和多颇章乡发现有购买秸秆和苜蓿的情况，但他们是按车买，或按亩买，如一车秸秆 1000 元、一亩苜蓿 800 元。但他们不知道一车秸秆或一亩苜蓿的重量是多少。而我们在多颇章乡布麦村访问到一位大叔对这些非常清楚，我们抓住机会询问了他，得知苜蓿的鲜草产量约 2800 斤 / 亩（每年收三次）；秸秆一车大约 560 斤；苜蓿和玉米一车约 2000 斤。大部分农牧民对自己播多少种子、收多少粮食都很难给出准确的数字。主要原因可能是粮食主要用于自给自足，几乎不卖，余粮都存起来。由于每户人口普遍比日喀则市少，耕地也相应比较少，存粮没有日喀则市那么多，但也是每家都会存粮。当地村干部说这是一直以来养成的习惯，只有存着粮食心里才有安全感。

今天的访问中对自家生产生活情况了如指掌的人比较多，对于产量、消费情况等都能给出明确的数字，因此今天的考察比较顺利，下午 4 点多就完成了任务，即四个村 24 份问卷。

5. 本区域考察获得样品、数据、资料等：人工草地样品和 24 份入户问卷

6. 现场照片、视频等数量：6 张照片，若干视频

科考第 12 天：2019 年 8 月 18 日；天气：晴

1. 科考路线：山南市—扎囊县阿扎乡和桑耶镇—贡嘎县，行程约 160km

2. 科考目标：两个乡镇的人工草地调查；入户进行四个村共 24 户的生产生活情况调研

3. 科考人员：张宪洲、何永涛、范玉枝、王灵恩、段呈、张燕杰、刘芳、王芳、阿旺

4. 考察过程、内容和体会描述

今天考察距离山南市区 80km 的扎囊县。从市区出发，经过雅鲁藏布江大桥，沿雅鲁藏布江北岸的泽贡高速一路向西。这条高速新修不久，确实大大便利了拉萨市和山南市之间的联系和通行。江岸的景观以沙丘、沙地为主，扎囊县正在规划建设融大漠风光、湿地风情和园林特色为一体的沙漠公园，也为充分利用现有环境和资源，发展特色产业带来契机。同时我们经过的周边乡村，也兴办家庭旅馆，栽种经济林，发展旅游业，积极走向绿色发展的道路。

1）人工草地考察组

我们今天考察了扎囊县阿扎乡的阿扎村和章达村、桑耶镇的洛村。其中阿扎村和洛村的人工草地较少，分别为 100 亩和 180 亩，阿扎村种植的是紫花苜蓿，洛村除了种植紫花苜蓿之外还种植了青贮玉米（附图 1.68 ～附图 1.70）。某农业公司从 2018 年开始承包章达村 1180 亩和桑耶镇 1000 亩的荒地，平整处理之后从 2019 年开始种植紫花苜蓿和燕麦草（仅章达村）。虽然人工草地都配有水渠，但在水量有限的情况下，村民会优先浇灌农作物，人工种植的牧草在缺水的情况下产量会较低（附图 1.71）。所以，保障人工草地的充分灌溉是保障其高产量的重要措施之一。

附图 1.68　阿扎村人工草地

附图 1.69　洛村人工草地

附图 1.70　牧草采样

附图 1.71　桑耶镇缺乏灌溉的人工草地

2）入户调研组

扎囊县的耕地面积相对较少，主要种植作物是小麦和青稞，养殖牲畜以牛为主，黄牛、奶牛、犏牛、牦牛等各类，荒山放养；人工种植草料以苜蓿和青贮玉米为主。据县农业农村局领导介绍，该县正在大力推动流转土地种植牧草的政策，争取乡村集体实现集中连片种植牧草，农户家庭房前屋后也要种植草料，既保护生态，又增加农民收入。

上午调研的是阿扎乡阿扎村和章达村。在调研农户看来，依靠家庭粮食生产和畜牧养殖，基本只能满足家庭需要，外出打工还是家庭主收入。在章达村调研的农户，农业生产是生存基础，家庭收入依靠和亲戚朋友共同出资出力兴办砖厂利润分红、购买货车跑运输等方式，家庭收入较为可观。

中午从阿扎乡行程一个多小时来到了著名的桑耶寺所在镇——桑耶镇。桑耶寺始建于公元8世纪吐蕃王朝，是西藏第一座僧人出家的寺庙。桑耶寺是国家4A级旅游景区，建筑融合了藏、汉、印度三种风格，又叫"三样寺"，以中心大殿的恢宏风格及寺内多彩斑斓的壁画闻名。而且，藏族司机师傅说，家里老人经常说"人死后先去桑耶寺"，可见桑耶寺在人们心中的地位。然而考察任务繁重，我们并没有时间参观。桑耶镇是由湖北的援藏计划而重新规划整修，小镇街道规整有序，以桑耶寺为中心，道路两边分开，路边建筑独特个性，形成完整有序的城镇空间结构。

简便的午饭之后，驱车几公里到达桑耶镇洛村。洛村支部委员会隐藏在小路尽头的一个农家小院，绿树成荫，花香草绿，院子里几只慵懒的流浪狗在树荫下乘着凉、啃着西瓜皮（附图1.72）。

附图1.72 洛村支部委员会大院

一进村就感觉村子里格外安静，询问驻村领导，原来是丰收季节，村民们都去邻村过旺果节了。旺果节是藏族人民一年一度的欢庆丰收的节日，每年藏历七八月间，一般以村为单位，时间各有不同。旺果节从人们盛装组成仪仗队背着经书、吹着佛号围绕农田开始，到搭起帐篷、赛马、射箭、唱藏戏、载歌载舞、篝火宴饮等，持续多日。一个村子过节，方圆几十里的村子都会跑去参加。

　　我们找遍了村子只找到四户进行了访谈（附图 1.73）。县领导向我们夸赞这里的村支书，勤劳有思想，带领全村开办了砂石厂，解决了大部分赋闲在家的劳动力，年底工厂盈利还会给农户分红，盈余都存在工厂银行账户里，村里举办各种活动、过年过节的花销都由村工厂出钱，增加了村民收入，也丰富了村里的集体活动。村领导和支书是农村发展的主心骨和排头兵，既要有勇气有担当，又要有智慧有能力，才能获得群众支持和信任，才能集中力量带领村民致富奔小康。

附图 1.73　与村民交流

　　最后调研的是桑耶镇桑普村。其中一户耕地少、牲畜少，家庭的主要收入仍然是靠兄弟两人在村里做建筑工，每天不到两百块钱的报酬，勉强维持家庭消费和三个孩子上学。访谈期间，农户显得焦急不安，于是我们便加快访谈速度，一结束，农户起身就走了。我们问村干部原因，得到的回答是：他还在村头工地上干活呢，听说有科考队访谈，放下手头的工作就来了。本次考察到现在为止，大部分村民都是那么质朴地、真诚地、竭尽所能地配合我们的工作，知无不言。希望科考工作真的能为藏族人民带来更多更好的福利。

　　调研到下午 6 点多结束，出桑普村的时候遇到点小麻烦，村里的道路杂乱曲折，开了地图导航，却在一条小路尽头冲进了农户家的鸡舍，最终靠司机师傅多年经验，七拐八拐找到了高速入口。实践证明，手机导航在城市里所向披靡，在村里却是"两眼摸黑"。

　　今晚入住贡嘎县，为明天在贡嘎县开展考察工作做准备。

5. 本区域考察获得样品、数据、资料等：人工草地样品和 24 份入户问卷

6. 现场照片、视频等数量：5 张照片，若干视频

科考第 13 天：2019 年 8 月 19 日；天气：晴

1. 科考路线：贡嘎县—昌果乡和岗堆镇—拉萨市，行程约 100km
2. 科考目标：两个乡镇的人工草地调查；入户进行四个村共 24 户的生产生活情况调研
3. 科考人员：何永涛、范玉枝、王灵恩、段呈、张燕杰、刘芳、王芳、阿旺
4. 考察过程、内容和体会描述

今天是山南市考察的最后一天，目的地是山南市贡嘎县。贡嘎县是拉萨贡嘎机场所在地，交通较为便利。早上 9 点半，我们与县农业农村局的领导碰头后直接前往今天考察的目的地——昌果乡和岗堆镇。

1）人工草地考察组

贡嘎县昌果乡岗旦村只种植了 38 亩紫花苜蓿，但因水渠缺水，需要引水灌溉，如果灌溉的话，一年可以收割三次，如果不灌溉，一年只能收割两次（附图 1.74）。岗堆镇雪岗村在 2009 年开荒种草，总面积为 127 亩，由于能够灌溉施肥，长势很好，一年能收割三次；并且雪岗村在 2019 年又开荒了 130 多亩来种植紫花苜蓿（附图 1.75 和附图 1.76）。贡嘎县这两个乡的人工牧草都用于补饲自家的牛羊，不会对外销售，青稞、小麦的秸秆都会用来喂养牛羊，部分村民还会从外地购买牧草。

附图 1.74　岗旦村人工草地

附图 1.75　雪岗村人工草地

附图 1.76　雪岗村新开荒人工草地

2）入户调研组

昌果乡岗旦村今天在召开村民大会，由于村委会在装修，大会在小学校园内举行。全村的男女老少顶着烈日，聚精会神地在听村干部讲话（附图 1.77）。

在岗旦村我们也访问到了以物易物的情况，据一位村民介绍，用小麦换青稞，如果是熟人就可以一袋小麦换一袋青稞，如果是跟不熟的人换，需要用两袋小麦换一袋青稞。

昌果乡普夏村比较偏僻，村子建在山坡上，进村需要上坡。访问到一户 6 口人，耕地只有 6 亩，每年种的粮食只够自用几乎没有存粮，更不会销售（附图 1.78）。孩子上学有补贴和助学金等，家里只有一个男劳动力通过打零工贴补家用，赚多少用多少，几乎没有存款。这家牲畜并不算太少，13 头牛、16 只羊。牛以吃秸秆和开荒自种的半亩青贮玉米为主，羊以在天然草地放牧为主。女主人说，虽然家里有 16 只羊，但几乎吃不到羊肉，竟然是因为羊在山上放牧时经常会被野狗吃掉，她说养羊的主要用处是羊粪可以作为有机肥料。

听说昌果乡的土豆也很好吃，当地人称为"老鼠土豆"，因为长成椭圆形而得名。但"老鼠土豆"还没到收获季节，我们也没有口福品尝。但下午考察岗堆镇的岗堆村和雪岗村时，当地村民热情地给我们端上了煮好的圆圆的土豆，味道也非常好。

山南市的考察工作今天顺利完成，共考察了 5 个县 10 个乡 20 个村。今天入住拉萨市，稍作休整，准备明天的拉萨市政府座谈会。

附图 1.77　入户调研时赶上村民大会

附图 1.78　在路边进行调研

山南市和日喀则市对比下来，想起了我们的藏族司机师傅说的话："日喀则市人以前最穷，现在最富，因为日喀则人能吃苦。"日喀则市普遍家庭人口多，因此多数家庭耕地多、劳动力多，有人在家务农也有人长期在外打工，家庭经济条件就会越来越好。而山南市普遍家庭人口少，耕地少，一般家庭的主要劳动力只有夫妻两人，以务农为主，一般是男人在家附近打零工贴补家用，没有稳定的经济来源。

在日喀则市和山南市这十几天的考察中还发现了一个有意思的事，几乎不会说甚至听不懂汉语的村民几乎每个人都会用汉语说出自己的手机号码，由此可见手机在人们生活中的重要性。地处偏远地区的偏远山村，交通不便，信息闭塞，无线网络和智能手机为他们打开了一个看世界的窗口，也由此促进了文化交流。

5. 本区域考察获得样品、数据、资料等：人工草地样品和 24 份入户问卷

6. 现场照片、视频等数量：5 张照片，若干视频

科考第 14 天：2019 年 8 月 20 日；天气：晴

1. 科考路线：拉萨市，行程约 15km

2. 科考目标：拉萨市座谈会

3. 科考人员：何永涛、武俊喜、范玉枝、王灵恩、段呈、张燕杰、王芳、阿旺

4. 考察过程、内容和体会描述

拉萨市海拔 3650m，是西藏自治区首府，也是西藏的经济、文化和科教中心。拉萨是藏语"神圣的地方"的音译，顾名思义，这里是藏族人民及藏传佛教的神圣之地。雅鲁藏布江的重要支流拉萨河流经拉萨市，由曲水县注入雅鲁藏布江。拉萨市全年多晴朗天气，冬无严寒，夏无酷暑，属高原温带半干旱季风气候。降雨集中在 6～9 月，而且多夜雨，全年日照时间在 3000h 以上，是名副其实的"日光城"。今年（2019 年）拉萨天气比较反常，据新闻报道，6 月 29 日西藏拉萨市连续 5 日平均气温高于 22℃，这标志着拉萨正式进入气象定义上的夏天，这也是拉萨有气象观测记录以来，史上第一次成功入夏。这种史无前例的异常天气事件可能和全球变暖有关。

今天拉萨市的天气和前几天的山南一样，晴空万里，太阳炙烤着大地。我们按约定时间，下午 4 点到达拉萨市政府开始了今天的座谈会（附图 1.79）。会议由拉萨市科技局、统计局、发展和改革委员会、农业农村局、公安局、林业和草原局及自然资源局的领导参加，主要围绕粮食安全、粮食产业规划、粮食市场、饲草产业和人口流动等问题进行了讨论。拉萨市粮食指标任务是 17 万 t，其中青稞的任务是 11 万 t。粮食除了做口粮外，很大一部分被存储起来，老百姓"手中有粮，心里不慌"；还有一部分用作牲畜饲料；此外，一些私营小商贩走街串巷用生活用品换青稞，再集中售卖。粮食收购的主体是国有粮食企业，但收购量很低。饲草产业目前存在的主要问题是品种的优化问题和技术制约问题。人口方面，除大量的流动人口外，还应考虑西藏目前正在进行的大规模的搬迁。

附图 1.79　拉萨市座谈会

5. 本区域考察获得样品、数据、资料等：无

6. 现场照片、视频等数量：1 张照片

科考第 15 天：2019 年 8 月 21 日；天气：晴

　　1. 科考路线：拉萨市—尼木县普松乡和尼木乡—拉萨市，行程约 300km

　　2. 科考目标：两个乡的人工草地调查；入户进行四个村共 24 户的生产生活情况调研

　　3. 科考人员：何永涛、范玉枝、段呈、张燕杰、王芳、阿旺

　　4. 考察过程、内容和体会描述

　　早晨 7 点，天蒙蒙亮，我们便集合赶往今天的考察地点——尼木县。尼木县位于雅鲁藏布江中游北岸，平均海拔 3800m 以上。尼木县隶属拉萨市，地处拉萨市、日喀则市和山南市的三市交界处，西接日喀则市南木林县，南部与日喀则市仁布县和山南市浪卡子县相连。著名的"尼木三绝"是指藏尼纸、尼木藏香和普松雕刻（附图 1.80）。由于路途较远，加上限速比较多，路上需要三个多小时，10 时许我们与尼木县农业农村局工作人员碰面，开始了今天的考察工作。

　　1）人工草地考察组

　　尼木县的两个乡没有人工草地，所以我们只考察了一下农田情况。

　　2）入户调研组

　　尼木县原来行政上属于日喀则市，农业种植、人口、习惯等与日喀则市相似：人口多、囤粮多、喝青稞酒。尼木县基本没有人工牧草种植，所以今天主要工作是入户调研。调研的是普松乡普松村和如白村，尼木乡尼木村和聂玉村。

附图 1.80　尼木藏香

我们发现这里和日喀则市很像，每户人口比较多。农作物种植以青稞和油菜为主，小麦很少；粮食以食用、酿酒、喂牲畜和存储为主，很少销售。饲养牛、羊和少量的鸡，也是以自用为主，很少销售。还有一个情况，当我们询问牛羊出栏情况时，发现死的情况比较普遍。在普松乡如白村发现一户人家2018年初有12头牛、20只羊，但死了两头牛、4只羊，所以虽然没有杀也没有卖。询问死因说是无故病死，可能是因为饲草不够，这户家庭除补饲自家秸秆外，还将800斤左右的青稞和小麦用于补饲，另外还需要购买两车秸秆用于补饲，但仍然不够，有些牛羊因此生病致死。可见以前西藏牛羊"夏肥、秋壮、冬瘦、春死"的情况仍然存在。

我们发现青稞和油菜田中间有很多小块的藜麦田，询问县农业农村局工作人员，他们说尼木县这两年种植了一些藜麦，但没找好销路，销售情况不好（附图1.81）。下午调研尼木乡尼木村和聂玉村时，有户家庭说去年种植了1亩藜麦，1亩地播种量只需2斤，收获时收到了两袋，约160斤（村民估计的重量不一定准确，按农业农村局工作人员的说法可能比这个数字要高）。但由于没有销路，自家也不吃，所以存在家里，一部分喂了牲畜，相当可惜；也有村民按8元/斤的售价销售了一部分。藜麦是现在非常流行的养生食品，在内地售价非常高，一般可达30~40元/斤。尼木县藜麦种植情况很好且产量很高，但由于销路限制没有给村民带来很好的收入，销路问题亟待解决。

附图1.81　尼木县的小块藜麦田

今天的调研比较顺利，下午5点左右结束返回拉萨，到拉萨已是晚上8点多。稍作休整后吃饭讨论一天的调研情况，收获颇丰。

5. 本区域考察获得样品、数据、资料等：24 份入户问卷

6. 现场照片、视频等数量：2 张照片

科考第 16 天：2019 年 8 月 22 日；天气：多云

1. 科考路线：拉萨市—曲水县曲水镇和才纳乡—拉萨市，行程约 140km

2. 科考目标：两个乡镇的人工草地调查；入户进行四个村共 24 户的生产生活情况调研

3. 科考人员：何永涛、范玉枝、段呈、王芳、阿旺、向明学

4. 考察过程、内容和体会描述

曲水县距离拉萨市区 60km 左右，拉萨河在此汇入雅鲁藏布江，地势比较平坦，是拉萨市、山南市和日喀则市的交通枢纽。

1）人工草地考察组

曲水县才纳乡白堆村共有三块较大面积的人工草地：80 亩的青贮玉米，由于之前为耕地，土壤较为肥沃，亩产量可达到 8000 斤（附图 1.82）；2017 年开始退耕种草，种植了 500 亩燕麦草和箭筈豌豆，土壤肥沃并且有灌溉条件，燕麦草的长势很好，每年收割之后卖给当地的奶牛场，为该村的老百姓带来了一定的经济收入（附图 1.83）；2018 年开垦 1700 亩荒地种植紫花苜蓿，但水利设施方面仍然是一个亟需解决的大难题，在能灌溉的情况下一年可以收割三次，否则一年只能收割两次（附图 1.84）。

附图 1.82　白堆村青贮玉米

附图 1.83　白堆村燕麦草草地

附图 1.84　白堆村紫花苜蓿草地

曲水镇曲水村有一处 750 亩人工草地，前两年集体负责种植青贮玉米等，每户按人口可分 2 ～ 3 车青草（附图 1.85）。

附图 1.85　曲水村人工草地

2）入户调研组

曲水县曲水镇曲水村有全国重点养牛基地，采用集中管理、分散饲养的成功模式（附图 1.86 和附图 1.87）。一家养殖户有四五头奶牛每月可销售牛奶 6000 元。饲养奶牛靠家庭产秸秆、青稞和小麦已无法满足，每年需要额外购买几千斤酒糟和精粮进行补饲（附图 1.88 和附图 1.89）。

调研曲水镇茶巴朗村某农户，该农户家里养了十几头牦牛，去年在山上放牧时被野狗咬死了三头。藏族大部分信佛不杀生，对野狗也很友好，拉萨市郊区的茶馆和饭馆偶尔还能见到野狗进店，人们也并不惊慌，还会投喂一些食物。近些年西藏野狗越来越多，特别是拉萨市周边。虽然管理部门偶尔会抓捕一些野狗进行集中管理，但山上的野狗还是非常多，伤牲畜的事时有发生。藏族司机小伙也告诉我们，他家牦牛放牧时有两头牦牛丢了，他爸爸和舅舅在山里找了两个月还是没找到。本来以为牦牛吃饱了会自己回家，没想一直没有找到家。一头牦牛价值在万元以上，不管哪种方式丢失，都使养殖户蒙受不小的损失。

这些年西藏的路桥建设飞速发展，交通便利的同时也为藏族同胞提供了很多工作机会。在调研中发现，很多家庭都贷款购买接近 50 万元的自卸卡车，参与路桥工程建设两年，收入可达 70 多万元。

附图 1.86　奶牛基地

附图 1.87　奶牛饲料

附图 1.88　西藏农民晒场

附图 1.89　科考队员问卷调研

5. 本区域考察获得样品、数据、资料等：24 份入户问卷

6. 现场照片、视频等数量：8 张照片

科考第 17 天：2019 年 8 月 23 日；天气：多云

1. 科考路线：拉萨市—林周县强嘎乡和松盘乡—拉萨市，行程约 180km

2. 科考目标：两个乡的人工草地调查；入户进行四个村共 24 户的生产生活情况调研

3. 科考人员：何永涛、范玉枝、段呈、王芳、阿旺、向明学

4. 考察过程、内容和体会描述

林周县在民间有"拉萨后花园"的美誉，据说是因为林周县植树较多，很多路段有高原上罕见的高大行道树。古代人们从拉萨市可直接翻山到林周县，现代公路绕过高山，盘山路较多，约行驶 70km。

1）人工草地考察组

林周县强嘎乡强嘎村从 2014 年开始开垦荒地种植燕麦草和箭筈豌豆，总面积为 600 亩，亩产量可达到 400 斤干草，这些牧草卖给当雄县牧民（附图 1.90）。曲强嘎村有 300 亩的耕地在 2018 年改种燕麦草和箭筈豌豆，全村人工草地面积可达到 3410.5 亩，亩产量可达到 700～900 斤，收割之后的牧草会卖到山南市、墨竹工卡县、那曲市等（附图 1.91）。松盘乡白定村 2018 年开始在耕地种植 600 亩的燕麦草和箭筈豌豆（附图 1.92）。

附图 1.90　强嘎村人工草地

附图 1.91　曲强嘎村人工草地

附图 1.92　白定村人工草地

曲嘎强村是林周县土地面积最大的村，人均耕地 10 余亩。种草面积 4500 亩，以燕麦为主，2018 年卖草收入 275 万元，村民分红 66 万元。村里自有 7 台收割机、13 台拖拉机，2017 年村集体种草收入分红平均每户 1.5 万元。

"南草北卖"即农区种植的牧草卖到牧区，不仅能给农民带来一定的经济收益，还能在一定程度上缓解牧区天然草地的放牧压力。耕地种植牧草的亩产量远远大于荒地上牧草的亩产量，并且前期的经济投入也会比开垦荒地少很多，在耕地上种植牧草能更快地给农民带来经济效益。

2）入户调研组

今天对林周县强嘎乡的强嘎村和曲嘎强村、松盘乡的白定村和岗巴村进行调研。上午，县政府干部驱车带领我们到强嘎乡，但赶上林周县的望果节，村子里的老百姓都外出过节了。望果节是藏族非常重要的传统节日，是在庄稼收获之前祈祷和庆祝丰收的节日，有绕田诵经、赛马、唱藏戏等一系列的仪式和活动（附图 1.93 和附图 1.94）。一般以村为单位根据藏历计算过节日期，人们在聚会地扎好帐篷，支起炉灶，持续约一周。

我们驱车直接赶去了强嘎村望果节的林卡聚会。热情的藏族同胞把我们请进帐篷，不仅当我们的调研对象还热情地奉上奶茶和自产土豆，邀请我们喝奶茶吃土豆。西藏的土豆口感非常好，软绵甘甜。调研虽然辛苦，但我们参与了藏族风情的节日庆祝，还感受到了藏族老百姓淳朴而欢乐的日常生活，对调研的内容和结果有了更深入的理解和感受。

附图 1.93　林周县某村望果节

附图 1.94 科考队员在望果节问卷调研

5. 本区域考察获得样品、数据、资料等：24 份入户问卷

6. 现场照片、视频等数量：7 张照片

科考第 18 天：2019 年 8 月 24 日；天气：晴

1. 科考路线：拉萨市—墨竹工卡县扎雪乡和尼玛江热乡—拉萨市，行程约 280km

2. 科考目标：两个乡的人工草地调查；入户进行四个村共 24 户的生产生活情况调研

3. 科考人员：何永涛、范玉枝、段呈、王芳、阿旺、向明学

4. 考察过程、内容和体会描述

墨竹工卡县以松赞干布的出生地而闻名，县内还有著名的白教寺庙直贡梯寺，日多温泉、神湖思金拉错等景观。我们这次没有时间参观这些美丽的景色，直奔今天考察的目的地扎雪乡和尼玛江热乡。

1）人工草地考察组

扎雪乡格老窝村今年（2019 年）有 300 亩的耕地改为人工草地，为燕麦草和箭筈豌豆混播；塔杰村从 2016 年开始种植燕麦草，总面积为 600 亩；尼玛江热乡邦达村在耕地上种植了 400 亩的箭筈豌豆。这些村庄种植的牧草用来喂养本村的牛羊，不对外销售，并且墨竹工卡县农业农村局会免费给村民提供牧草种子，大力鼓励村民种植牧草。

2）入户调研组

今天我们对尼玛江热乡的帮达村和宗雪村、扎雪乡的格老窝村和塔杰村进行访谈调研（附图 1.95 和附图 1.96）。

附图 1.95　问卷调研（1）

附图 1.96　问卷调研（2）

这些天的调研中，我们时刻能感受到藏族同胞的淳朴和善良。今天，我们从磨糌粑的磨坊里请出一位老大爷做调研，调研到一半的时候，老大爷着急忙慌地走了。我们很担心：调研还没有结束呢，怎么办？协助翻译的藏族青年安抚道：他得去磨坊一趟，机器里不加青稞，机器就磨坏了。过了十分钟后，顶着一头一身糌粑粉的老大爷又返回来完成了调研问卷。感谢这些淳朴的人们的协助，让我们的调研能够顺利进行。

县农业农村局两位工作人员全程陪伴我们跑完了两乡四村，他们既要协助翻译，又要联系村委会及调研农户。虽然很辛苦，但完成农户调研后，他们又返回办公室立刻着手准备我们需要的补充资料。

5. 本区域考察获得样品、数据、资料等：24 份入户问卷

6. 现场照片、视频等数量：2 张照片，若干视频

科考第 19 天：2019 年 8 月 25 日；天气：晴

1. 科考路线：拉萨市—达孜区唐嘎乡和雪乡—拉萨市，行程约 130km

2. 科考目标：两个乡的人工草地调查；入户进行四个村共 24 户的生产生活情况调研

3. 科考人员：何永涛、范玉枝、段呈、王芳、阿旺、向明学

4. 考察过程、内容和体会描述

达孜区是本次考察的最后一个县，可以说是我们考察组的大本营了，中国生态系统研究网络（CERN）和国家生态系统观测研究网络（CNERN）的重点站之一——拉萨高原生态试验站就坐落在达孜区。达孜区紧邻拉萨市区，驱车 20km 即可到达县政府所在地。不过我们今天考察的两个乡距离县政府较远，分别是唐嘎乡和雪乡。

1）人工草地考察组

唐嘎乡唐嘎村在 2018 年有 123 亩的耕地改为燕麦草和箭筈豌豆混播，配有水渠，有灌溉条件，并且县农业农村局会免费发放化肥；2016 年穷达村和唐嘎村合作开垦了 1200 亩荒地来种植紫花苜蓿，一年只收割一次，收割的牧草对外销售，每亩地能卖 1000 元左右，为村民带来了极大的经济效益，提高了村民的生活质量；雪乡雪普村的人工草地面积较少，只有 80 亩，种植的是紫花苜蓿，不对外销售，只供喂养本村牛羊。

2）入户调研组

今天对拉萨达孜区的唐嘎乡和雪乡进行调研。

唐嘎乡位于拉萨市达孜县城以东，距离拉萨市 62km。距离达孜县城 38km，东邻墨竹工卡县，平均海拔 4500m。唐嘎乡的唐嘎村属于雅鲁藏布江中游河谷，有拉萨市级湿地——唐嘎村湿地，其分布着珍稀野生动物——黑颈鹤。唐嘎村耕地面积为 6799.9 亩。从拉萨到唐嘎村的路上正在修路，路况非常差。耕地具有典型的当地特点，零星分散，偶有大片耕地，筑墙护地，防止牲畜啃食。据乡干部介绍，唐嘎村虽然离拉萨市较近，但因其海拔较高，气候较为恶劣。

下午到雪乡的扎西岗村和雪普村。到达扎西岗村时，正赶上农户家里举行升学宴请。升学宴请是西藏很普遍的宴请聚会，家里的孩子考上大学都会请亲朋好友到家里吃饭、

喝酒、唱歌、跳舞，非常热闹。我们在宴请的人家随机邀请了村里的几户进行调研（附图1.97）。

在调研过程中发现，藏族百姓的庆祝节日非常多，宴饮聚会频繁，地点以"林卡"或者家里为主，鲜少到酒店。因为宴饮聚会频繁，所以藏族百姓的青稞酒和啤酒的日常消耗量较大。

截至8月25日，这次科考的野外工作部分圆满结束了（附图1.98）。

附图1.97　入户调研

附图1.98　科考结束合影

5. 本区域考察获得样品、数据、资料等：24份入户问卷

6. 现场照片、视频等数量：3张照片

二、藏北羌塘地区高寒草牧业资源基础科考分队考察日志

（2019 年 8 ～ 9 月）

科考第 1 天：2019 年 8 月 4 日；天气：晴

1. 科考路线：拉萨市

2. 科考目标：科考队员见面会暨野外安全培训

3. 科考人员：武建双、王向涛、冯云飞、王志鹏、张雨、王艳琳、邢硕、格桑扎西、噶玛西热；司乘人员：格旦次仁、旦增扎巴、洛桑旦增

4. 考察过程、内容和体会描述

8 月 4 日，全体科考队员汇集拉萨市，在藏餐吧喝着甜茶举行了见面会，聆听了噶玛师傅和武建双博士的野外工作经历，就安全问题展开了热烈讨论（附图 2.1）。

附图 2.1　科考队员见面会

武建双博士和格桑扎西、噶玛西热两位翻译员讲解了入户调查问卷的设计理念、指标选取的标准以及询问问题的技巧。见面会后，各位队员分别在冯云飞和王向涛两位老师的带领下去采购野外考察必备的工具、药品、器械。三位司机师傅开车去了拉萨市西郊的汽修厂做临行前的安全检查，只有拿到汽车检修合格单，武建双博士才会和他们签署本次科学考察的车辆租赁合同。万事俱备，只待向"最西藏"出行。

科考第 2 天：2019 年 8 月 5 日；天气：雨转晴

1. 科考路线：拉萨市达孜区（拉萨高原生态试验站）—那曲市色尼区（仲青塘拉

酒店），行程 350km

2. 科考目标：平安顺利抵达那曲市，沿途在色尼区罗玛镇高寒草地做野外群落调查培训

3. 科考人员：武建双、王向涛、冯云飞、王志鹏、张雨、王艳琳、邢硕、格桑扎西、噶玛西热；司乘人员：格旦次仁、旦增扎巴、洛桑旦增

4. 考察过程、内容和体会描述

早上 8 点，格旦次仁、洛桑旦增和旦增扎巴三位司机师傅驾着三辆丰田越野车如约来到拉萨高原生态试验站。早餐过后，科考队员们将早早准备好的行李，分门别类地装在三辆车的后备箱（附图 2.2）。

附图 2.2　格旦次仁（左）和旦增扎巴（右）两位司机师傅在等待装载行李

临行前，张宪洲研究员再次告诫科考队员们："安全第一、安全无小事、安全关乎生命"，嘱托司机师傅安全行驶，嘱咐科考队员团结互助，并预祝羌塘科考队员平安归来（附图 2.3）。

附图 2.3　科考队员临行前在拉萨高原生态试验站合影

　　工欲善其事必先利其器。当我们行车至那曲市色尼区罗玛镇时，领队武建双博士给我们讲解了"样带（tansect）－样地（site）－样区（plot）－样方（quadrat）"的区别，讲解了草地类（class）和草地型（type）的命名规则，以及如何布设样方，测量"三度一量"（即高度、盖度、多度、生物量），还向我们讲解高山嵩草高寒草甸的一些常见物种的识别特征。

　　培训结束，我们才发现原来培训地点是如此的辽阔和壮美，蓝天白云碧草地。噶玛西热和格桑扎西两位藏族大学生告诉我们，他们俩的老家在日喀则市仁布县，老家的村落错落地分布在雅鲁藏布江大峡谷两岸的高山上；羌塘，在藏语里意为的北方平坦的高地（草地）。队员们认为羌塘辽阔无边，碧草遍地，果然名不虚传。科考队员一致要求拍照留念，希望若干年后，大家还能回忆起羌塘科考的这份美好（附图 2.4）。

附图 2.4　羌塘地区高山嵩草型高寒草甸上合影

科考第 3 天：2019 年 8 月 6 日；天气：小雨

　　1. 科考路线：那曲市色尼区农业农村局—色尼区罗玛镇噶尔德牧场

　　2. 科考目标：了解那曲市草原畜牧业高质量发展需求以及合作社运行机制

　　3. 科考人员：武建双、王向涛、冯云飞、王志鹏、张雨、王艳琳、邢硕、格桑扎西、噶玛西热；司乘人员：格旦次仁、旦增扎巴、洛桑旦增

　　4. 考察过程、内容和体会描述

　　按照那曲市科技局科考办公室的协调和安排，今天我们将与色尼区农业农村局对接和座谈，并参观色尼区噶尔德牧场。临行前，武建双博士再次召集大家，就座谈会的必要性、色尼区草牧业发展核心主要问题，以及草牧业高质量可持续发展路径的思考给大家做详细介绍，给每个科考队员进行了明确的任务分工，叮嘱大家向地方干部

和企业负责人提问时要注意技巧和礼貌（附图 2.5）。

附图 2.5　与色尼区农业农村局座谈会前的准备工作

　　会后，在色尼区农业农村局副局长的带领下，科考队到罗玛镇噶尔德牧场进行了科学考察。噶尔德牧场负责人向科考队员介绍了噶尔德人工饲草地建植和管理经验，并带领大家参观了奶产品加工车间和库房（附图 2.6 ～附图 2.8）。

　　据介绍，西藏嘎尔德生态畜牧产业发展有限公司是 2017 年经国家批准成立的牦牛乳制品生产企业，是西藏自治区重要的高原有机畜牧产业示范基地。已在拉萨市开设九家销售点，那曲全域两家。

附图 2.6　武建双博士向色尼区农业农村局介绍科考工作组成员与科考任务

附图 2.7　噶尔德企业负责人介绍公司发展历程

附图 2.8　噶尔德牧场的酥油存储库房

科考第 4 天：2019 年 8 月 7 日；天气：雨转多云

1. 科考路线：那曲市色尼区那玛切乡
2. 科考目标：那玛切乡牧民生计入户调查和周边高寒草甸群落调查
3. 科考人员：武建双、王向涛、冯云飞、王志鹏、张雨、王艳琳、邢硕、格桑扎西、噶玛西热；司乘人员：格旦次仁、旦增扎巴、洛桑旦增
4. 考察过程、内容和体会描述

上午，由色尼区草原生态保护补助奖励政策专干带领科考队员前往那玛切乡开展草原生态保护补助奖励政策效益暨牧民生计可持续性评估入户调查。据介绍，那玛切乡位于色尼区西北端，东临那曲镇、西接班戈县，常住人口约 8 万人。上午 10 点左右，在蒙蒙细雨中我们来到那玛切乡政府。乡长向科考队员详细介绍了那玛切乡的行政沿

革、常住人口、草场面积、牲畜存出栏、畜产品加工等基本情况（附图2.9）。

附图2.9 色尼区那玛切乡乡长向科考队员介绍草牧业发展概况

　　草原在我国生态文明建设和经济社会发展大局中具有重要战略地位（附图2.10）。"十二五"和"十三五"期间，西藏实施了两轮草原生态保护补助奖励政策。这项政策是中央统筹我国经济社会发展全局做出的重大决策；是深入贯彻"创新、协调、绿色、开放、共享"理念，促进城乡区域协调发展的具体体现；是加快草原保护，建设生态文明的重要举措。为了更好地服务政府决策，更好地保护西藏草地，促进牧民增收和社会稳定，入户调查并评价草原补奖政策的社会、生态和经济效益也是本年度科学考察的重要内容之一。

附图2.10 那曲市色尼区那玛切乡周边藏北嵩草湿地型草甸上的羊群

　　入户调查选在那玛切乡六村村委会。藏北羌塘地区的牧民居住分散。8月，牧民大多已移居夏季牧场。因此，乡村专干只好挨家挨户地打电话通知来村委会开会（接受采访）。等牧民到齐时，武建双博士向群众和翻译人员强调了政策效益评价的必要性，强调了真实数据和真实想法对政策优化的作用，希望大家提供真实数据、反馈真实想法（附图 2.11）。格桑扎西和噶玛西热用藏语逐词逐句给大家做翻译。科考队员分两组，一组留在居委会做群众访谈；另一组前去做草地群落调查（附图 2.12）。

附图 2.11　武建双博士向那玛切乡部分牧民宣讲中央的草原生态保护补助奖励政策

附图 2.12　科考队员在那玛切乡附近的高山嵩草草甸做群落调查（10m×10m）

科考第 5 天：2019 年 8 月 8 日；天气：晴

1. 科考路线：那曲市聂荣县色庆乡—那曲市色尼区那玛切乡
2. 科考目标：色庆乡杂玛合作社考察；那玛切乡草地群落调查
3. 科考人员：武建双、王向涛、冯云飞、王志鹏、张雨、王艳琳、邢硕、格桑扎西、噶玛西热；司乘人员：格旦次仁、旦增扎巴、洛桑旦增
4. 考察过程、内容和体会描述

时值羌塘地区赛马节前夕，各县区农业农村局向科考队反映不太容易组织牧民参加草原生态保护补助奖励政策调研。领队武建双博士决定将科考队员兵分两路：一路人马由西藏农牧学院王向涛副教授带队留守那曲市色尼区，完成那玛切乡和罗玛镇科玛村的两处草地群落调查；另一路人马由武建双博士带领格桑扎西和噶玛西热前往聂荣县色庆乡完成牧民合作社调研和周边牧民入户访谈。

聂荣，藏语意为"盘羊沟"。"聂"在藏语里指"盘羊"，而"荣"意为"山谷或山沟"。聂荣县距那曲市 2h 左右车程。上午 11 点，武建双博士带队抵达聂荣县并受到县农业农村局的热情接待。县农业农村局局长委托草原生态保护补助奖励政策专干边珍同志组织了全县 1 镇 9 乡的 10 名专干汇报了各乡镇当前草原生态保护补助奖励政策在组织实施过程中遇到的问题和困难（附图 2.13）。

附图 2.13　武建双博士带队听取聂荣县各乡镇专职干部关于草原畜牧业及相关政策的问题反馈

会后，在边珍同志的陪同下，科考队参观了聂荣县色庆乡杂玛多种经营合作社，了解了合作社放牧点牦牛饲养及产奶情况。合作入股牧民介绍了当年的分红情况（附图 2.14～附图 2.16）。实地考察归来，藏族队员和司机们感慨中央的草原生态保护补

附图 2.14　聂荣县色庆乡杂玛多种经营合作联合社管理流程

附图 2.15　聂荣县色庆乡杂玛合作社放牧点挤奶现场

附图 2.16　聂荣县色庆乡杂玛合作社入股牧民访谈

助奖励政策非常好，但当地百姓的生活还得靠延伸产业链来增加产品附加值。由此可见，"输血"式生态补偿还得转变成"造血"式产业带动，才能实现生态保护和增收致富的双赢局面。

科考第 6 天：2019 年 8 月 9 日；天气：晴

1. 科考路线：那曲市色尼区那曲镇（中国科学院地理科学与资源环境研究所那曲站长期实验场）

2. 科考目标：那曲站周边高寒草甸群落调查

3. 科考人员：武建双、王向涛、冯云飞、王志鹏、张雨、王艳琳、邢硕、格桑扎西、

噶玛西热；司乘人员：格旦次仁、旦增扎巴、洛桑旦增

4. 考察过程、内容和体会描述

由于牧民群众都在准备赛马节，很难组织群众开展入户调查。因此，科考队今天的任务主要是前往中国科学院地理科学与资源研究所那曲站长期实验场开展草地群落调查。那曲站是世界上海拔最高的草地长期定位观测生态站。那曲站朱军涛老师向科考队员介绍了那曲站的研究定位、主攻方向和实验设计（附图2.17）。

附图 2.17　中国科学院地理科学与资源环境研究所那曲站长期实验场

果组村是安多县扎仁镇一个行政村，位于 109 国道边上，距离那曲市约 1h 车程。为了将那曲赛马节耽误的时间赶回来，我们上午完成了那曲站的群落调查（附图2.18）。午饭过后，又赶往安多县扎仁镇果组村的禁牧样地。按照武建双博士的计划，我们今天完成果组村禁牧样地调查，待完成安多县科考工作返回那曲市时再补围栏外放牧样地的群落监测（附图2.19）。虽然大家都很累，但也都对领队武建双博士的周密安排和协调无不佩服。

附图 2.18　科考队员顶着烈日做草地监测（样线法）

附图 2.19 科考队在安多县扎仁镇果组村禁牧样地做群落调查（巢式样方法）

夕阳西下时，我们完成了三个 10m×10m 巢式样地的调查和采样工作。映着瓦蓝的天和洁白的云，阳光洒在高寒草甸上，像蒙了一层金。美景再现，领队用手机拍照给我们记录了这份美好。

科考第 7 天：2019 年 8 月 10 日；天气：晴

1. 科考路线：那曲市恰青赛马场—那曲市色尼区孔玛乡
2. 科考目标：了解草原文化和社会变革
3. 科考人员：武建双、王向涛、冯云飞、王志鹏、张雨、王艳琳、邢硕、格桑扎西、噶玛西热；司乘人员：格旦次仁、旦增扎巴、洛桑旦增
4. 考察过程、内容和体会描述

那曲赛马节，藏语叫"达穷"，全称是"羌塘恰青格萨尔赛马艺术节"，是藏北羌塘地区规模盛大的传统节日，每年 8 月 10 日左右举行。那曲市各县区的牧民便带着帐篷，身着艳丽的民族服装，佩戴着各种珠宝饰物，齐聚那曲市恰青赛马场。赛马场周边物资交流、文艺汇演如约而至。受那曲市农业农村局和色尼区农业农村局的热情邀约，科考队员们现场观看了赛马节开幕式（附图 2.20）。

孔玛乡地处色尼区东部，东与达前乡毗邻，南靠达萨乡，西邻那曲镇，北与聂荣县尼玛乡接壤。在参观完上午的赛马节开幕式后，科考队员和来自西藏自治区农业农村厅、财政厅、农牧科学院、西藏人民医院挂职服务的中共中央组织部、共青团中央第 19 批博士服务团成员在那曲市农业农村局相关领导的陪同下来到色尼区孔玛乡嘎坚村开展调研（附图 2.21）。嘎坚村党支部老书记达杰同志向博士团和科考队员

附图 2.20　2019 年那曲羌塘恰青格萨尔赛马艺术节开幕式

附图 2.21　科考队和第 19 批博士服务团联合在色尼区孔玛乡调研

讲述了牧区改革以来发生在自己家乡的社会变化。在农业农村厅畜牧处挂职的全国畜牧总站王加亭同志向达杰书记及周边牧民详细讲解了一系列中央涉农惠民政策。临行前，达杰书记带领其子女和孙辈给我们献上了洁白的哈达，祝愿大家在藏平安吉祥、扎西德勒（附图 2.22）。博士团、科考队和牧区群众都表达了相信党、跟党走的信心和理念。

附图 2.22　科考队员和援藏博士团成员在孔玛乡嘎坚村委会合影

科考第 8 天：2019 年 8 月 11 日；天气：多云转晴

1. 科考路线：色尼区—安多县

2. 科考目标：扎仁镇果组村入户调查；措玛乡草地群落监测

3. 科考人员：冯云飞、格桑扎西、嘎玛西热、格旦次仁、武建双、王向涛、王志鹏、张雨、王艳琳、邢硕、旦增扎巴、洛桑旦增

4. 考察过程、内容和体会描述

受赛马节影响，近几日的科考进度稍有阻滞。为了节省时间，领队武建双博士决定今天再次兵分两路：第一组，由唐山师范学院冯云飞老师带领两名藏族大学生（翻译员）在安多县扎仁镇果组村开展问卷调查（附图 2.23）；第二组，由武建双博士带队赶往安多县措玛乡开展禁牧、放牧和人工草地 3 个样地的群落调查（附图 2.24）。上述安排皆由武建双领队和安多县农业农村局色里玛副局长协商确定。

附图 2.23　科考队员向村民开展问卷调查

附图 2.24　科考队员在安多县措玛乡放牧草地上布设巢式样方

　　措玛乡东邻帕那镇，南连扎仁镇，西接强玛镇，北靠岗尼乡、扎曲乡。在县城西侧，车程大约 30min。措玛乡政府驻措亚玛村，北靠唐古拉山，南临错那湖，草地类型属高寒草甸草原，物种丰富（附图 2.25～附图 2.27）。在完成群落调查之后，武建双博士再次给大家讲解了常见植物的识别特征。

附图 2.25　穗三毛

附图 2.26　藏波罗花

附图 2.27　青藏狗娃花

科考第 9 天：2019 年 8 月 12 日；天气：晴

1. 科考路线：安多县

2. 科考目标：滩堆乡入户调查；措玛乡入户调查；雁石坪镇入户调查

3. 科考人员：武建双、王志鹏、冯云飞、张雨、噶玛西热、格旦次仁、王向涛、格桑扎西、王艳琳、邢硕、旦增扎巴、洛桑旦增

4. 考察过程、内容和体会描述

按照领队武建双博士和安多县农业农村局的协商结果，我们在安多县第二天的工作主要为入户调研。上午，第一组由西藏农牧学院王向涛老师带队前往措玛乡进行入户调查，由县农业农村局副局长陪同带队；第二组由武建双博士带队前往滩堆乡进行入户调查，由安多县兽防站站长陪同（附图 2.28）。通过与农牧民的访谈，获取关于牧户草地、畜牧养殖、农牧业发展政策等生产方面的资料，以及农牧民日常食物结构、生活消费等消费方面的资料，全面了解牧区牧民的生产生活与消费生活的特点，客观了解畜牧产业在该地区的发展现状，从而为探索西藏实现绿色发展获取一手资料和客观数据。在每个乡镇，我们随机访问了 10 户牧民，由我们自带的藏族学生、村干部及汉语较好的藏族司机进行翻译。对有代表性的农户进行更详细的入户访谈，尽可能全面了解农牧民的生活现状和存在的问题，使调研样本更具有代表性和客观性。

附图 2.28 安多县滩堆乡座谈现场

　　下午，在县城用过午饭后，武建双博士和王志鹏在安多县兽防站站长的陪同下前往雁石坪镇老兽医普布家中开展入户调查。普布是一名老兽医也是一名老党员。常年坚守在雁石坪镇为牧民服务。普布对国家的草原生态保护补助奖励政策了解比较深入，经常在深入基层给牲畜看病时，向当地牧民讲解国家政策。他们家还是西藏自治区科学技术协会的科普流动站。墙面上一排排的荣誉证书讲述着这位老党员全家的故事（附图 2.29 和附图 2.30）。

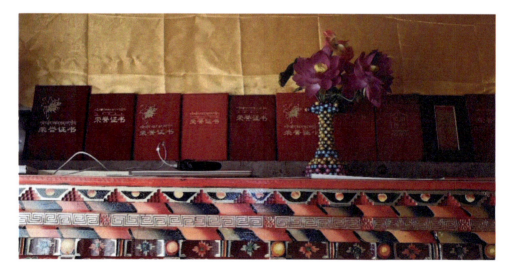

附图 2.29 安多县雁石坪镇普布老兽医一家的荣誉证书

附图 2.30　普布（中间戴眼镜者）一家和王志鹏（左 1）、武建双（左 2）的合影

科考第 10～11 天：2019 年 8 月 13～14 日；天气：晴

1. 科考路线：安多县—色尼区

2. 科考目标：安多县农业农村局座谈；补充调查扎仁镇果组村放牧样地

3. 科考人员：武建双、王向涛、冯云飞、王志鹏、张雨、王艳琳、邢硕、格桑扎西、噶玛西热；司乘人员：格旦次仁、旦增扎巴、洛桑旦增

4. 考察过程、内容和体会描述

按照科考工作要求，安多县农业农村局向科考队汇交了近 5 年来草牧业发展数据。副局长代表农业农村局向科考队员认真负责的工作态度表示钦佩，希望科考队能够将牧民的希望和期待反馈给政府（附图 2.31）。简短座谈后，科考组告别安多县，返回色尼区，并在扎仁镇果组村附近补充调查了放牧对照样地（附图 2.32）。

附图 2.31　安多县各乡镇草原生态保护专干参与座谈会

附图 2.32　安多县扎仁镇果组村围栏与放牧样地对比

科考第 12 天：2019 年 8 月 15 日；天气：晴

1. 科考路线：那曲市—巴青县
2. 科考目标：巴青县玛如乡入户调查
3. 科考人员：武建双、王向涛、冯云飞、王志鹏、张雨、王艳琳、邢硕、格桑扎西、噶玛西热；司乘人员：格旦次仁、旦增扎巴、洛桑旦增
4. 考察过程、内容和体会描述

巴青藏语意为"黑牦牛帐篷"，地处那曲市东北部，地势北高南低，地处怒江上游，属高原亚寒带半湿润季风气候，境内有长江、怒江两大水系，下辖 3 镇 7 乡，玛如乡位于县境北部（部分辖域在青海省杂多县境内），南邻杂色镇，玛如乡拥有巴青县最好的草原。科考分队下午抵达玛如乡，在乡"草奖"政策专干的协助下，和周边牧户进行了座谈（附图 2.33），并做了入户问卷调查。随后，我们在美丽的玛如草原做了样地调查（附图 2.34）。

附图 2.33　巴青县玛如乡群众座谈会

附图 2.34　美丽的巴青县玛如草原

科考第 13 天：2019 年 8 月 16 日；天气：晴

1. 科考路线：那曲市—索县

2. 科考目标：索县嘎美乡入户调查

3. 科考人员：武建双、王向涛、冯云飞、王志鹏、张雨、王艳琳、邢硕、格桑扎西、噶玛西热；司乘人员：格旦次仁、旦增扎巴、洛桑旦增

4. 考察过程、内容和体会描述

索县位于藏北高原与藏东高山峡谷过渡带，地处怒江上游索曲河流域，东部与昌都市丁青县接壤，西南与比如县及昌都市边坝县毗邻，北部与巴青县交界。今天在索县农业农村局赤列多吉同志陪同下，我们到了嘎美乡夏季放牧点开展社会调查。在草原上喝着奶茶、酸奶和牧民群众谈草地保护和牧业发展（附图 2.35）。据赤列多吉同志介绍，嘎美乡嘎秀领头羊合作社以牦牛养殖、牦牛肉、奶制品加工销售为主，是西藏农业农村厅重点扶持的农牧民合作社之一（附图 2.36）。

附图 2.35　科考队员和牧民群众席地而坐来开展问卷调查

附图 2.36　索县嘎美乡嘎秀领头羊合作社的老酸奶

科考第 14 天：2019 年 8 月 17 日；天气：晴

1. 科考路线：索县—色尼区
2. 科考目标：比如县夏曲卡镇入户社会调查
3. 科考人员：武建双、王向涛、冯云飞、王志鹏、张雨、王艳琳、邢硕、格桑扎西、噶玛西热；司乘人员：格旦次仁、旦增扎巴、洛桑旦增
4. 考察过程、内容和体会描述

比如，藏语意为"母牦牛角"。比如县是以牧业为主的半农半牧县，位于西藏那曲市东部，唐古拉山和念青唐古拉山之间，怒江上游，辖 2 镇 8 乡。其中，夏曲卡镇是比如县最大的纯牧业乡镇，地处比如县域西部，南与恰则乡和达塘乡相接，西与色尼区达前乡相接，北与聂荣县下曲乡和巴青县本塔乡、阿秀乡相连。我们上午抵达夏曲卡镇，在乡"草奖"政策专干的协助下，召集周边牧民召开了座谈会（附图 2.37），并与农业农村局干部核对了夏曲卡镇历年草牧业基础数据（附图 2.38）。

附图 2.37　科考队员和夏曲卡镇周边牧民召开座谈会

附图 2.38 武建双博士和比如县农业农村局干部核对夏曲卡草牧业基础数据

科考第 15 天：2019 年 8 月 18 日；天气：晴

1. 科考路线：那曲市色尼区

2. 科考目标：补充调查罗玛镇科玛村放牧草地

3. 科考人员：武建双、王向涛、冯云飞、王志鹏、张雨、王艳琳、邢硕、格桑扎西、噶玛西热；司乘人员：格旦次仁、旦增扎巴、洛桑旦增

4. 考察过程、内容和体会描述

受天气影响，前几日色尼区罗玛镇科玛村的草地监测只完成了围栏内禁牧样地。为了更好地比较放牧和围栏对高寒草地群落结构和功能的相对影响，科考队今天的主要任务是补充调查科玛村的放牧样地。这里我们设置了 3 个 10m×10m 的大样方，在每个大样方内的对角线和中心点共设置 6 个 1m×1m 的小样方，采集了植物地上部分、根系和土壤样品（附图 2.39 和附图 2.40）。样品放置于信封和档案袋内保持干燥。晚饭后科考队员们进行草地样品筛土称重和问卷的录入工作。

附图 2.39 王志鹏博士和王向涛副教授在采集土壤样品

附图 2.40　科考队员在分物种收割植物样方上部分生物量

科考第 16 天：2019 年 8 月 19 日；天气：晴

1. 科考路线：那曲市色尼区—嘉黎县

2. 科考目标：林堤乡入户调查

3. 科考人员：武建双、王向涛、冯云飞、王志鹏、张雨、王艳琳、邢硕、格桑扎西、噶玛西热；司乘人员：格旦次仁、旦增扎巴、洛桑旦增

4. 考察过程、内容和体会描述

嘉黎县位于那曲市东南部，地处唐古拉山与念青唐古拉山之间，是十一世班禅额尔德尼·确吉杰布的家乡。今天的主要任务是对浙江省援建的林堤乡小康示范村牧民新居进行入户调查（附图 2.41）。采用半结构问卷访谈和面对面深度聚焦座谈相结合的方式进行，内容除了涉及牧民家庭人口、收入、教育、就业等生计内容，还涉及家畜存出栏、草地禁休牧、畜牧产品加工、科技培训及合作社参与度等问题，总共收集 10 份问卷（附图 2.42）。

附图 2.41　浙江省援建的嘉黎县林堤乡小康示范村牧民新居

附图 2.42　林堤乡牧民新居内装饰及参与调研的牧民群众

科考第 17 天：2019 年 8 月 20 日；天气：晴

1. 科考路线：那曲市班戈县
2. 科考目标：普保镇草地群落调查
3. 科考人员：武建双、冯云飞、王志鹏、王艳琳、邢硕、旦增扎巴、洛桑旦增、张雨、格桑扎西、噶玛西热、格旦次仁
4. 考察过程、内容和体会描述

班戈县,因境内的湖泊班戈错而得名,地处藏北西部,位于纳木错、色林错两湖之间。东与色尼区为邻，西与申扎县搭界，南与当雄县、南木林县相邻，北与双湖县和安多县相接。今天的主要任务是在普保镇 7 村的围栏封育样地进行群落调查（附图 2.43 和附图 2.44）。这一样地大约在 2006 年建成，禁牧管理较为规范，2009 年成为西藏自治区国家级长期定位监测样地。

附图 2.43　为节省时间科考队员在草原上用午饭

附图 2.44 班戈县普保镇 7 村围栏封育样地内外群落外貌对比

科考第 18 天：2019 年 8 月 21 日；天气：晴

1. 科考路线：那曲市班戈县—申扎县

2. 科考目标：雄梅镇草地群落调查；申扎镇永珠沃玛社会调查

3. 科考人员：武建双、冯云飞、王志鹏、王艳琳、邢硕、格桑扎西、噶玛西热、格旦次仁、旦增扎巴、洛桑旦增

4. 考察过程、内容和体会描述

今天的目的地是申扎县雄梅镇。早上从班戈县城出发，大概上午 10 点半到达雄梅镇。随后，我们兵分两路：一队由冯云飞老师带队进行固定样地草原监测（附图 2.45），另一队由武建双博士带队前往申扎镇永珠沃玛村开展社会调查，调查内容除牧民生计、草牧业生产外，还涉及农牧民合作社组织、管理和运行制度建设等（附图 2.46 和附图 2.47）。

附图 2.45 申扎县雄梅镇草地监测现场

附图 2.46　申扎县申扎镇永珠沃玛村牧民座谈会

附图 2.47　申扎县申扎镇永珠沃玛村委会对面的藏北嵩草草甸和紫绒山羊

科考第 19 天：2019 年 8 月 22 日；天气：晴

1. 科考路线：那曲市申扎县

2. 科考目标：申扎镇 5 村群落调查

3. 科考人员：武建双、冯云飞、王志鹏、王艳琳、邢硕、格桑扎西、噶玛西热、格旦次仁、旦增扎巴、洛桑旦增

4. 考察过程、内容和体会描述

今天是羌塘科考第 19 天，任务相对轻松，是在申扎镇 5 村的禁牧围栏内外做群落调查（附图 2.48 和附图 2.49）。这一样地在 2012 年建成，也是西藏自治区国家级草原监测点之一。

附图 2.48　冯云飞老师在记录草地植物"3 度 1 量"

附图 2.49　申扎县申扎镇 5 村围栏外样地调查现场

科考第 20 天：2019 年 8 月 23 日；天气：晴

1. 科考路线：那曲市申扎县—双湖县
2. 科考目标：双湖县城西群落调查
3. 科考人员：武建双、冯云飞、王志鹏、王艳琳、邢硕、格桑扎西、噶玛西热、格旦次仁、旦增扎巴、洛桑旦增
4. 考察过程、内容和体会描述

早晨在申扎县吃过早饭后，驱车前往双湖县，大约在下午 1 点抵达双湖县城（附图 2.50）。随后用过简单午饭后，前往城西样地（附图 2.51）。

附图 2.50　科考队员在班戈—双湖县路途中拍照合影

附图 2.51　邢硕同学独自负责一个样方的生物量收获（海拔 4986m）

科考第 21 天：2019 年 8 月 24 日；天气：晴

1. 科考路线：那曲市双湖县—嘎措乡—尼玛县
2. 科考目标：嘎措乡群落调查
3. 科考人员：武建双、冯云飞、王志鹏、王艳琳、邢硕、格桑扎西、噶玛西热、格旦次仁、旦增扎巴、洛桑旦增
4. 考察过程、内容和体会描述

距县城约 100km 的嘎措乡是双湖县所辖 7 个乡中最北端的一个，海拔 5200m 左右，自然环境极其恶劣，但野生动物种类丰富（附图 2.52 和附图 2.53）。嘎措乡是西藏唯一保留集体公社制度的乡镇，全乡人口不足 600 人，仅 2 个自然村（附图 2.54～附图 2.56）。

附图 2.52　双湖县城通往嘎措乡的大"马路"

附图 2.53　前往嘎措乡路上偶遇藏原羚

附图 2.54　通往嘎措乡（2 村）阿日向琼村的路

附图 2.55　双湖县措折罗玛镇民居

附图 2.56　晚上 8 点经措折罗玛镇踏上安（多）—狮（泉河）公路

科考第 22 天：2019 年 8 月 25 日；天气：晴

1. 科考路线：那曲市尼玛县
2. 科考目标：尼玛县尼玛镇尼玛 3 村群落调查
3. 科考人员：武建双、冯云飞、王志鹏、王艳琳、邢硕、格桑扎西、噶玛西热、格旦次仁、旦增扎巴、洛桑旦增
4. 考察过程、内容和体会描述

尼玛县是西藏那曲市下辖县，位于那曲市西北部，南与日喀则市相接，东与双湖县、申扎县相连，西与改则县相邻。平均海拔 5000m 以上，空气稀薄，多风雪，年平均气温 -4℃，年降水量 150mm，下辖 1 镇 13 乡，县政府驻尼玛镇。尼玛藏语语意为"太阳"。今日

的科考任务是尼玛县尼玛镇尼玛3村，队员们笑称"有三个太阳啊，样地应该不冷吧"（附图2.57和附图2.58）。

附图2.57　尼玛县尼玛镇尼玛3村围栏内群调查现场

附图2.58　尼玛县尼玛镇尼玛3村围栏内外群落外貌对比

科考第23天：2019年8月26日；天气：晴

1. 科考路线：那曲市尼玛县
2. 科考目标：俄久乡4村草地群落调查
3. 科考人员：武建双、冯云飞、王志鹏、王艳琳、邢硕、格桑扎西、噶玛西热、格旦次仁、旦增扎巴、洛桑旦增
4. 考察过程、内容和体会描述

今天是羌塘科考第 23 天，任务也相对轻松，主要是在尼玛县俄久乡 4 村的禁牧围栏内外做群落调查（附图 2.59 和附图 2.60）。这一样地大概在 2011 年建成，是中国科学院拉萨高原生态试验站在藏北的固定监测点之一。

附图 2.59　前往尼玛县俄久乡 4 村途经高原小湖泊

附图 2.60　尼玛县俄久乡 4 村围栏外草原监测现场

科考第 24 天：2019 年 8 月 27 日；天气：晴

1. 科考路线：那曲市尼玛县—阿里地区措勤县
2. 科考目标：尼玛县国家级草原监测点（俄久乡 1 村）
3. 科考人员：武建双、冯云飞、王志鹏、王艳琳、邢硕、格桑扎西、噶玛西热、格旦次仁、旦增扎巴、洛桑旦增
4. 考察过程、内容和体会描述

今天是羌塘科考第 24 天，任务也相对轻松，主要是在尼玛县俄久乡 1 村的禁牧围栏内外做群落调查。这一样地大概在 2011 年建成，是西藏自治区国家级草原监测点（附图 2.61 和附图 2.62）。

附图 2.61　尼玛县俄久乡 1 村国家级草原监测点围栏内群落调查现场

附图 2.62　尼玛县俄久乡 1 村国家级草原监测点围栏外群落调查现场

科考第 25 天：2019 年 8 月 28 日；天气：晴

1. 科考路线：阿里地区措勤县—改则县
2. 科考目标：措勤县门东居委会社会调查；改则县洞措村草地调查
3. 科考人员：武建双、冯云飞、王志鹏、王艳琳、邢硕、格桑扎西、噶玛西热、格旦次仁、旦增扎巴、洛桑旦增
4. 考察过程、内容和体会描述

　　措勤，藏语意为"大湖"。因距县驻地东部十几公里处的"扎日南木错"而得名。措勤县位于阿里地区东部，北与改则县接壤，西与日喀则市仲巴县相邻，东靠那曲市尼玛县和日喀则市昂仁县，南与日喀则市萨嘎县毗邻。吃过早饭，按照武建双博士的安排，我们兵分两路：一路人马由冯云飞老师带队，直接赶往改则县洞措乡固定监测点做草地监测；另一队由武建双博士带队，在措勤县门洞居委会做牧民群众访谈（附图 2.63 和附图 2.64）。

附图 2.63　措勤县门东居委会前的电子商务建设第一村展牌

附图 2.64　席地而坐参与座谈牧民

　　措勤县夏岗江雪山距县城约 80km，海拔在 5000～6500m 以上，主峰高 6822m，山顶终年积雪（附图 2.65）。

附图 2.65　夏岗江雪山

改则县国家级监测点于 2012 年设立，是中国科学院拉萨高原生态试验站在藏北高寒草原向荒漠草原过渡带设定的固定监测点之一（附图 2.66）。

附图 2.66　阿里地区改则县洞措乡国家级草原监测点

科考第 26 天：2019 年 8 月 29 日；天气：晴

　　1. 科考路线：阿里地区改则县

　　2. 科考目标：改则县农业农村局座谈会，改则县麻米乡农牧民合作社调查

　　3. 科考人员：武建双、冯云飞、王志鹏、王艳琳、邢硕、格桑扎西、噶玛西热、格旦次仁、旦增扎巴、洛桑旦增

　　4. 考察过程、内容和体会描述

　　改则县地处西藏西北部、阿里地区的东部、藏北高原腹地。东与那曲市的双湖县、尼玛县相接，东南与措勤县相连，南与日喀则市仲巴县毗邻，西与革吉县、日土县接壤，北以昆仑山为界与新疆维吾尔自治区交界。东西长450km，南北宽670km，是阿里地区面积最大的一个纯牧业县，约占阿里地区总面积的1/3（附图2.67）。今天工作主要包括农业农村局座谈会和麻米乡合作社考察（附图2.68～附图2.70）。

附图 2.67　改则县民居

附图 2.68　改则县主管农牧副县长主持座谈会

附图 2.69　改则县农业农村局米玛旺堆同志（中间）一行和科考队成员合影

附图 2.70　麻米乡农牧专干白玛南加同志向科考队介绍合作社概况

科考第 27 天：2019 年 8 月 30 日；天气：晴

1. 科考路线：阿里地区改则县—革吉县

2. 科考目标：革吉县文布当桑乡草地调查、雄巴乡社会调查和草地调查

3. 科考人员：武建双、冯云飞、王志鹏、王艳琳、邢硕、格桑扎西、噶玛西热、格旦次仁、旦增扎巴、洛桑旦增

4. 考察过程、内容和体会描述

由于革吉县地处荒漠草原区，植被稀疏、群落简单。武建双博士根据多年野外经验，今天安排了两处草原监测和雄巴乡的牧民座谈（附图 2.71～附图 2.74）。

附图 2.71　革吉县文布当桑乡群落调查

附图 2.72　多雨年份阿里地区荒漠草原比往常年份也多添了份苍翠

附图 2.73　武建双博士向雄巴乡前来参与座谈的牧民介绍本专题青藏科考任务

附图 2.74　科考队员在革吉县雄巴乡放牧草地做群落调查

科考第 28 天：2019 年 8 月 31 日；天气：晴

1. 科考路线：阿里地区革吉县—噶尔县（狮泉河镇）
2. 科考目标：噶尔县左左乡社会调查
3. 科考人员：武建双、冯云飞、王志鹏、王艳琳、邢硕、格桑扎西、噶玛西热、格旦次仁、旦增扎巴、洛桑旦增
4. 考察过程、内容和体会描述

今天是羌塘科考第 28 天，任务也相对轻松，主要是在噶尔县左左乡开展牧民座谈。座谈由噶尔县农业农村局同志主持，主要涉及农牧民生计、草牧业发展和合作社参与等问题（附图 2.75）。科考的路上，可以看到路边的植被类型主要为荒漠草原（附图 2.76）。

附图 2.75　科考队员在噶尔县左左乡和农牧民座谈

附图 2.76　临近狮泉河镇的荒漠草原

科考第 29 天：2019 年 9 月 1 日；天气：晴

1. 科考路线：阿里地区噶尔县（狮泉河镇）—日土县日土镇

2. 科考目标：日土镇群落调查和牧民座谈

3. 科考人员：武建双、冯云飞、王志鹏、王艳琳、邢硕、格桑扎西、噶玛西热、格旦次仁、旦增扎巴、洛桑旦增

4. 考察过程、内容和体会描述

今天任务相对轻松，主要是前往日土县开展群落调查和牧民座谈。今天也是大部分队员本年度科学考察的最后一个工作日（附图 2.77 和附图 2.78）。

附图 2.77　科考队员在拉梅拉山大阪合影（不忘初心、牢记使命）

附图 2.78　多雨年份荒漠草原上长满了高原芥（*Christolea crassifolia*）

科考第 30～31 天：2019 年 9 月 2～3 日；天气：晴

1. 科考路线：阿里地区噶尔县（狮泉河镇）—日土县日土镇
2. 科考目标：日土镇群落调查和牧民座谈
3. 科考人员：武建双、格桑扎西、噶玛西热、格旦次仁
4. 考察过程、内容和体会描述

今天冯云飞带领部分科考队员提前返回拉萨市。武建双博士带领两位藏族大学生和司机格旦次仁留守狮泉河，整理问卷数据。下午，我们再次登上狮泉河镇北边的揽月亭，俯瞰狮泉河（附图 2.79）。狮泉河作为阿里地区重镇，近年来城市发展日新月异（附图 2.80）。

附图 2.79　狮泉河揽月亭

附图 2.80 揽月亭上俯瞰狮泉河镇

科考第 32 天：2019 年 9 月 4 日；天气：晴

1. 科考路线：阿里地区狮泉河镇—日土县多玛乡
2. 科考目标：多玛乡牧民座谈
3. 科考人员：武建双、格桑扎西、噶玛西热、格旦次仁
4. 考察过程、内容和体会描述

今天是羌塘科考第 32 天，任务轻松。上午抵达日土县农业农村局，在顿珠卓玛、扎桑、索朗次仁几位同志的安排和协调下，我们在多玛乡群众座谈十分顺利。座谈在多玛乡便民服务站开展。墙上的"便民一刻钟，服务零距离"时刻提醒着我们，青藏科考的"初心"何尝不是"便民数十年，服务零距离"呢（附图 2.81）。

附图 2.81 日土县多玛乡便民服务站墙上的标语

科考第 33 天: 2019 年 9 月 5 日; 天气: 晴

1. 科考路线: 阿里地区噶尔县—札达县—普兰县
2. 科考目标: 札达县达巴乡和噶尔县门士乡牧民座谈
3. 科考人员: 武建双、格桑扎西、噶玛西热、格旦次仁
4. 考察过程、内容和体会描述

今天早上从狮泉河镇出发,大概 11 点钟到达噶尔县门士乡,与札达县农业农村局赶来的洛嘎旺堆同志汇合。简单吃过午饭后,前往达巴乡曲龙村组织牧民开展涉草惠牧政策效益调研。由于札达县农业农村局同志高效的组织协调和配合,群众座谈进展得十分顺利,大约用时 2h(附图 2.82 和附图 2.83)。会后,洛嘎旺堆同志向西返回札达县城,我们向东赶往门士乡。门士乡主管草原生态保护补助奖励政策工作的达珍同志已组织好群众等候多时。和门士乡群众座谈结束的时候,已是黄昏时分,天边的晚霞十分绚丽(附图 2.84 和附图 2.85)。

附图 2.82　札达县达巴乡曲龙村群众座谈会现场

附图 2.83　札达县达巴乡曲龙村群众座谈会现场 (2)

附图 2.84　前往普兰县时天边的晚霞

附图 2.85　前往普兰县时天边的晚霞（2）

科考第 34 天：2019 年 9 月 6 日；天气：晴

1. 科考路线：阿里地区—普兰县—日喀则市
2. 科考目标：普兰镇多油村牧民座谈
3. 科考人员：武建双、格桑扎西、噶玛西热、格旦次仁
4. 考察过程、内容和体会描述

今天是藏北羌塘科考的最后一站，普兰县普兰镇多油村。由拉巴玉措同志负责协调，调研的地点是拉巴玉措的家乡，所以群众都十分配合，一大早就齐聚在多油村党群综合活动中心等待座谈（附图 2.86）。

附图 2.86　等待参与座谈的普兰镇多油村农牧民